CHINA TRANSPORT STATISTICAL YEARBOOK 2011

2011 中国交通运输统计年鉴

中华人民共和国交通运输部 编

Compiled by Ministry of Transport of the People's Republic of China

人民交通出版社

图书在版编目（CIP）数据

2011中国交通运输统计年鉴/中华人民共和国交通运输部编.—北京：人民交通出版社.2012.8
ISBN 978-7-114-09917-5

Ⅰ.①2… Ⅱ.①中… Ⅲ.①交通运输业—统计资料—中国—2011—年鉴 Ⅳ.①F512.3-54

中国版本图书馆CIP数据核字（2012）第149172号

书　　名：	2011中国交通运输统计年鉴
著　作　者：	中华人民共和国交通运输部
责任编辑：	张征宇　刘永芬
出版发行：	人民交通出版社
地　　址：	（100011）北京市朝阳区安定门外外馆斜街3号
网　　址：	http://www.ccpress.com.cn
销售电话：	（010）59757969、59757973
总 经 销：	人民交通出版社发行部
经　　销：	各地新华书店
印　　刷：	北京市密东印刷有限公司
开　　本：	880×1230　1/16
印　　张：	18.5
字　　数：	550千
版　　次：	2012年10月　第1版
印　　次：	2012年10月　第1次印刷
书　　号：	ISBN 978-7-114-09917-5
定　　价：	300.00元

（有印刷、装订质量问题的图书由本社负责调换

本书附同版本CD-ROM一张，光盘内容以书面文字为准）

《2011中国交通运输统计年鉴》
编委会和编辑工作人员

编委会

主　　　任：	杨传堂	交通运输部	部　　长
副　主　任：	翁孟勇	交通运输部	副部长
编　　　委：	孙国庆	交通运输部综合规划司	司　　长
	柯春林	交通运输部政策法规司	副司长
	陈　健	交通运输部财务司	司　　长
	陈瑞生	交通运输部人事劳动司	司　　长
	李　华	交通运输部公路局	局　　长
	宋德星	交通运输部水运局	局　　长
	李　刚	交通运输部道路运输司	司　　长
	王金付	交通运输部安全监督司	司　　长
	洪晓枫	交通运输部科技司	副司长
	杨　赞	交通运输部国际合作司	司　　长
	梁晓安	交通运输部直属机关党委	常务副书记、纪委书记
	翟久刚	交通运输部搜救中心	总值班室主任
	李彦武	交通运输部工程质量监督局	局　　长
	钟　华	交通运输部纪检组监察局	局　　长
	陈爱平	交通运输部海事局	常务副局长
	王振亮	交通运输部救助打捞局	局　　长
	李作敏	交通运输部科学研究院	院　　长
	刁永海	中国民用航空局发展计划司	司　　长
	邢小江	国家邮政局政策法规司	司　　长

编辑工作人员

总 编 辑：孙国庆

副 总 编 辑：蔡玉贺　于胜英　任锦雄

编 辑 部 主 任：陈　钟

编辑部副主任：付冬梅　郑文英　宋征难

编 辑 人 员：郭晓平　李永松　余芳芳　姚　飞　杨华雄　许宝利
　　　　　　　李　奇　刘　斌　黄窈蕙　刘秀华　胡希元　曹　沫
　　　　　　　刘　方　王　哲　武瑞利　王　涛　王望雄　徐瑞光
　　　　　　　张若旗　梁仁鸿　余丽波　张子晗　马海燕　陈　捷
　　　　　　　赵　源　史　颖　潘　伟　龙博学　宋晓丽　宋肖红
　　　　　　　冯　宇　夏　丹　张　赫　林成功　程　长　温　腾
　　　　　　　王英平

编 者 说 明

一、为全面反映我国公路、水路交通运输业发展状况，方便各界了解中国交通运输建设与发展现状，交通运输部组织编辑了《2011年中国交通运输统计年鉴》，供社会广大读者作为资料性书籍使用。

二、《2011年中国交通运输统计年鉴》收录了2011年交通运输主要指标数据，正文内容具体分为交通运输综合指标、公路运输、水路运输、城市客运、港口吞吐量、交通固定资产投资、交通运输科技、救助打捞、邮政业务等九篇。附录简要列示了1978年以来的交通运输主要指标；各篇前设简要说明，简要概述本部分的主要内容、资料来源、统计范围、统计方法以及历史变动情况等；各篇末附主要统计指标解释。

三、本资料的统计数据来自于交通运输部综合规划司、道路运输司、科技司、救捞局、中国海上搜救中心、中国民用航空局、国家邮政局等；个别指标数据引自国家统计局的统计资料。统计数据由交通运输部科学研究院交通信息中心负责整理和汇总。

四、本资料中所涉及的全国性统计资料，除国土面积外，均未包括香港和澳门特别行政区以及台湾省的数据。

五、本资料部分数据对因计算单位取舍不同或计算时四舍五入而产生的计算误差未做调整。

六、本资料的符号使用说明：

"–"表示该项数据为零，或没有该项数据，或该项数据不详；

"/"表示该项不宜比较；

"…"表示该项数据不足最小单位数；

"#"表示其中的主要项；

"*"或"①、②、…"表示有注解。

中华人民共和国交通运输部

二〇一二年八月

目　录
CONTENTS

一、交通运输综合指标

　　简要说明……………………………………………………………………………………（ 2 ）
1-1　国民经济和综合运输主要指标……………………………………………………………（ 3 ）
1-2　公路水路交通运输主要指标………………………………………………………………（ 5 ）
1-3　航空运输主要指标…………………………………………………………………………（ 13 ）
1-4　邮政行业主要指标…………………………………………………………………………（ 14 ）

二、公路运输

　　简要说明……………………………………………………………………………………（ 16 ）
2-1　全国公路里程（按行政等级分）…………………………………………………………（ 17 ）
2-2　全国公路里程（按技术等级分）…………………………………………………………（ 18 ）
2-3　国道里程（按技术等级分）………………………………………………………………（ 19 ）
2-4　省道里程（按技术等级分）………………………………………………………………（ 20 ）
2-5　县道里程（按技术等级分）………………………………………………………………（ 21 ）
2-6　乡道里程（按技术等级分）………………………………………………………………（ 22 ）
2-7　专用公路里程（按技术等级分）…………………………………………………………（ 23 ）
2-8　村道里程（按技术等级分）………………………………………………………………（ 24 ）
2-9　全国公路里程（按路面类型分）…………………………………………………………（ 25 ）
2-10　国道里程（按路面类型分）………………………………………………………………（ 26 ）
2-11　省道里程（按路面类型分）………………………………………………………………（ 27 ）
2-12　县道里程（按路面类型分）………………………………………………………………（ 28 ）
2-13　乡道里程（按路面类型分）………………………………………………………………（ 29 ）
2-14　专用公路里程（按路面类型分）…………………………………………………………（ 30 ）
2-15　村道里程（按路面类型分）………………………………………………………………（ 31 ）
2-16　全国公路养护里程…………………………………………………………………………（ 32 ）
2-17　全国公路绿化里程…………………………………………………………………………（ 33 ）
2-18　全国高速公路里程…………………………………………………………………………（ 34 ）
2-19　全国公路密度及通达率……………………………………………………………………（ 35 ）
2-20　公路桥梁（按使用年限分）………………………………………………………………（ 37 ）
2-21　公路桥梁（按跨径分）……………………………………………………………………（ 38 ）

2-22	公路隧道、渡口	(40)
2-23	全国公路营运车辆拥有量	(42)
2-24	公路客、货运输量	(44)
2-25	交通拥挤度情况	(45)
2-26	道路运输经营业户数	(46)
2-27	道路运输相关业务经营业户数	(48)
2-28	道路客运线路班次	(50)
2-29	道路运输从业人员数	(52)
2-30	汽车维修业及汽车综合性能检测站	(53)
2-31	2011年、2010年出入境汽车运输对比表	(56)
2-32	出入境汽车运输——分国家（特别行政区）运输完成情况	(58)
2-33	出入境汽车运输——中方完成运输情况	(60)
	主要统计指标解释	(62)

三、水路运输

	简要说明	(64)
3-1	全国内河航道通航里程数（按技术等级分）	(65)
3-2	全国内河航道通航里程数（按水系分）	(66)
3-3	全国内河航道通航里程数（按水域类型分）	(67)
3-4	各水系内河航道通航里程数（按技术等级分）	(68)
3-5	各水域类型内河航道通航里程数（按技术等级分）	(68)
3-6	全国内河航道枢纽及通航建筑物数（按行政区域分）	(69)
3-7	全国水路运输工具拥有量	(70)
3-8	远洋运输工具拥有量	(74)
3-9	沿海运输工具拥有量	(78)
3-10	内河运输工具拥有量	(82)
3-11	水路客、货运输量	(86)
3-12	水路旅客运输量（按航区分）	(87)
3-13	水路货物运输量（按航区分）	(88)
3-14	海上险情及搜救活动	(89)
	主要统计指标解释	(90)

四、城市客运

	简要说明	(92)
4-1	全国城市客运经营业户	(93)
4-2	全国城市客运从业人员	(95)
4-3	全国城市客运设施	(96)
4-4	全国公共汽电车数量	(97)
4-5	全国公共汽电车数量（按长度分）	(98)
4-6	全国公共汽电车数量（按燃料类型分）	(99)

编号	名称	页码
4-7	全国公共汽电车数量（按排放标准分）	(100)
4-8	全国公共汽电车场站及线路	(101)
4-9	全国公共汽电车客运量	(102)
4-10	全国出租汽车车辆数	(103)
4-11	全国出租汽车运量	(104)
4-12	全国轨道交通运营车辆数	(105)
4-13	全国轨道交通运营线路条数	(106)
4-14	全国轨道交通运营线路里程	(107)
4-15	全国轨道交通运量	(108)
4-16	全国城市客运轮渡船舶及航线数	(109)
4-17	全国城市客运轮渡运量	(110)
4-18	城市客运经营业户	(111)
4-19	城市客运从业人员	(113)
4-20	城市客运设施	(114)
4-21	城市公共汽电车数量	(115)
4-22	城市公共汽电车数量（按长度分）	(116)
4-23	城市公共汽电车数量（按燃料类型分）	(117)
4-24	城市公共汽电车数量（按排放标准分）	(118)
4-25	城市公共汽电车场站及线路	(119)
4-26	城市公共汽电车客运量	(120)
4-27	城市出租汽车车辆数	(121)
4-28	城市出租汽车运量	(122)
4-29	城市轨道交通运营车辆数	(123)
4-30	城市轨道交通运营线路条数	(124)
4-31	城市轨道交通运营线路里程	(125)
4-32	城市轨道交通运量	(126)
4-33	城市客运轮渡船舶及航线数	(127)
4-34	城市客运轮渡运量	(128)
4-35	中心城市城市客运经营业户	(129)
4-36	中心城市城市客运从业人员	(131)
4-37	中心城市城市客运设施	(132)
4-38	中心城市公共汽电车数量	(133)
4-39	中心城市公共汽电车数量（按长度分）	(134)
4-40	中心城市公共汽电车数量（按燃料类型分）	(135)
4-41	中心城市公共汽电车数量（按排放标准分）	(136)
4-42	中心城市公共汽电车场站及线路	(137)
4-43	中心城市公共汽电车客运量	(138)
4-44	中心城市出租汽车车辆数	(139)
4-45	中心城市出租汽车运量	(140)
4-46	中心城市轨道交通运营车辆数	(141)
4-47	中心城市轨道交通运营线路条数	(142)
4-48	中心城市轨道交通运营线路里程	(143)
4-49	中心城市轨道交通运量	(144)
4-50	中心城市客运轮渡船舶及航线数	(145)

4-51	中心城市客运轮渡运量	(146)
	城市客运主要统计指标解释	(147)

五、港口吞吐量

	简要说明	(150)
5-1	全国港口生产用码头泊位拥有量	(151)
5-2	全国港口吞吐量	(152)
5-3	全国港口货物吞吐量	(153)
5-4	规模以上港口旅客吞吐量	(154)
5-5	规模以上港口货物吞吐量	(158)
5-6	规模以上港口分货类吞吐量	(162)
5-7	沿海规模以上港口分货类吞吐量	(163)
5-8	内河规模以上港口分货类吞吐量	(164)
5-9	规模以上港口煤炭及制品吞吐量	(165)
5-10	规模以上港口石油、天然气及制品吞吐量	(169)
5-11	规模以上港口原油吞吐量	(173)
5-12	规模以上港口金属矿石吞吐量	(177)
5-13	规模以上港口钢铁吞吐量	(181)
5-14	规模以上港口矿建材料吞吐量	(185)
5-15	规模以上港口水泥吞吐量	(189)
5-16	规模以上港口木材吞吐量	(193)
5-17	规模以上港口非金属矿石吞吐量	(197)
5-18	规模以上港口化学肥料及农药吞吐量	(201)
5-19	规模以上港口盐吞吐量	(205)
5-20	规模以上港口粮食吞吐量	(209)
5-21	规模以上港口机械、设备、电器吞吐量	(213)
5-22	规模以上港口化工原料及制品吞吐量	(217)
5-23	规模以上港口有色金属吞吐量	(221)
5-24	规模以上港口轻工、医药产品吞吐量	(225)
5-25	规模以上港口农、林、牧、渔业产品吞吐量	(229)
5-26	规模以上港口其他吞吐量	(233)
5-27	规模以上港口集装箱吞吐量	(237)
5-28	规模以上港口集装箱吞吐量（重箱）	(241)
	主要统计指标解释	(245)

六、交通固定资产投资

	简要说明	(248)
6-1	交通固定资产投资额（按地区和使用方向分）	(249)
6-2	公路建设投资完成额	(250)
6-3	公路建设投资完成额（按设施分）	(252)
	主要统计指标解释	(254)

七、交通运输科技

简要说明	(256)
7-1 交通系统科研机构及人员基本情况	(257)
7-2 交通系统科研机构人员专业技术职务及文化程度	(257)
7-3 交通系统科研机构开展课题情况	(257)
7-4 交通系统科研机构研究课题情况及科技成果	(258)

八、救助打捞

简要说明	(260)
8-1 救助任务执行情况	(261)
8-2 救捞系统船舶情况	(262)
8-3 救助飞机情况	(263)
8-4 捞、拖、工生产完成情况	(263)
主要统计指标解释	(264)

九、邮政业务

简要说明	(266)
9-1 分省邮政行业业务总量及业务收入	(267)
9-2 分省普遍服务业务量	(268)
9-3 分省规模以上快递服务企业业务量	(269)
9-4 分省规模以上快递服务企业业务收入	(270)
主要统计指标解释	(271)

附录 交通运输历年主要指标数据

简要说明	(274)
附录1-1 全国公路总里程（按行政等级分）	(275)
附录1-2 全国公路总里程（按技术等级分）	(276)
附录1-3 全国公路密度及通达情况	(277)
附录1-4 全国内河航道里程及构筑物数量	(278)
附录1-5 公路客、货运输量	(279)
附录1-6 水路客、货运输量	(280)
附录2-1 沿海规模以上港口泊位及吞吐量	(281)
附录2-2 内河规模以上港口泊位及吞吐量	(282)
附录3-1 交通固定资产投资（按使用方向分）	(283)

一、交通运输综合指标

简 要 说 明

本篇资料反映我国国民经济和交通运输的主要指标。

国民经济和综合运输主要指标包括：国内生产总值、固定资产投资、人口数、运输线路长度、全社会运输量、运输装备等。

公路水路交通运输主要指标包括：公路基础设施、港口设施、公路水路运输装备、公路水路运输量、城市客运、港口生产、交通固定资产投资等。

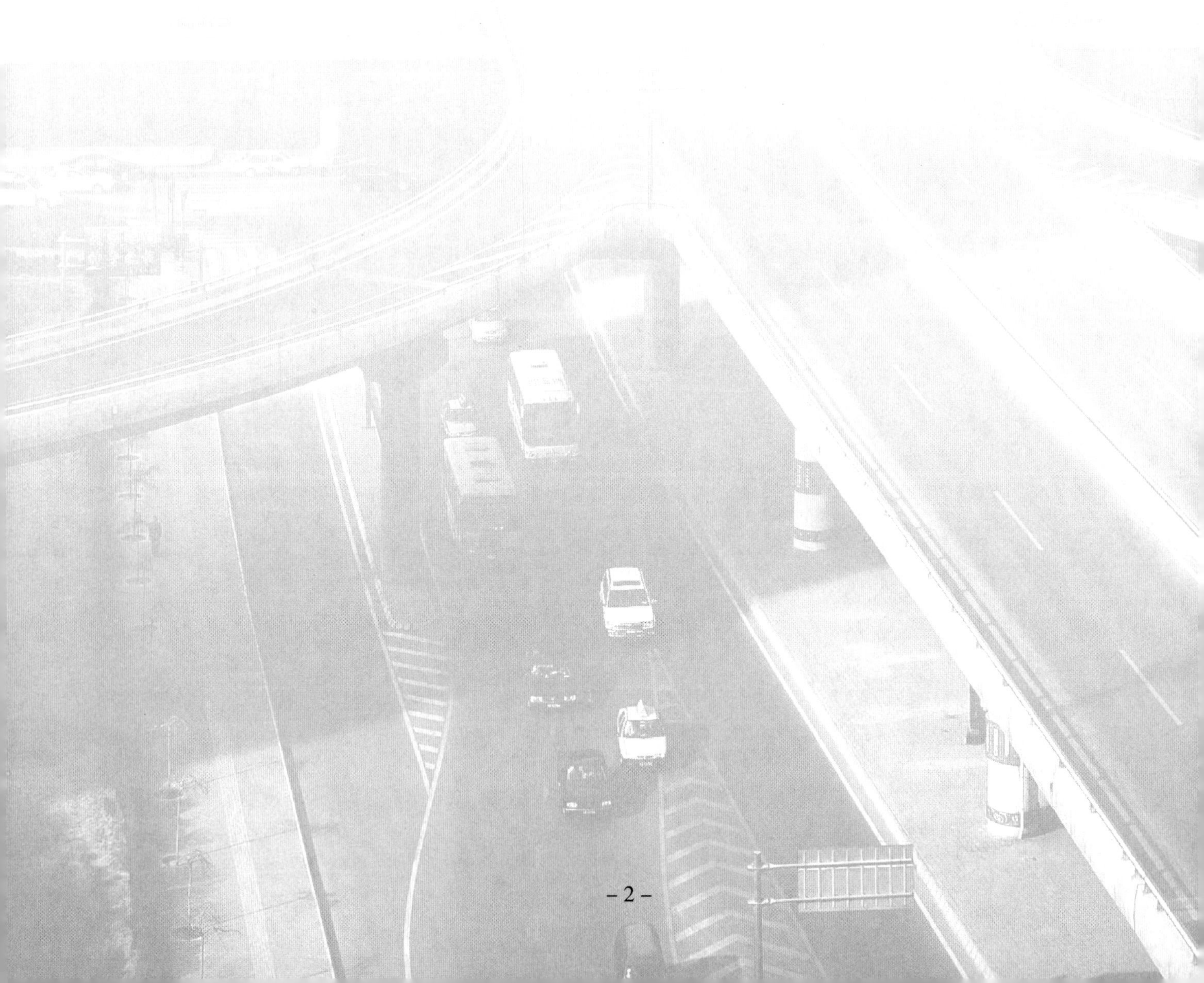

1-1 国民经济和综合运输主要指标

指　　标	单　位	1995 年	2000 年	2005 年	2010 年	2011 年	2011 年为 2010 年 %
一、国内生产总值（按当年价格计算）	亿元	60 794	99 215	184 937	397 983	471 564	109.2
第一产业	亿元	12 136	14 945	22 420	40 497	47 712	104.5
第二产业	亿元	28 680	45 556	87 598	186 481	220 592	110.6
第三产业	亿元	19 979	38 714	74 919	171 005	203 260	108.9
#交通运输仓储和邮政业	亿元	3 244	6 161	10 666	18 969	21 804	108.7
二、全社会固定资产投资额	亿元	20 019	32 918	88 774	278 140	311 022	111.8
#交通运输仓储和邮政业	亿元	1 588	3 642	9 614	27 820	27 260	98.0
三、对外贸易总额	亿美元	2 809	4 743	14 219	29 728	36 421	122.5
进口	亿美元	1 321	2 251	6 600	13 948	18 986	136.1
出口	亿美元	1 488	2 492	7 620	15 779	17 435	110.5
四、全国人口数	万人	121 121	126 743	130 756	133 972	134 735	100.6
就业人员人数	万人	62 388	72 085	68 065	76 105	76 420	100.4
城镇人口数	万人	35 174	45 906	56 212	66 557	69 079	103.8
五、运输线路长度							
铁路营业里程	万公里	6.2	6.9	7.5	9.1	9.3	102.2
公路里程	万公里	115.7	140.3	334.5	400.8	410.6	102.4
公交专用车道长度	公里	-	-	-	3 726.0	4 425.6	118.8
内河航道通航里程	万公里	11.1	11.9	12.3	12.4	12.5	100.6
民用航空航线里程	万公里	112.9	150.3	199.9	276.5	349.1	126.2
输油（气）管道里程	万公里	1.7	2.5	4.4	7.9	8.3	106.1
六、邮路及农村投递路线总长度	万公里	523.2	643.8	697.1	832.6	877.3	105.4
七、交通运输量							
客运量	万人	1 172 596	1 478 573	1 847 018	3 269 508	3 526 319	107.9
#铁路	万人	102 745	105 073	115 583	167 609	186 226	111.1
公路	万人	1 040 810	1 347 392	1 697 381	3 052 738	3 286 220	107.6
水运	万人	23 924	19 386	20 227	22 392	24 556	109.7
民航	万人	5 117	6 722	13 827	26 769	29 317	109.5
旅客周转量	亿人公里	9 002	12 261	17 467	27 894	30 984	111.1
#铁路	亿人公里	3 546	4 533	6 062	8 762	9 612	109.7
公路	亿人公里	4 603	6 657	9 292	15 021	16 760	111.6

1-1（续表一）

指　　标	单　位	1995 年	2000 年	2005 年	2010 年	2011 年	2011 年为 2010 年 %
水运	亿人公里	172	101	68	72	75	103.1
民航	亿人公里	681	971	2 045	4 039	4 537	112.3
货运量	万吨	**1 234 938**	**1 358 682**	**1 862 066**	**3 241 807**	**3 696 961**	**114.0**
＃铁路	万吨	165 982	178 581	269 296	364 271	393 263	108.0
公路	万吨	940 387	1 038 813	1 341 778	2 448 052	2 820 100	115.2
水运	万吨	113 194	122 391	219 648	378 949	425 968	112.4
民航	万吨	101.1	196.7	306.7	563.0	557.5	99.0
管道	万吨	15 274	18 700	31 037	49 972	57 073	114.2
货物周转量	亿吨公里	**35 909**	**44 321**	**80 258**	**141 838**	**159 324**	**112.3**
＃铁路	亿吨公里	13 049	13 770	20 726	27 644	29 466	106.6
公路	亿吨公里	4 695	6 129	8 693	43 390	51 375	118.4
水运	亿吨公里	17 552	23 734	49 672	68 428	75 424	110.2
民航	亿吨公里	22.3	50.3	78.9	178.9	173.9	97.2
管道	亿吨公里	590	636	1 088	2 197	2 885	131.3
八、铁路客车数量	辆	**32 663**	**37 249**	**41 974**	**50 246**	**54 731**	**108.9**
铁路货车数量	辆	**436 414**	**443 902**	**548 368**	**622 284**	**644 677**	**103.6**
民用汽车拥有量	万辆	**1 040.0**	**1 608.9**	**3 159.7**	**7 801.8**	**9 356.3**	**119.9**
＃载客汽车	万辆	417.9	853.7	2 132.5	6 124.1	7 478.4	122.1
载货汽车	万辆	585.4	716.3	955.6	1 597.6	1 788.0	111.9
＃私人汽车	万辆	250.0	625.3	1 848.1	5 938.7	7 326.8	123.4
九、水路运输工具拥有量	艘	**364 968**	**229 676**	**207 294**	**178 407**	**179 242**	**100.5**
＃机动船	艘	299 717	185 018	165 900	155 624	157 950	101.5
驳船	艘	57 998	44 658	41 394	22 783	21 292	93.5
＃私人运输船舶	艘	196 736	142 117	95 838	45 786	45 889	100.2
民用飞机架数	架	**852**	**982**	**1 386**	**2 203**	**3 191**	**144.8**
运输飞机	架	416	527	863	1 597	1 764	110.5
通用航空飞机	架	306	301	383	606	1 124	185.5
教学校验飞机	架	130	154	140	202	303	150.0
十、沿海规模以上港口货物吞吐量	万吨	**80 166**	**125 603**	**292 777**	**548 358**	**616 292**	**112.4**

注：①表内数据来自国家统计局。
　　②国内生产总值及各产业增长速度按可比价格计算。

1-2 公路水路交通运输主要指标

指 标 名 称		计算单位	2011 年	2010 年	2011 年比 2010 年增减	2011 年为 2010 年 %
一、全国公路里程		**公里**	**4 106 387**	**4 008 229**	**98 158**	**102.45**
1. 按技术等级分						
(1)等级公路		公里	3 453 590	3 304 709	148 881	104.51
高速公路		公里	84 946	74 113	10 833	114.62
一级公路		公里	68 119	64 430	3 689	105.73
二级公路		公里	320 536	308 743	11 792	103.82
三级公路		公里	393 613	387 967	5 646	101.46
四级公路		公里	2 586 377	2 469 456	116 921	104.73
(2)等外公路			652 796	703 520	−50 723	92.79
等级公路占总里程比重		%	84.1	82.4	1.7	/
# 二级及以上公路		%	11.5	11.2	0.4	/
2. 按路面类型分						
有铺装路面里程		公里	2 103 387	1 917 981	185 406	109.67
简易铺装路面里程		公里	512 314	524 234	−11 920	97.73
未铺装路面里程		公里	1 490 685	1 566 014	−75 328	95.19
铺装路面里程（含简易）占总里程比重		%	63.7	60.9	2.8	/
3. 按行政等级分						
国道		公里	169 389	164 048	5 341	103.26
省道		公里	304 049	269 834	34 215	112.68
县道		公里	533 576	554 047	−20 471	96.31
乡道		公里	1 065 996	1 054 826	11 170	101.06
专用公路		公里	68 965	67 736	1 229	101.81
村道		公里	1 964 411	1 897 738	66 674	103.51
4. 高速公路车道里程		公里	375 868	328 642	47 227	114.37
5. 高速公路 ETC 收费车道		条	3 644	2 010	1 634	181.29
6. 公路养护里程		公里	3 980 439	3 875 853	104 586	102.70
7. 公路绿化里程		公里	2 044 548	1 943 406	101 142	105.20
二、公路桥梁、隧道、渡口						
1. 公路桥梁	数量	座	689 417	658 126	31 291	104.75
	长度	米	33 494 359	30 483 094	3 011 265	109.88
其中：危桥	数量	座	91 798	93 525	−1 727	98.15
	长度	米	2 715 284	2 613 334	101 950	103.90

1-2（续表一）

指标名称	计算单位	2011年	2010年	2011年比2010年增减	2011年为2010年 %
按跨径分					
特大桥 数量	座	2 341	2 051	290	114.14
长度	米	4 042 765	3 469 779	572 986	116.51
大桥 数量	座	55 229	49 489	5 740	111.60
长度	米	13 300 515	11 670 425	1 630 090	113.97
中桥 数量	座	149 826	142 423	7 403	105.20
长度	米	7 983 672	7 504 264	479 408	106.39
小桥 数量	座	482 021	464 163	17 858	103.85
长度	米	8 167 407	7 838 625	328 782	104.19
2. 公路隧道 数量	处	8 522	7 384	1 138	115.41
长度	米	6 253 412	5 122 551	1 130 861	122.08
其中：特长隧道 数量	处	326	265	61	123.02
长度	米	1 433 189	1 138 047	295 142	125.93
长隧道 数量	处	1 504	1 218	286	123.48
长度	米	2 518 447	2 020 802	497 646	124.63
中隧道 数量	处	1 624	1 357	267	119.68
长度	米	1 152 593	963 271	189 322	119.65
短隧道 数量	处	5 068	4 544	524	111.53
长度	米	1 149 183	1 000 432	148 752	114.87
3. 公路渡口	处	3 872	4 376	-504	88.48
#机动渡口	处	1 576	1 850	-274	85.19
三、公路密度及通达情况					
公路密度 以国土面积计算	公里/百平方公里	42.8	41.8	1.0	102.44
以人口计算	公里/万人	30.6	30.0	0.6	101.96
不通公路的乡镇数量	个	11	13	-2	84.62
通公路的乡镇比重	%	99.97	99.97	0.01	/
不通公路的建制村数量	个	3 986	5 075	-1 089	78.54
通公路的建制村比重	%	99.38	99.21	0.17	/
四、全国内河航道通航里程	公里	124 612	124 242	370	100.30
其中：库区航道里程	公里	9 873	9 593	280	102.92

1-2（续表二）

指 标 名 称	计算单位	2011年	2010年	2011年比2010年增减	2011年为2010年%
1.按等级分					
(1)等级航道	公里	62 648	62 290	358	100.58
一级	公里	1 392	1 385	7	100.51
二级	公里	3 021	3 008	14	100.45
三级	公里	5 047	4 887	159	103.26
四级	公里	8 291	7 802	490	106.28
五级	公里	8 201	8 177	24	100.30
六级	公里	18 506	18 806	-301	98.40
七级	公里	18 190	18 226	-35	99.81
(2)等外航道	公里	61 964	61 952	12	100.02
等级航道占总里程比重	%	50.3	50.1	0.1	/
#三级及以上航道	%	7.6	7.5	0.1	/
五级及以上航道	%	20.8	20.3	0.5	/
2.通航河流上永久性构筑物数量					
船闸	座	865	860	5	100.58
升船机	座	44	43	1	102.33
碍航闸坝	座	1 827	1 825	2	100.11
五、全国港口码头泊位					
生产用码头泊位个数	个	31 968	31 634	334	101.06
沿海	个	5 532	5 453	79	101.45
内河	个	26 436	26 181	255	100.97
按靠泊能力分					
1万吨级以下（不含1万）	个	30 206	29 973	233	100.78
1万吨级以上（含1万）	个	1 762	1 661	101	106.08
1~3万吨级（不含3万）	个	708	692	16	102.31
3~5万吨级（不含5万）	个	311	297	14	104.71
5~10万吨级（不含10万）	个	528	476	52	110.92
10万吨级及以上	个	215	196	19	109.69
#沿海港口					
1万吨级以下（不含1万）	个	4 110	4 110	-	100.00
1万吨级以上（含1万）	个	1 422	1 343	79	105.88
1~3万吨级（不含3万）	个	548	538	10	101.86
3~5万吨级（不含5万）	个	216	207	9	104.35

1-2 （续表三）

指 标 名 称	计算单位	2011年	2010年	2011年比2010年增减	2011年为2010年 %
5~10万吨级（不含10万）	个	449	407	42	110.32
10万吨级及以上	个	209	191	18	109.42
沿海港口万吨级以上泊位按主要用途分					
通用散货泊位	个	267	234	33	114.10
通用件杂货泊位	个	242	236	6	102.54
专业化泊位	个	790	757	33	104.36
#滚装泊位	个	25	22	3	113.64
客泊位	个	9	7	2	128.57
客货泊位	个	9	9	-	100.00
多用途泊位	个	90	78	12	115.38
其他泊位	个	24	29	-5	82.76
六、全国民用汽车拥有量	万辆	9 356	7 801.8	1 554.5	119.92
货车	万辆	1 788	1 597.6	190.4	111.92
客车	万辆	7 478	6 124.1	1 354.2	122.11
其中：公路营运汽车	万辆	1 263.8	1 133.3	130.4	111.51
货车	万辆	1 179.4	1 050.2	129.2	112.30
	万吨位	7 261.2	5 999.8	1 261.4	121.02
客车	万辆	84.3	83.1	1.2	101.45
	万客位	2 086.7	2 017.1	69.6	103.45
七、全国营业性民用运输轮驳船拥有量					
艘数	万艘	17.9	17.8	0.1	100.47
净载重量	万吨位	21 264.3	18 040.9	3 223.5	117.87
载客量	万客位	100.8	100.4	0.5	100.47
集装箱箱位	万TEU	147.5	132.4	15.1	111.38
总功率	万千瓦	5 949.7	5 330.4	619.2	111.62
1.机动船					
艘数	万艘	15.8	15.6	0.2	101.49
净载重量	万吨位	20 260.3	16 898.6	3 361.7	119.89
载客量	万客位	100.5	100.1	0.3	100.32
集装箱箱位	万TEU	147.3	132.1	15.2	111.48
总功率	万千瓦	5 949.7	5 330.4	619.2	111.62
2.驳船					
艘数	万艘	2.1	2.3	-0.1	93.46

一、交通运输综合指标

1-2（续表四）

指　标　名　称	计算单位	2011年	2010年	2011年比2010年增减	2011年为2010年 %
净载重量	万吨位	1 004.0	1 142.3	−138.2	87.90
载客量	万客位	0.38	0.23	0.2	166.73
集装箱箱位	万TEU	0.22	0.31	−0.1	70.85
八、全社会公路、水路运输量					
1. 全国营业性公路客运量	亿人	328.6	305.3	23.3	107.65
占全社会客运量的比重	%	93.2	93.4	−0.2	/
全国营业性公路旅客周转量	亿人公里	16 760.2	15 020.8	1 739.4	111.58
占全社会旅客周转量的比重	%	54.1	53.8	0.2	/
平均运距	公里	51.0	49.2	1.8	103.65
2. 全国营业性公路货运量	亿吨	282.0	244.8	37.2	115.20
占全社会货运量的比重	%	76.3	75.5	0.8	/
全国营业性公路货物周转量	亿吨公里	51 374.7	43 389.7	7 985.1	118.40
占全社会货物周转量的比重	%	32.2	30.6	1.7	/
平均运距	公里	182.2	177.2	4.9	102.78
3. 全国营业性水路客运量	亿人	2.5	2.2	0.2	109.66
占全社会客运量的比重	%	0.7	0.7	…	/
全国营业性水路旅客周转量	亿人公里	74.5	72.3	2.3	103.12
占全社会旅客周转量的比重	%	0.2	0.3	…	/
平均运距	公里	30.4	32.3	−1.9	94.04
4. 全国营业性水路货运量	亿吨	42.6	37.9	4.7	112.41
占全社会货运量的比重	%	11.5	11.7	−0.2	/
全国营业性水路货物周转量	亿吨公里	75 423.8	68 427.5	6 996.3	110.22
占全社会货物周转量的比重	%	47.3	48.2	−0.9	/
平均运距	公里	1 770.6	1 805.7	−35.1	98.06
5. 水运分航区货物运输量					
（1）货运量总计	万吨	425 968	378 949	47 019	112.41
远洋	万吨	63 542	58 054	5 488	109.45
沿海	万吨	152 175	132 316	19 859	115.01
内河	万吨	210 251	188 579	21 672	111.49
（2）货物周转量总计	亿吨公里	75 424	68 428	6 996	110.22
远洋	亿吨公里	49 355	45 999	3 356	107.30
沿海	亿吨公里	19 504	16 893	2 611	115.46

1-2 （续表五）

指 标 名 称	计算单位	2011年	2010年	2011年比 2010年增减	2011年为 2010年 %
内河	亿吨公里	6 565	5 536	1 029	118.59
6.水运分航区旅客运输量					
(1)客运量总计	万人	24 556	22 392	2 164	109.66
远洋	万人	929	863	66	107.65
沿海	万人	9 544	9 355	189	102.02
内河	万人	14 083	12 174	1 909	115.68
(2)旅客周转量总计	亿人公里	74.5	72.3	2.3	103.12
远洋	亿人公里	10.6	10.0	0.6	105.84
沿海	亿人公里	30.6	32.7	-2.2	93.37
内河	亿人公里	33.4	29.5	3.8	113.03
九、城市客运					
全国公共汽车、无轨电车运营车辆数	万辆	45.33	42.05	3.27	107.79
	万标台	49.99	45.82	4.17	109.09
全国轨道交通运营车辆数	辆	9 945	8285	1 660	120.04
	标台	24 330	21165	3 165	114.95
全国出租汽车运营车辆数	万辆	126.38	122.57	3.80	103.10
全国客运轮渡营运船舶	艘	1 061	1192	-131	89.01
全国公共汽车、无轨电车运营线路总长度	万公里	67.29	63.37	3.93	106.19
全国公交专用车道长度	公里	4 425.60	3 726.00	699.60	118.78
全国轨道交通运营线路长度	公里	1 698.70	1 471.30	227.40	115.46
全国公共交通客运量	亿人次	1 165.55	1 073.98	91.57	108.53
#公共汽车、无轨电车客运总量	亿人次	715.79	670.12	45.67	106.81
轨道交通客运总量	亿人次	71.34	55.68	15.66	128.13
出租汽车客运总量	亿人次	376.71	346.28	30.43	108.79
客运轮渡客运总量	亿人次	1.72	1.90	-0.18	90.68
城市公共汽车、无轨电车运营车数	万辆	40.26	37.49	2.78	107.41
	万标台	45.88	42.18	3.70	108.76
城市轨道交通运营车数	辆	9 945	8285	1 660	120.04
	标台	24 330	21165	3 165	114.95
城市出租汽车运营车数	万辆	100.23	98.62	1.61	101.63
城市客运轮渡运营船数	艘	864	959	-95	90.09
城市公共汽车、无轨电车运营线路总长度	万公里	51.96	48.88	3.07	106.29

1-2（续表六）

指　标　名　称	计算单位	2011年	2010年	2011年比2010年增减	2011年为2010年%
城市公交专用车道长度	公里	4 343.40	3 512.50	830.90	123.66
城市轨道交通运营线路长度	公里	1 698.70	1 471.30	227.40	115.46
城市公共交通客运量	亿人次	1 048.36	970.91	77.45	107.98
#公共汽车、无轨电车	亿人次	672.58	631.07	41.51	106.58
轨道交通	亿人次	71.34	55.68	15.66	128.13
出租汽车	亿人次	302.88	282.41	20.47	107.25
客运轮渡	亿人次	1.56	1.75	−0.19	89.25
十、港口生产					
1. 全国港口货物吞吐量	万吨	1 004 113	893 223	110 890	112.41
沿海	万吨	636 024	564 464	71 560	112.68
内河	万吨	368 089	328 759	39 330	111.96
2. 全国港口外贸货物吞吐量	万吨	278 585	250 068	28 517	111.40
沿海	万吨	254 402	228 810	25 592	111.18
内河	万吨	24 183	21 258	2 925	113.76
3. 全国港口集装箱吞吐量	万TEU	16 367	14 613	1 754	112.00
沿海	万TEU	14 632	13 145	1 487	111.31
内河	万TEU	1 736	1 468	268	118.26
4. 全国港口旅客吞吐量	万人	19 429	17 692	1 737	109.82
沿海	万人	7 999	7 332	667	109.10
内河	万人	11 430	10 360	1 070	110.33
5. 全国港口货物吞吐量					
液体散货	万吨	91 078	85 396	5 682	106.65
干散货	万吨	585 488	515 318	70 170	113.62
件杂货	万吨	101 750	95 448	6 302	106.60
集装箱	万TEU	16 367	14 613	1 754	112.00
	万吨	177 454	153 180	24 274	115.85
滚装汽车	万辆	1 464	1 410	54	103.83
	万吨	48 343	43 882	4 461	110.17
十一、交通固定资产投资总额	亿元	14 464.21	13 212.78	1 251.43	109.47
占全社会固定资产投资比重	%	4.7	4.75	−0.10	/
1. 按管理渠道分					
(1)基本建设	亿元	11 341.11	9 456.01	1 885.10	119.94

1-2 (续表七)

指 标 名 称	计算单位	2011年	2010年	2011年比2010年增减	2011年为2010年%
(2)更新改造	亿元	328.18	250.87	77.31	130.82
(3)其他投资	亿元	2 794.92	3 505.90	-710.97	79.72
2.按使用方向分					
(1)沿海建设	亿元	1 006.99	836.87	170.12	120.33
#沿海港口	亿元	872.31	723.04	149.27	120.64
(2)内河建设	亿元	397.89	334.53	63.35	118.94
#内河航道	亿元	196.42	162.47	33.96	120.90
(3)公路建设	亿元	12 596.36	11 482.28	1 114.08	109.70
重点公路	亿元	6 407.08	6 200.89	206.19	103.33
其他公路	亿元	4 179.15	3 357.56	821.58	124.47
农村公路	亿元	2 010.13	1 923.82	86.31	104.49
(4)其他建设	亿元	462.97	559.10	-96.12	82.81
3.按隶属关系分					
(1)中央单位	亿元	356.79	353.88	2.91	100.82
(2)省属	亿元	7 460.21	6 795.90	664.31	109.78
(3)地区(市)属	亿元	4 859.29	4 379.19	480.10	110.96
(4)县属	亿元	1 746.68	1 651.58	95.10	105.76
(5)其它	亿元	41.24	32.22	9.02	128.00
4.按构成分					
(1)建筑、安装工程	亿元	11 939.28	10 870.33	1 068.95	109.83
(2)设备、器具购置	亿元	546.14	416.28	129.86	131.20
(3)其他	亿元	1 978.79	1 926.17	52.62	102.73
5.按建设性质分					
(1)新建	亿元	9 951.99	8 930.86	1 021.13	111.43
(2)改(扩)建	亿元	3 903.92	3 797.25	106.67	102.81
(3)单纯购置	亿元	358.49	380.32	-21.83	94.26
(4)其他	亿元	249.81	104.35	145.46	239.39
十二、交通系统国有经济单位从业人员					
交通运输部直属单位	万人	6.3	6.1	0.2	103.60
地方交通系统及脱钩企业	万人	292.3	286.0	6.3	102.21

注：①表中民用汽车数据来自国家统计局，其他数据来自交通运输部相关业务司局。
②高速公路ETC收费车道数指高速公路电子不停车收费专用车道的数量。
③自2010年起，公路营运车辆中不包含公路运输管理部门管理并注册登记的公共汽车和出租汽车，将其纳入《城市（县城）客运统计报表制度》统计。

1-3　航空运输主要指标

指　标　名　称	计算单位	2011年	2010年	2011年比2010年增减	2011年为2010年 %
一、运输（颁证）机场	个	180	175	5	102.9
二、民用飞机拥有量	架	2 888	2 607	281	110.8
1.运输飞机	架	1 764	1 597	167	110.5
2.通用航空飞机	架	1 124	1 010	114	111.3
3.教学校验飞机	架	303	202	101	150.0
三、定期航线					
1.航线条数	条	2 290	1 880	410	121.8
国内航线	条	1 847	1 578	269	117.0
其中：港澳台航线	条	91	85	6	107.1
国际航线	条	443	302	141	146.7
2.航线里程					
重复距离	万公里	512.8	398.1	115	128.8
国内航线	万公里	318.0	271.4	47	117.2
其中：港澳台航线	万公里	13.6	12.4	1	109.4
国际航线	万公里	194.8	126.6	68	153.8
不重复距离	万公里	349.1	276.5	73	126.2
国内航线	万公里	199.6	169.5	30	117.8
其中：港澳台航线	万公里	13.5	12.1	1	111.7
国际航线	万公里	149.4	107.0	42	139.7
四、生产指标					
1.旅客运输量	万人	29 317	26 769	2 548	109.5
国内航线	万人	27 199	24 838	2 361	109.5
其中：港澳台航线	万人	760	672	88	113.1
国际航线	万人	2 118	1 931	187	109.7
2.货邮运输量	万吨	557.5	563.1	-5.6	99.0
国内航线	万吨	379.4	388.7	-9.3	97.6
其中：港澳台航线	万吨	21.0	21.7	-0.7	96.8
国际航线	万吨	178.0	192.6	-14.6	92.4
3.运输总周转量	亿吨公里	577.4	538.5	39.0	107.2
国内航线	亿吨公里	380.6	345.5	35.1	110.2
其中：港澳台航线	亿吨公里	12.6	11.6	1.1	109.1
国际航线	亿吨公里	196.8	193.0	3.9	102.0

1-4　邮政行业主要指标

指标	单位	2011年	2010年
一、邮政行业			
业务收入	亿元	1 561.5	1 276.8
业务总量	亿元	1 607.7	1 985.3
二、普遍服务业务			
函件	万件	737 840.5	740 141.0
包裹	万件	6 883.0	6 642.5
订销报纸	万份	1 817 050.7	1 717 080.6
订销杂志	万份	107 701.6	104 756.3
汇兑	万笔	26 474.3	28 032.0
三、快递业务			
快递业务量	万件	367 311.1	233 892.0
同城	万件	81 818.3	53 605.8
异地	万件	272 742.1	167 324.7
国际及港澳台	万件	12 750.7	12 961.4
快递业务收入	亿元	758.0	574.6
同城	亿元	65.9	41.5
异地	亿元	445.9	314.5
国际及港澳台	亿元	184.7	178.8
其他	亿元	61.5	39.8

注：①邮政行业业务总量计算使用 2000 年不变单价。
　　②邮政行业业务收入中未包含邮政储蓄银行直接营业收入。

二、公路运输

简 要 说 明

一、本篇资料反映我国公路基础设施、运输装备和公路运输发展的基本情况。主要包括：公路里程、营运车辆拥有量、公路旅客运输量、货物运输量、交通量、道路运输统计资料。

二、公路里程为年末通车里程，不含在建和未正式投入使用的公路里程。从 2006 年起，村道正式纳入公路里程统计。农村公路（县、乡、村道）的行政等级依据《全国农村公路统计标准》确定。"公路通达"指标包括因村道而通达的乡镇和建制村。乡镇和建制村是否通达公路依据《全国农村公路统计标准》确定。

三、从 2010 年起，由交通运输部门管理的公共汽车、出租车不再纳入公路载客汽车统计，该部分数据纳入城市客运运力统计。有关公路营运汽车及载客汽车的同期比均按可比口径计算。

四、"道路运输营业户数"表是按营业户道路运输经营许可证中核定的经营范围分类统计并汇总。

五、"道路客运线路班次"因各省级统计单位分别对跨省线路进行统计，故汇总后跨省线路是实际跨省线路的 2 倍。

六、公路运输量是通过抽样调查方法，按运输工具经营权和到达量进行统计，范围原则上为所有在公路上产生运输量的营运车辆。

七、出入境汽车运输量统计的是由中、外双方承运者完成的通过我国已开通汽车运输边境口岸公路的旅客、货物运输量。

2-1 全国公路里程（按行政等级分）

单位：公里

地区	总计	国道	国家高速公路	省道	县道	乡道	专用公路	村道
全国总计	4 106 387	169 389	63 631	304 049	533 576	1 065 996	68 965	1 964 411
北京	21 347	1 321	561	2 145	3 846	8 006	488	5 540
天津	15 163	864	410	2 785	1 260	3 643	1 017	5 594
河北	156 965	7 700	3 014	13 968	13 199	44 322	1 392	76 384
山西	134 808	5 103	1 877	10 994	19 919	47 825	541	50 426
内蒙古	160 995	9 160	2 539	13 140	25 697	35 609	5 214	72 177
辽宁	104 026	6 649	2 992	8 955	12 744	31 248	925	43 506
吉林	91 754	4 616	1 799	8 954	6 149	27 293	3 887	40 855
黑龙江	155 592	6 985	2 717	8 808	7 906	54 646	12 305	64 942
上海	12 084	644	477	1 007	2 508	6 848	-	1 078
江苏	152 247	4 848	2 774	8 218	23 299	52 712	166	63 004
浙江	111 776	4 205	2 449	6 123	27 520	18 614	709	54 603
安徽	149 535	5 063	2 612	7 447	23 975	36 245	1 002	75 802
福建	92 322	4 379	2 245	6 316	13 463	35 679	491	31 995
江西	146 632	5 946	2 836	8 727	20 590	29 187	667	81 514
山东	233 190	7 519	3 296	16 819	23 067	32 042	2 321	151 422
河南	247 587	6 852	3 165	16 217	21 103	40 572	1 450	161 393
湖北	212 747	6 556	2 940	11 419	20 063	63 340	810	110 558
湖南	232 190	6 068	2 069	36 574	30 705	54 543	1 534	102 766
广东	190 724	7 096	3 002	15 212	17 658	91 910	390	58 459
广西	104 889	6 965	2 543	6 819	25 037	28 507	586	36 975
海南	22 916	1 621	582	1 712	2 850	5 158	25	11 550
重庆	118 562	3 109	1 752	8 153	12 134	15 240	553	79 373
四川	283 268	7 949	2 489	11 734	40 552	51 498	4 886	166 650
贵州	157 820	4 132	1 467	7 769	17 350	18 447	737	109 384
云南	214 524	8 202	2 394	20 132	41 872	102 982	4 237	37 100
西藏	63 108	5 618	-	6 299	12 573	15 889	2 428	20 301
陕西	151 986	7 302	3 375	5 770	17 241	23 961	2 193	95 520
甘肃	123 696	6 756	2 162	6 214	15 706	12 299	3 209	79 512
青海	64 280	4 680	668	8 966	9 267	12 286	878	28 203
宁夏	24 506	2 101	1 051	2 460	1 619	8 067	705	9 554
新疆	155 150	9 381	1 374	14 193	22 703	57 377	13 221	38 275

2-2　全国公路里程（按技术等级分）

单位：公里

地区	总计	等级公路						等外公路
		合计	高速	一级	二级	三级	四级	
全国总计	4 106 387	3 453 590	84 946	68 119	320 536	393 613	2 586 377	652 796
北　京	21 347	21 155	912	999	3 279	3 679	12 285	193
天　津	15 163	15 163	1 103	1 127	3 244	1 264	8 425	–
河　北	156 965	149 057	4 756	4 302	16 728	16 482	106 789	7 908
山　西	134 808	131 002	4 005	2 070	14 421	17 527	92 979	3 806
内蒙古	160 995	147 946	2 874	3 710	13 689	27 961	99 712	13 049
辽　宁	104 026	87 650	3 300	3 023	17 250	31 957	32 121	16 376
吉　林	91 754	83 790	2 252	1 880	8 756	10 627	60 274	7 964
黑龙江	155 592	124 132	3 708	1 289	8 849	32 298	77 989	31 460
上　海	12 084	12 084	806	422	3 069	2 616	5 170	–
江　苏	152 247	144 113	4 122	9 949	21 779	15 314	92 948	8 134
浙　江	111 776	107 880	3 500	4 565	9 224	7 779	82 812	3 896
安　徽	149 535	143 403	3 009	627	10 640	15 722	113 406	6 131
福　建	92 322	73 669	2 652	683	7 510	6 998	55 826	18 653
江　西	146 632	114 463	3 603	1 428	9 464	6 867	93 100	32 169
山　东	233 190	231 428	4 350	8 710	24 151	24 290	169 927	1 761
河　南	247 587	191 234	5 196	564	24 981	18 985	141 508	56 353
湖　北	212 747	196 452	4 006	2 354	17 135	12 093	160 864	16 295
湖　南	232 190	198 903	2 649	1 009	9 406	6 203	179 636	33 287
广　东	190 724	172 382	5 049	10 339	19 044	16 996	120 955	18 342
广　西	104 889	87 296	2 754	944	9 132	8 261	66 205	17 592
海　南	22 916	22 104	660	267	1 359	1 372	18 446	812
重　庆	118 562	83 614	1 861	565	7 522	5 191	68 475	34 948
四　川	283 268	220 947	3 009	2 834	13 140	11 664	190 300	62 321
贵　州	157 820	79 643	2 022	164	3 831	8 368	65 258	78 177
云　南	214 524	165 843	2 746	842	9 553	8 407	144 295	48 681
西　藏	63 108	38 911	–	–	956	7 112	30 843	24 198
陕　西	151 986	139 453	3 803	839	7 611	14 752	112 449	12 533
甘　肃	123 696	91 692	2 343	170	5 856	13 918	69 406	32 003
青　海	64 280	49 971	1 133	312	5 289	5 733	37 505	14 309
宁　夏	24 506	23 875	1 306	696	2 567	6 421	12 884	631
新　疆	155 150	104 336	1 459	1 433	11 099	26 760	63 585	50 814

2-3 国道里程（按技术等级分）

单位：公里

地区	总计	等级公路						等外公路
		合计	高速	一级	二级	三级	四级	
全国总计	169 389	168 375	64 938	20 595	59 203	19 807	3 833	1 014
北京	1 321	1 321	642	266	374	39	–	–
天津	864	864	410	272	181	–	–	–
河北	7 700	7 700	3 014	1 632	2 107	943	4	–
山西	5 103	5 103	1 877	787	2 250	179	11	–
内蒙古	9 160	9 160	2 568	1 816	3 976	800	–	–
辽宁	6 649	6 649	3 004	832	2 728	85	–	–
吉林	4 616	4 616	1 799	925	1 375	516	–	–
黑龙江	6 985	6 985	2 717	606	1 453	2 150	60	–
上海	644	644	477	52	114	–	–	–
江苏	4 848	4 848	2 812	1 562	473	–	–	–
浙江	4 205	4 205	2 449	1 075	674	7	–	–
安徽	5 063	5 063	2 613	306	1 926	97	122	–
福建	4 379	4 379	2 245	106	1 976	27	25	–
江西	5 946	5 946	2 836	756	2 186	160	9	–
山东	7 519	7 519	3 296	2 960	1 259	4	–	–
河南	6 852	6 852	3 218	252	3 049	332	–	–
湖北	6 556	6 556	2 965	629	2 956	6	–	–
湖南	6 068	6 068	2 069	288	2 721	700	291	–
广东	7 096	7 096	3 357	2 257	1 333	97	52	–
广西	6 965	6 930	2 543	548	3 156	561	122	35
海南	1 621	1 621	582	81	703	245	10	–
重庆	3 109	3 109	1 790	60	1 154	80	25	–
四川	7 949	7 949	2 623	599	3 351	745	630	–
贵州	4 132	4 132	1 515	58	995	1 555	10	–
云南	8 202	8 069	2 578	376	1 933	1 496	1 685	133
西藏	5 618	5 250	–	–	889	3 959	402	368
陕西	7 302	7 302	3 377	245	2 336	1 316	28	–
甘肃	6 756	6 754	2 175	77	3 074	1 187	242	2
青海	4 680	4 680	872	209	3 236	320	43	–
宁夏	2 101	2 101	1 083	104	748	166	–	–
新疆	9 381	8 905	1 431	860	4 516	2 035	62	476

2-4 省道里程（按技术等级分）

单位：公里

地区	总计	等级公路 合计	高速	一级	二级	三级	四级	等外公路
全国总计	304 049	297 766	19 754	26 221	140 539	57 280	53 971	6 283
北京	2 145	2 145	269	407	1 156	313	–	–
天津	2 785	2 785	693	715	1 188	165	24	–
河北	13 968	13 968	1 741	2 099	8 146	1 955	27	–
山西	10 994	10 994	2 128	665	6 608	1 366	227	–
内蒙古	13 140	13 136	304	1 340	5 043	5 425	1 023	4
辽宁	8 955	8 955	295	1 326	6 873	461	–	–
吉林	8 954	8 949	453	684	4 959	1 937	916	4
黑龙江	8 808	8 800	946	276	5 463	1 583	532	8
上海	1 007	1 007	329	185	457	36	–	–
江苏	8 218	8 218	1 303	3 961	2 819	136	–	–
浙江	6 123	6 101	1 050	1 133	2 758	681	478	22
安徽	7 447	7 447	396	266	5 936	554	296	–
福建	6 316	6 210	371	170	3 526	821	1 323	105
江西	8 727	8 663	760	506	4 984	1 463	950	64
山东	16 819	16 819	1 054	4 777	9 981	986	21	–
河南	16 217	16 148	1 978	267	12 245	1 250	408	69
湖北	11 419	11 383	933	900	9 296	184	70	36
湖南	36 574	36 135	580	493	5 958	3 944	25 161	439
广东	15 212	15 031	1 693	3 356	7 362	1 701	920	181
广西	6 819	6 774	211	127	4 004	1 641	791	45
海南	1 712	1 636	77	177	525	548	308	76
重庆	8 153	8 114	62	261	4 873	1 350	1 569	38
四川	11 734	11 551	349	731	5 395	1 856	3 220	183
贵州	7 769	7 769	506	44	2 143	3 529	1 547	–
云南	20 132	19 722	168	321	6 647	3 503	9 083	411
西藏	6 299	3 702	–	–	67	1 808	1 827	2 597
陕西	5 770	5 770	425	374	2 467	2 317	186	–
甘肃	6 214	6 139	168	34	2 149	3 463	325	75
青海	8 966	8 124	260	96	1 872	3 943	1 953	842
宁夏	2 460	2 460	223	66	981	1 161	29	–
新疆	14 193	13 110	28	464	4 658	7 201	760	1 082

2-5 县道里程(按技术等级分)

单位:公里

地区	总计	等级公路 合计	高速	一级	二级	三级	四级	等外公路
全国总计	533 576	510 011	92	11 956	79 285	162 055	256 622	23 566
北京	3 846	3 846	-	258	1 198	2 221	170	-
天津	1 260	1 260	-	68	422	456	313	-
河北	13 199	12 944	-	133	4 014	6 805	1 992	256
山西	19 919	19 811	-	279	3 992	9 710	5 830	108
内蒙古	25 697	24 689	2	407	3 118	12 643	8 519	1 008
辽宁	12 744	12 744	-	814	6 763	5 009	159	-
吉林	6 149	6 134	-	120	1 825	3 377	813	14
黑龙江	7 906	7 872	-	107	1 089	5 300	1 376	34
上海	2 508	2 508	-	185	1 273	1 042	7	-
江苏	23 299	22 981	7	2 781	11 284	6 183	2 727	318
浙江	27 520	27 392	-	2 236	4 534	4 768	15 853	128
安徽	23 975	23 970	-	52	2 549	13 535	7 834	5
福建	13 463	13 177	36	362	1 442	5 181	6 156	286
江西	20 590	19 208	-	66	1 819	4 410	12 913	1 382
山东	23 067	23 067	-	465	6 942	9 512	6 148	-
河南	21 103	20 752	-	-	6 781	8 218	5 753	351
湖北	20 063	20 045	-	491	3 777	7 738	8 039	18
湖南	30 705	29 056	-	212	661	1 420	26 763	1 648
广东	17 658	17 512	-	1 396	5 117	6 780	4 219	146
广西	25 037	23 357	-	238	1 763	5 613	15 743	1 680
海南	2 850	2 783	-	4	62	370	2 347	67
重庆	12 134	11 873	10	123	1 168	2 568	8 005	261
四川	40 552	37 189	37	844	3 456	6 611	26 241	3 363
贵州	17 350	17 259	-	29	356	2 779	14 095	91
云南	41 872	38 556	-	131	825	2 997	34 603	3 316
西藏	12 573	8 035	-	-	-	989	7 047	4 538
陕西	17 241	17 212	-	37	1 689	7 246	8 239	29
甘肃	15 706	14 603	-	29	303	5 988	8 284	1 103
青海	9 267	8 877	-	7	129	1 133	7 608	390
宁夏	1 619	1 619	-	54	185	1 346	35	-
新疆	22 703	19 679	-	28	749	10 109	8 793	3 024

2-6 乡道里程（按技术等级分）

单位：公里

地 区	总 计	等级公路 合计	高速	一级	二级	三级	四级	等外公路
全国总计	1 065 996	953 305	19	5 097	21 856	104 935	821 398	112 691
北 京	8 006	8 006	–	31	239	871	6 865	–
天 津	3 643	3 643	–	11	297	227	3 109	–
河 北	44 322	42 107	–	235	1 449	4 989	35 433	2 215
山 西	47 825	46 928	–	203	955	3 902	41 868	897
内蒙古	35 609	33 675	–	26	903	5 837	26 909	1 934
辽 宁	31 248	31 248	–	22	702	23 327	7 197	–
吉 林	27 293	26 063	–	105	376	3 988	21 594	1 230
黑龙江	54 646	49 706	19	85	579	15 224	33 800	4 940
上 海	6 848	6 848	–	–	1 190	1 446	4 212	–
江 苏	52 712	51 748	–	884	3 730	5 528	41 606	963
浙 江	18 614	18 253	–	28	467	1 204	16 554	361
安 徽	36 245	35 104	–	3	148	861	34 092	1 141
福 建	35 679	30 131	–	44	413	693	28 982	5 548
江 西	29 187	23 821	–	55	235	494	23 037	5 366
山 东	32 042	32 042	–	123	2 096	5 882	23 940	–
河 南	40 572	37 736	–	–	1 648	7 016	29 071	2 836
湖 北	63 340	61 503	–	136	651	3 263	57 453	1 838
湖 南	54 543	50 649	–	6	35	84	50 524	3 894
广 东	91 910	89 141	–	2 450	3 895	6 795	76 002	2 769
广 西	28 507	24 759	–	16	131	313	24 299	3 748
海 南	5 158	4 817	–	3	61	92	4 661	340
重 庆	15 240	12 994	–	32	115	657	12 189	2 246
四 川	51 498	37 769	–	390	556	1 571	35 252	13 730
贵 州	18 447	15 519	–	26	108	214	15 171	2 928
云 南	102 982	82 382	–	15	97	264	82 006	20 600
西 藏	15 889	9 225	–	–	–	148	9 077	6 664
陕 西	23 961	23 205	–	19	231	2 278	20 677	756
甘 肃	12 299	10 026	–	1	57	1 773	8 195	2 273
青 海	12 286	8 936	–	–	5	218	8 713	3 349
宁 夏	8 067	8 058	–	146	298	2 959	4 655	10
新 疆	57 377	37 262	–	1	191	2 818	34 253	20 115

2-7 专用公路里程（按技术等级分）

单位：公里

地区	总计	等级公路						等外公路
		合计	高速	一级	二级	三级	四级	
全国总计	68 965	45 793	142	1 003	4 424	11 081	29 142	23 172
北 京	488	488	-	35	277	105	70	-
天 津	1 017	1 017	-	58	600	155	204	-
河 北	1 392	1 337	-	24	150	309	854	55
山 西	541	524	-	7	37	266	214	17
内蒙古	5 214	4 935	-	9	383	1 084	3 460	279
辽 宁	925	905	-	11	73	379	442	20
吉 林	3 887	3 784	-	20	29	156	3 578	103
黑龙江	12 305	2 732	26	194	149	1 273	1 091	9 573
上 海	-	-	-	-	-	-	-	-
江 苏	166	166	-	14	19	76	57	-
浙 江	709	632	-	17	24	99	492	77
安 徽	1 002	992	-	-	36	238	718	11
福 建	491	389	-	-	20	11	358	102
江 西	667	479	8	6	74	43	349	187
山 东	2 321	2 321	-	46	111	348	1 816	-
河 南	1 450	1 300	-	45	340	396	519	150
湖 北	810	791	108	-	43	79	561	19
湖 南	1 534	809	-	5	2	2	800	725
广 东	390	335	-	30	61	45	200	54
广 西	586	389	-	11	49	50	279	197
海 南	25	25	-	-	-	-	25	-
重 庆	553	432	-	7	33	83	308	121
四 川	4 886	1 961	-	17	79	137	1 728	2 925
贵 州	737	688	1	6	33	166	482	48
云 南	4 237	2 731	-	-	42	133	2 557	1 506
西 藏	2 428	1 137	-	-	-	163	974	1 291
陕 西	2 193	2 153	-	58	434	319	1 340	40
甘 肃	3 209	2 480	-	5	115	891	1 469	728
青 海	878	498	-	-	41	56	402	380
宁 夏	705	684	-	298	207	137	42	21
新 疆	13 221	8 681	-	79	965	3 883	3 754	4 540

2-8 村道里程（按技术等级分）

单位：公里

地区	总计	等级公路 合计	高速	一级	二级	三级	四级	等外公路
全国总计	1 964 411	1 478 341	–	3 247	15 229	38 455	1 421 410	486 070
北京	5 540	5 348	–	2	36	130	5 180	193
天津	5 594	5 594	–	2	555	262	4 775	–
河北	76 384	71 001	–	178	863	1 481	68 479	5 382
山西	50 426	47 642	–	129	580	2 104	44 830	2 783
内蒙古	72 177	62 352	–	113	265	2 172	59 801	9 825
辽宁	43 506	27 149	–	19	112	2 695	24 323	16 356
吉林	40 855	34 243	–	27	192	653	33 372	6 612
黑龙江	64 942	48 036	–	21	116	6 768	41 131	16 906
上海	1 078	1 078	–	–	34	92	952	–
江苏	63 004	56 151	–	746	3 454	3 392	48 559	6 853
浙江	54 603	51 296	–	76	768	1 018	49 434	3 307
安徽	75 802	70 828	–	–	45	437	70 345	4 975
福建	31 995	19 383	–	2	134	265	18 982	12 612
江西	81 514	56 344	–	39	167	297	55 843	25 170
山东	151 422	149 661	–	339	3 763	7 558	138 001	1 761
河南	161 393	108 448	–	–	917	1 773	105 757	52 945
湖北	110 558	96 174	–	199	412	823	94 740	14 384
湖南	102 766	76 186	–	5	29	54	76 098	26 580
广东	58 459	43 267	–	850	1 276	1 578	39 562	15 193
广西	36 975	25 088	–	3	30	83	24 971	11 887
海南	11 550	11 222	–	3	7	117	11 096	327
重庆	79 373	47 092	–	82	179	453	46 379	32 281
四川	166 650	124 529	–	253	304	743	123 229	42 121
贵州	109 384	34 275	–	2	196	124	33 953	75 109
云南	37 100	14 384	–	–	9	14	14 362	22 715
西藏	20 301	11 561	–	–	–	45	11 516	8 740
陕西	95 520	83 812	–	106	453	1 275	81 978	11 708
甘肃	79 512	51 690	–	24	159	617	50 890	27 822
青海	28 203	18 855	–	–	6	65	18 785	9 347
宁夏	9 554	8 954	–	30	148	652	8 123	600
新疆	38 275	16 699	–	–	20	714	15 964	21 576

2-9　全国公路里程（按路面类型分）

单位：公里

地区	总计	有铺装路面（高级）			简易铺装路面（次高级）	未铺装路面（中级、低级、无路面）
		合计	沥青混凝土	水泥混凝土		
全国总计	4 106 387	2 103 387	591 264	1 512 123	512 314	1 490 685
北京	21 347	18 300	13 724	4 575	1 809	1 238
天津	15 163	14 871	11 862	3 009	62	230
河北	156 965	117 634	51 114	66 520	12 879	26 452
山西	134 808	86 540	24 990	61 550	26 682	21 586
内蒙古	160 995	46 214	35 508	10 706	17 708	97 073
辽宁	104 026	40 202	36 211	3 991	25 434	38 391
吉林	91 754	66 150	18 663	47 487	63	25 541
黑龙江	155 592	96 124	11 879	84 245	1 420	58 048
上海	12 084	12 082	5 093	6 988	2	–
江苏	152 247	134 533	40 465	94 068	1 519	16 195
浙江	111 776	100 991	29 362	71 629	6 883	3 901
安徽	149 535	78 543	9 815	68 728	29 934	41 058
福建	92 322	67 402	2 970	64 432	4 445	20 476
江西	146 632	98 466	8 965	89 501	7 366	40 799
山东	233 190	134 025	59 887	74 138	77 585	21 579
河南	247 587	127 939	37 716	90 224	49 231	70 417
湖北	212 747	145 313	13 893	131 419	22 113	45 321
湖南	232 190	142 795	7 454	135 341	5 970	83 424
广东	190 724	129 440	10 358	119 082	5 272	56 013
广西	104 889	39 910	5 700	34 209	20 023	44 956
海南	22 916	20 785	3 077	17 708	809	1 322
重庆	118 562	44 575	10 563	34 012	7 025	66 962
四川	283 268	118 493	25 200	93 292	22 823	141 952
贵州	157 820	14 859	4 512	10 348	29 167	113 794
云南	214 524	45 681	35 189	10 493	10 804	158 038
西藏	63 108	6 629	6 308	320	2 095	54 385
陕西	151 986	81 628	21 931	59 697	21 787	48 571
甘肃	123 696	22 034	8 748	13 286	31 024	70 637
青海	64 280	17 268	8 993	8 275	5 229	41 783
宁夏	24 506	11 570	9 216	2 354	6 568	6 368
新疆	155 150	22 392	21 896	496	58 582	74 176

2-10 国道里程（按路面类型分）

单位：公里

地区	总计	有铺装路面（高级）			简易铺装路面（次高级）	未铺装路面（中级、低级、无路面）
		合计	沥青混凝土	水泥混凝土		
全国总计	169 389	152 353	129 682	22 671	14 002	3 034
北　京	1 321	1 321	1 313	8	–	–
天　津	864	864	863	1	–	–
河　北	7 700	7 666	7 431	235	34	–
山　西	5 103	5 014	4 736	278	89	–
内蒙古	9 160	8 478	8 416	62	682	–
辽　宁	6 649	6 414	6 406	8	235	–
吉　林	4 616	4 616	4 550	66	–	–
黑龙江	6 985	6 212	3 491	2 721	105	669
上　海	644	644	615	29	–	–
江　苏	4 848	4 848	4 766	82	–	–
浙　江	4 205	4 205	3 620	585	–	–
安　徽	5 063	4 793	3 931	861	270	–
福　建	4 379	4 379	2 055	2 324	–	–
江　西	5 946	5 777	4 213	1 564	170	–
山　东	7 519	7 519	7 366	153	–	–
河　南	6 852	6 683	6 199	484	169	–
湖　北	6 556	6 139	5 437	702	392	25
湖　南	6 068	5 740	2 815	2 925	329	–
广　东	7 096	7 041	3 767	3 274	54	–
广　西	6 965	5 836	2 705	3 130	1 092	37
海　南	1 621	1 274	886	388	347	–
重　庆	3 109	3 109	2 843	266	–	–
四　川	7 949	7 084	5 895	1 190	779	86
贵　州	4 132	2 207	2 020	187	1 925	–
云　南	8 202	6 043	5 747	297	1 805	354
西　藏	5 618	3 502	3 437	65	947	1 169
陕　西	7 302	7 272	6 810	462	31	–
甘　肃	6 756	4 606	4 580	26	2 147	4
青　海	4 680	4 263	4 112	151	414	4
宁　夏	2 101	1 720	1 704	15	381	–
新　疆	9 381	7 087	6 954	133	1 607	687

2-11 省道里程（按路面类型分）

单位：公里

地区	总计	有铺装路面（高级）			简易铺装路面（次高级）	未铺装路面（中级、低级、无路面）
		合计	沥青混凝土	水泥混凝土		
全国总计	304 049	233 303	161 963	71 340	50 687	20 058
北　京	2 145	2 127	2 121	6	19	-
天　津	2 785	2 785	2 780	5	-	-
河　北	13 968	13 765	12 773	992	203	-
山　西	10 994	10 377	9 552	825	617	-
内蒙古	13 140	8 355	8 220	135	4 288	497
辽　宁	8 955	7 921	7 903	18	1 034	-
吉　林	8 954	8 316	5 697	2 619	-	637
黑龙江	8 808	7 734	2 552	5 181	5	1 069
上　海	1 007	1 007	932	75	-	-
江　苏	8 218	8 218	7 974	245	-	-
浙　江	6 123	6 082	4 539	1 543	41	-
安　徽	7 447	5 067	3 249	1 818	2 380	-
福　建	6 316	4 944	446	4 499	1 292	79
江　西	8 727	6 148	3 067	3 081	2 365	214
山　东	16 819	15 347	14 665	682	1 471	-
河　南	16 217	15 372	14 075	1 298	640	205
湖　北	11 419	8 361	4 616	3 745	2 991	68
湖　南	36 574	28 474	3 712	24 763	4 247	3 853
广　东	15 212	14 148	3 646	10 502	1 064	-
广　西	6 819	3 544	1 838	1 706	3 100	175
海　南	1 712	1 431	893	538	209	72
重　庆	8 153	6 964	4 341	2 622	893	296
四　川	11 734	9 771	7 433	2 339	1 445	518
贵　州	7 769	2 343	1 915	428	5 325	101
云　南	20 132	14 169	13 428	742	4 342	1 621
西　藏	6 299	1 321	1 287	35	243	4 735
陕　西	5 770	5 599	5 339	260	170	-
甘　肃	6 214	2 066	1 948	118	3 413	735
青　海	8 966	4 628	4 159	470	1 107	3 231
宁　夏	2 460	1 374	1 336	39	1 051	35
新　疆	14 193	5 543	5 530	13	6 733	1 917

2-12 县道里程（按路面类型分）

单位：公里

地区	总计	有铺装路面（高级）			简易铺装路面（次高级）	未铺装路面（中级、低级、无路面）
		合计	沥青混凝土	水泥混凝土		
全国总计	533 576	304 351	135 143	169 207	140 789	88 436
北　京	3 846	3 788	3 726	62	37	21
天　津	1 260	1 246	1 208	38	14	-
河　北	13 199	10 132	7 261	2 871	2 002	1 065
山　西	19 919	11 029	6 372	4 657	7 973	917
内蒙古	25 697	12 779	9 975	2 804	6 456	6 462
辽　宁	12 744	7 819	7 680	139	4 811	113
吉　林	6 149	5 911	3 342	2 569	-	238
黑龙江	7 906	6 239	1 428	4 811	349	1 318
上　海	2 508	2 506	2 057	448	2	-
江　苏	23 299	22 723	14 830	7 893	65	511
浙　江	27 520	24 208	12 421	11 787	3 270	41
安　徽	23 975	8 709	2 353	6 357	14 478	788
福　建	13 463	11 046	384	10 661	1 923	495
江　西	20 590	14 903	1 206	13 697	3 399	2 288
山　东	23 067	16 636	11 677	4 959	6 132	300
河　南	21 103	15 719	7 303	8 416	4 773	612
湖　北	20 063	11 665	2 741	8 924	7 579	818
湖　南	30 705	22 664	739	21 925	1 123	6 918
广　东	17 658	15 008	1 229	13 779	1 832	818
广　西	25 037	7 670	964	6 706	12 911	4 455
海　南	2 850	2 232	1 103	1 129	236	382
重　庆	12 134	8 481	1 837	6 645	1 752	1 902
四　川	40 552	22 955	7 026	15 929	7 712	9 884
贵　州	17 350	1 378	225	1 153	13 391	2 581
云　南	41 872	17 580	13 678	3 901	3 539	20 753
西　藏	12 573	963	911	52	514	11 096
陕　西	17 241	8 860	5 155	3 705	7 222	1 158
甘　肃	15 706	2 235	1 376	858	9 690	3 782
青　海	9 267	2 822	583	2 238	2 517	3 929
宁　夏	1 619	832	831	1	748	40
新　疆	22 703	3 612	3 520	92	14 340	4 751

2-13　乡道里程（按路面类型分）

单位：公里

地区	总计	有铺装路面（高级）			简易铺装路面（次高级）	未铺装路面（中级、低级、无路面）
		合计	沥青混凝土	水泥混凝土		
全国总计	1 065 996	565 937	84 321	481 615	130 160	369 900
北　京	8 006	6 417	4 355	2 062	1 293	296
天　津	3 643	3 551	2 632	919	12	80
河　北	44 322	32 387	10 113	22 274	5 270	6 664
山　西	47 825	28 040	2 508	25 532	10 821	8 965
内蒙古	35 609	9 868	5 536	4 332	4 308	21 433
辽　宁	31 248	13 711	11 241	2 470	13 697	3 841
吉　林	27 293	22 747	3 684	19 063	6	4 540
黑龙江	54 646	41 420	2 423	38 996	790	12 436
上　海	6 848	6 848	1 346	5 502	-	-
江　苏	52 712	50 479	7 269	43 210	356	1 877
浙　江	18 614	16 780	3 374	13 406	1 701	134
安　徽	36 245	18 193	155	18 038	6 250	11 803
福　建	35 679	28 237	73	28 164	798	6 644
江　西	29 187	21 075	273	20 801	663	7 450
山　东	32 042	18 095	7 579	10 516	11 831	2 116
河　南	40 572	25 159	4 661	20 497	11 556	3 858
湖　北	63 340	45 504	562	44 943	7 020	10 817
湖　南	54 543	33 631	98	33 533	165	20 746
广　东	91 910	67 560	1 335	66 225	1 960	22 391
广　西	28 507	11 849	106	11 743	2 063	14 595
海　南	5 158	4 678	130	4 549	11	468
重　庆	15 240	7 415	780	6 635	1 220	6 605
四　川	51 498	20 420	3 213	17 206	5 366	25 713
贵　州	18 447	2 202	118	2 084	5 488	10 758
云　南	102 982	6 180	1 793	4 387	625	96 177
西　藏	15 889	372	341	31	257	15 261
陕　西	23 961	12 741	2 056	10 685	6 151	5 069
甘　肃	12 299	1 674	567	1 107	5 417	5 208
青　海	12 286	1 733	36	1 696	890	9 663
宁　夏	8 067	3 883	2 962	921	2 422	1 763
新　疆	57 377	3 090	3 002	88	21 756	32 531

2-14 专用公路里程（按路面类型分）

单位：公里

地区	总计	有铺装路面（高级）			简易铺装路面（次高级）	未铺装路面（中级、低级、无路面）
		合计	沥青混凝土	水泥混凝土		
全国总计	68 965	19 091	10 478	8 613	9 983	39 891
北京	488	476	379	97	12	-
天津	1 017	1 011	833	178	-	6
河北	1 392	1 055	647	408	171	165
山西	541	292	65	227	177	72
内蒙古	5 214	1 403	636	767	277	3 534
辽宁	925	142	137	5	357	425
吉林	3 887	707	202	505	16	3 165
黑龙江	12 305	2 003	1 216	787	5	10 297
上海	-	-	-	-	-	-
江苏	166	163	35	127	1	2
浙江	709	529	174	355	85	94
安徽	1 002	372	35	337	148	482
福建	491	266	2	264	28	197
江西	667	433	54	379	5	229
山东	2 321	1 158	882	276	1 129	34
河南	1 450	760	488	272	473	217
湖北	810	539	113	426	133	138
湖南	1 534	337	23	314	23	1 173
广东	390	302	34	268	-	88
广西	586	172	58	114	139	276
海南	25	25	4	21	-	-
重庆	553	326	42	285	22	204
四川	4 886	978	319	659	214	3 694
贵州	737	173	15	159	336	228
云南	4 237	632	387	246	261	3 343
西藏	2 428	229	178	52	74	2 124
陕西	2 193	1 330	569	761	308	555
甘肃	3 209	231	84	148	1 303	1 674
青海	878	147	59	88	26	706
宁夏	705	524	488	37	128	53
新疆	13 221	2 376	2 322	53	4 131	6 714

2-15 村道里程（按路面类型分）

单位：公里

地区	总计	有铺装路面（高级）			简易铺装路面（次高级）	未铺装路面（中级、低级、无路面）
		合计	沥青混凝土	水泥混凝土		
全国总计	1 964 411	828 352	69 676	758 676	166 693	969 366
北京	5 540	4 171	1 831	2 340	449	921
天津	5 594	5 415	3 545	1 870	36	144
河北	76 384	52 628	12 888	39 740	5 198	18 557
山西	50 426	31 788	1 757	30 031	7 006	11 632
内蒙古	72 177	5 331	2 724	2 607	1 699	65 148
辽宁	43 506	4 195	2 844	1 350	5 300	34 011
吉林	40 855	23 853	1 189	22 664	41	16 961
黑龙江	64 942	32 517	769	31 749	166	32 259
上海	1 078	1 078	143	934	–	–
江苏	63 004	48 103	5 592	42 510	1 097	13 804
浙江	54 603	49 186	5 234	43 952	1 786	3 632
安徽	75 802	41 409	92	41 317	6 408	27 985
福建	31 995	18 529	9	18 520	405	13 061
江西	81 514	50 131	152	49 979	765	30 619
山东	151 422	75 271	17 719	57 552	57 023	19 129
河南	161 393	64 247	4 990	59 258	31 621	65 525
湖北	110 558	73 104	424	72 680	3 999	33 454
湖南	102 766	51 948	68	51 881	83	50 735
广东	58 459	25 381	346	25 035	362	32 717
广西	36 975	10 839	29	10 809	718	25 418
海南	11 550	11 145	62	11 083	5	399
重庆	79 373	18 280	720	17 560	3 138	57 955
四川	166 650	57 285	1 315	55 970	7 308	102 057
贵州	109 384	6 556	218	6 337	2 702	100 127
云南	37 100	1 077	156	921	231	35 791
西藏	20 301	241	155	86	61	19 999
陕西	95 520	45 826	2 003	43 823	7 905	41 789
甘肃	79 512	11 222	194	11 029	9 055	59 235
青海	28 203	3 676	44	3 632	276	24 251
宁夏	9 554	3 236	1 895	1 341	1 839	4 478
新疆	38 275	685	568	117	10 015	27 575

2-16 全国公路养护里程

单位：公里

地 区	总 计	国 道	省 道	县 道	乡 道	专用公路	村 道
全国总计	3 980 439	168 928	302 949	531 993	1 056 912	66 075	1 853 582
北 京	21 347	1 321	2 145	3 846	8 006	488	5 540
天 津	15 163	864	2 785	1 260	3 643	1 017	5 594
河 北	156 906	7 700	13 968	13 199	44 318	1 392	76 328
山 西	134 753	5 048	10 994	19 919	47 825	541	50 426
内蒙古	159 030	9 160	13 134	25 697	35 449	4 809	70 782
辽 宁	104 026	6 649	8 955	12 744	31 248	925	43 506
吉 林	91 754	4 616	8 954	6 149	27 293	3 887	40 855
黑龙江	155 530	6 982	8 808	7 887	54 617	12 305	64 931
上 海	12 084	644	1 007	2 508	6 848	–	1 078
江 苏	146 125	4 848	8 218	23 168	52 337	160	57 393
浙 江	111 776	4 205	6 123	27 520	18 614	709	54 603
安 徽	148 880	5 023	7 406	23 975	36 245	442	75 789
福 建	92 322	4 379	6 316	13 463	35 679	491	31 995
江 西	141 477	5 902	8 675	20 590	29 187	651	76 472
山 东	233 190	7 519	16 819	23 067	32 042	2 321	151 422
河 南	243 659	6 834	16 193	21 088	40 489	1 449	157 605
湖 北	211 609	6 556	11 400	20 063	63 317	810	109 463
湖 南	232 190	6 068	36 574	30 705	54 543	1 534	102 766
广 东	181 060	7 058	15 156	17 631	91 690	332	49 194
广 西	91 868	6 940	6 819	25 037	28 261	507	24 306
海 南	21 639	1 621	1 697	2 850	4 728	25	10 717
重 庆	118 239	3 109	8 153	12 134	15 240	553	79 050
四 川	261 241	7 949	11 734	40 471	49 792	4 641	146 654
贵 州	157 820	4 132	7 769	17 350	18 447	737	109 384
云 南	214 441	8 202	20 132	41 864	102 982	4 163	37 099
西 藏	57 549	5 604	5 462	12 222	15 459	2 426	16 375
陕 西	151 644	7 131	5 738	17 241	23 961	2 193	95 381
甘 肃	88 463	6 704	6 214	15 706	12 031	3 209	44 599
青 海	64 280	4 680	8 966	9 267	12 286	878	28 203
宁 夏	24 506	2 101	2 460	1 619	8 067	705	9 554
新 疆	135 868	9 381	14 174	21 753	52 266	11 775	26 519

2-17　全国公路绿化里程

单位：公里

地区	总计	国道	省道	县道	乡道	专用公路	村道
全国总计	2 044 548	133 460	232 884	364 164	579 540	32 710	701 789
北　京	14 472	1 309	2 111	3 764	4 233	340	2 715
天　津	13 924	741	2 483	1 247	3 633	830	4 989
河　北	68 023	7 170	11 929	7 997	17 198	481	23 247
山　西	53 950	4 133	7 428	13 300	18 824	226	10 039
内蒙古	28 177	5 825	4 401	8 645	6 276	1 073	1 957
辽　宁	62 074	6 012	8 032	10 936	21 200	678	15 216
吉　林	82 868	4 606	8 750	6 104	26 718	3 796	32 893
黑龙江	119 410	5 288	6 692	7 066	44 744	7 405	48 215
上　海	8 561	621	941	2 347	4 172	-	480
江　苏	133 663	4 649	8 061	22 165	47 822	156	50 810
浙　江	69 538	3 919	5 677	23 113	12 315	490	24 023
安　徽	69 765	4 585	6 449	20 128	24 947	509	13 148
福　建	78 901	3 780	5 612	11 887	31 800	393	25 429
江　西	82 348	5 242	7 188	17 285	18 615	159	33 858
山　东	180 168	6 857	15 493	19 384	25 515	1 208	111 711
河　南	173 423	6 668	14 679	16 767	31 228	1 314	102 766
湖　北	76 417	5 975	10 181	14 704	24 598	564	20 395
湖　南	116 703	5 772	29 813	19 894	26 286	1 085	33 854
广　东	93 073	6 851	14 295	15 315	46 863	246	9 504
广　西	40 588	6 485	6 072	14 565	8 829	272	4 366
海　南	19 151	1 484	1 529	2 510	4 459	21	9 148
重　庆	50 160	2 473	7 125	9 181	9 181	225	21 975
四　川	114 316	6 853	9 235	29 780	27 904	1 988	38 556
贵　州	19 946	2 890	4 011	6 438	2 377	104	4 125
云　南	85 201	6 125	11 557	23 052	32 969	1 563	9 935
西　藏	3 816	1 297	1 377	546	63	390	144
陕　西	35 939	5 984	3 638	7 840	5 784	648	12 044
甘　肃	21 098	2 755	3 067	6 234	4 078	581	4 383
青　海	28 978	3 413	7 204	5 020	4 270	176	8 895
宁　夏	12 385	1 384	1 525	1 119	4 745	551	3 061
新　疆	87 513	2 314	6 327	15 831	37 894	5 238	19 909

2-18 全国高速公路里程

单位：公里

地区	高速公路 合计	四车道	六车道	八车道及以上	车道里程
全国总计	84 946	69 591	12 668	2 687	375 868
北京	912	447	426	39	4 655
天津	1 103	447	560	96	5 918
河北	4 756	3 316	1 405	34	21 969
山西	4 005	3 252	750	3	17 535
内蒙古	2 874	2 867	7	-	11 509
辽宁	3 300	2 545	341	414	15 535
吉林	2 252	2 226	26	-	9 060
黑龙江	3 708	3 708	-	-	14 832
上海	806	305	298	203	4 632
江苏	4 122	2 383	1 483	256	20 478
浙江	3 500	2 624	594	281	16 312
安徽	3 009	2 801	165	43	12 537
福建	2 652	2 179	240	233	12 022
江西	3 603	3 486	111	6	14 661
山东	4 350	3 800	527	24	18 548
河南	5 196	2 831	1 954	411	26 338
湖北	4 006	3 807	198	-	16 420
湖南	2 649	2 618	31	-	10 656
广东	5 049	2 871	1 882	295	25 143
广西	2 754	2 598	140	16	11 357
海南	660	660	-	-	2 639
重庆	1 861	1 588	273	-	7 991
四川	3 009	2 779	230	-	12 495
贵州	2 022	1 979	43	-	8 175
云南	2 746	2 173	528	46	12 224
西藏	-	-	-	-	-
陕西	3 803	3 091	425	287	17 209
甘肃	2 343	2 343	-	-	9 370
青海	1 133	1 130	2	-	4 535
宁夏	1 306	1 287	20	-	5 265
新疆	1 459	1 451	8	-	5 850

2-19 全国公路密度及通达率

地区	公路密度		公路通达率（%）			
	以国土面积计算（公里/百平方公里）	以人口计算（公里/万人）	乡（镇）	#：通硬化路面所占比重	行政村	#：通硬化路面所占比重
全国总计	42.77	30.62	99.97	97.18	99.38	84.04
北京	130.08	10.89	100.00	100.00	100.00	100.00
天津	127.42	11.67	100.00	100.00	100.00	100.00
河北	83.63	21.70	100.00	100.00	100.00	99.38
山西	86.25	39.95	100.00	100.00	99.92	99.35
内蒙古	13.61	65.12	99.56	99.27	99.99	39.01
辽宁	71.30	24.47	100.00	100.00	100.00	100.00
吉林	48.96	33.58	100.00	99.44	99.50	97.25
黑龙江	34.27	40.70	100.00	99.47	98.14	94.63
上海	190.56	5.25	100.00	100.00	100.00	100.00
江苏	148.39	19.36	100.00	100.00	100.00	100.00
浙江	109.80	23.54	100.00	100.00	99.51	99.48
安徽	115.03	21.90	100.00	100.00	99.98	99.98
福建	76.05	24.82	100.00	100.00	100.00	100.00
江西	87.86	32.89	100.00	100.00	100.00	100.00
山东	148.81	24.32	100.00	100.00	100.00	99.58
河南	148.26	26.10	100.00	99.90	100.00	99.94
湖北	114.44	37.17	100.00	99.92	100.00	96.53
湖南	109.63	36.25	100.00	99.70	99.79	86.00
广东	107.21	22.38	100.00	100.00	100.00	99.99
广西	44.31	20.33	100.00	99.73	99.86	67.33

2-19 （续表一）

地 区	公 路 密 度		公 路 通 达 率 (%)			
	以国土面积计算（公里/百平方公里）	以人口计算（公里/万人）	乡（镇）	#：通硬化路面所占比重	行政村	#：通硬化路面所占比重
海 南	67.60	26.52	100.00	100.00	99.97	99.91
重 庆	143.89	35.93	100.00	100.00	99.99	38.84
四 川	58.09	31.47	99.98	91.40	98.22	58.58
贵 州	89.62	45.36	100.00	99.10	99.45	36.34
云 南	54.45	46.32	99.85	92.61	98.01	28.78
西 藏	5.14	210.21	99.71	40.32	85.97	14.16
陕 西	73.92	40.69	100.00	98.35	96.18	64.59
甘 肃	27.22	48.32	100.00	96.59	100.00	42.99
青 海	8.91	114.24	100.00	94.76	100.00	44.92
宁 夏	36.91	38.72	100.00	100.00	100.00	83.83
新 疆	9.34	71.01	99.78	97.23	97.73	65.90

2-20　公路桥梁（按使用年限分）

地区	总计 数量（座）	总计 长度（米）	总计中：永久式桥梁 数量（座）	总计中：永久式桥梁 长度（米）	总计中：危桥 数量（座）	总计中：危桥 长度（米）
全国总计	689 417	33 494 359	675 122	33 156 810	91 798	2 715 284
北　京	5 039	377 593	5 039	377 593	94	2 803
天　津	3 087	483 689	3 037	482 595	10	7 017
河　北	35 573	2 087 192	35 218	2 078 199	5 296	172 217
山　西	12 750	858 553	12 664	855 673	741	24 449
内蒙古	13 817	506 987	13 112	488 392	3 006	73 514
辽　宁	34 079	1 175 414	34 047	1 174 439	1 329	46 620
吉　林	12 010	451 280	11 683	443 390	903	30 003
黑龙江	19 805	665 873	17 773	633 143	6 666	146 443
上　海	9 997	598 773	9 997	598 773	208	8 012
江　苏	65 815	2 910 978	65 270	2 897 978	13 001	338 713
浙　江	45 578	2 323 804	45 488	2 321 972	1 659	59 497
安　徽	30 628	1 512 220	30 407	1 507 079	5 950	139 700
福　建	21 103	1 199 989	21 075	1 199 223	810	33 271
江　西	24 324	1 124 883	22 311	1 081 980	5 261	178 303
山　东	45 818	1 936 036	45 746	1 933 470	4 766	201 934
河　南	42 669	1 716 399	41 560	1 690 492	14 270	377 817
湖　北	35 340	1 688 551	35 302	1 686 938	9 381	248 797
湖　南	34 215	1 150 251	33 456	1 134 113	4 053	118 827
广　东	43 769	2 660 957	43 686	2 658 574	1 100	50 385
广　西	15 337	686 840	15 240	683 783	1 188	50 259
海　南	5 183	164 444	5 083	162 070	302	9 967
重　庆	9 796	606 919	9 633	600 699	813	30 314
四　川	34 168	1 509 028	33 299	1 487 042	2 161	81 961
贵　州	13 861	852 543	13 838	851 641	2 050	68 116
云　南	22 233	1 550 263	21 923	1 535 822	1 518	57 187
西　藏	5 971	157 216	4 401	116 894	1 441	41 906
陕　西	21 015	1 619 141	19 907	1 590 013	1 026	43 018
甘　肃	8 117	288 794	7 856	281 119	732	27 217
青　海	4 198	164 145	4 148	160 603	353	7 011
宁　夏	3 805	168 968	3 805	168 968	494	11 572
新　疆	10 317	296 636	9 118	274 139	1 216	28 433

2-21 公路桥

地区	总计 数量（座）	总计 长度（米）	特大桥 数量（座）	特大桥 长度（米）	大 数量（座）
全国总计	689 417	33 494 359	2 341	4 042 765	55 229
北　京	5 039	377 593	28	51 762	770
天　津	3 087	483 689	94	178 160	658
河　北	35 573	2 087 192	183	325 097	3 680
山　西	12 750	858 553	56	86 097	1 846
内蒙古	13 817	506 987	12	26 506	813
辽　宁	34 079	1 175 414	43	71 905	1 761
吉　林	12 010	451 280	11	16 025	655
黑龙江	19 805	665 873	16	26 982	980
上　海	9 997	598 773	65	144 017	573
江　苏	65 815	2 910 978	186	354 041	3 388
浙　江	45 578	2 323 804	196	402 715	3 229
安　徽	30 628	1 512 220	126	257 425	1 921
福　建	21 103	1 199 989	93	160 339	2 195
江　西	24 324	1 124 883	42	80 173	2 174
山　东	45 818	1 936 036	63	148 816	2 515
河　南	42 669	1 716 399	53	108 033	2 487
湖　北	35 340	1 688 551	163	312 145	2 578
湖　南	34 215	1 150 251	35	56 831	1 978
广　东	43 769	2 660 957	345	554 719	3 843
广　西	15 337	686 840	11	10 298	1 305
海　南	5 183	164 444	2	2 574	192
重　庆	9 796	606 919	72	58 831	1 520
四　川	34 168	1 509 028	82	120 960	3 034
贵　州	13 861	852 543	86	73 116	1 853
云　南	22 233	1 550 263	76	103 430	4 059
西　藏	5 971	157 216	11	7 464	272
陕　西	21 015	1 619 141	152	258 931	3 412
甘　肃	8 117	288 794	10	3 101	597
青　海	4 198	164 145	12	17 978	280
宁　夏	3 805	168 968	11	14 659	274
新　疆	10 317	296 636	6	9 633	387

梁（按跨径分）

桥	中　桥		小　桥	
长度（米）	数量（座）	长度（米）	数量（座）	长度（米）
13 300 515	149 826	7 983 672	482 021	8 167 407
196 499	1 371	80 030	2 870	49 302
227 896	947	51 534	1 388	26 099
903 842	8 410	479 563	23 300	378 690
447 430	2 939	178 127	7 909	146 900
170 273	2 250	135 935	10 742	174 273
394 468	5 511	315 194	26 764	393 848
134 492	2 589	150 400	8 755	150 364
204 919	3 897	222 225	14 912	211 747
208 974	2 642	115 933	6 717	129 849
897 685	17 017	808 252	45 224	851 000
874 605	10 349	509 642	31 804	536 842
567 564	5 425	287 345	23 156	399 887
560 466	4 396	235 257	14 419	243 927
495 257	5 988	315 954	16 120	233 499
581 221	11 252	620 030	31 988	585 970
550 967	10 400	533 652	29 729	523 747
627 653	5 622	299 401	26 977	449 353
372 015	5 745	300 505	26 457	420 900
1 124 758	8 409	468 671	31 172	512 808
267 779	3 876	220 875	10 145	187 888
38 865	1 108	58 529	3 881	64 476
325 731	2 087	110 506	6 117	111 851
605 693	7 131	358 553	23 921	423 821
462 766	2 933	152 057	8 989	164 604
869 293	6 181	364 928	11 917	212 611
31 529	1 245	52 546	4 443	65 678
883 472	4 590	265 209	12 861	211 529
93 433	2 073	104 704	5 437	87 557
54 273	768	42 649	3 138	49 245
55 897	1 001	56 053	2 519	42 359
70 805	1 674	89 412	8 250	126 786

2-22 公路

地区	公路					
	总计		特长隧道		长隧道	
	数量（处）	长度（米）	数量（处）	长度（米）	数量（处）	长度（米）
全国总计	**8 522**	**6 253 412**	**326**	**1 433 189**	**1 504**	**2 518 447**
北京	104	54 444	4	13 238	11	17 747
天津	2	3 361	–	–	2	3 361
河北	353	231 476	11	43 125	62	96 230
山西	602	535 002	50	241 273	84	133 732
内蒙古	21	9 343	–	–	3	4 820
辽宁	128	105 552	–	–	41	61 880
吉林	99	93 787	2	6 330	34	56 513
黑龙江	4	4 435	–	–	2	3 350
上海	2	10 757	1	8 955	1	1 802
江苏	14	16 892	2	7 545	4	6 805
浙江	1 304	806 496	23	101 732	205	345 167
安徽	225	167 677	10	32 916	39	69 839
福建	714	672 534	35	135 771	188	318 837
江西	176	152 000	7	29 055	47	75 601
山东	62	57 048	2	7 760	16	27 232
河南	265	91 261	–	–	12	20 373
湖北	466	379 587	38	158 178	73	118 590
湖南	280	139 551	7	31 203	28	45 014
广东	312	256 537	6	21 568	83	138 605
广西	297	155 633	6	20 350	35	53 558
海南	6	5 162	–	–	4	4 582
重庆	472	419 919	31	146 578	86	154 550
四川	433	292 652	14	59 575	74	118 308
贵州	503	438 635	19	73 052	126	227 312
云南	565	338 356	8	26 247	81	146 037
西藏	20	3 583	–	–	1	2 447
陕西	953	719 290	47	257 288	138	223 626
甘肃	92	55 694	2	8 073	14	22 468
青海	32	26 026	1	3 375	8	15 782
宁夏	9	6 509	–	–	1	2 385
新疆	7	4 214	–	–	1	1 894

隧道、渡口

隧 道				公 路 渡 口	
中 隧 道		短 隧 道		总 计 （处）	机 动 渡 口 （处）
数量 （处）	长度 （米）	数量 （处）	长度 （米）		
1 624	1 152 593	5 068	1 149 183	3 872	1 576
13	8 766	76	14 693	–	–
–	–	–	–	–	–
59	43 475	221	48 646	–	–
125	89 256	343	70 740	–	–
3	2 217	15	2 306	48	30
46	31 078	41	12 593	221	26
34	25 672	29	5 272	40	19
2	1 085	–	–	346	39
–	–	–	–	–	–
2	1 436	6	1 106	90	39
234	161 528	842	198 069	22	19
49	34 522	127	30 400	1 783	704
178	129 123	313	88 803	14	3
40	28 017	82	19 327	104	36
24	16 369	20	5 688	24	24
41	28 499	212	42 389	62	38
70	51 854	285	50 966	171	139
44	31 227	201	32 107	353	112
72	53 587	151	42 778	72	54
52	34 507	204	47 218	122	71
–	–	2	580	11	9
87	64 693	268	54 098	88	68
80	56 561	265	58 208	153	96
108	77 154	250	61 116	62	7
104	73 052	372	93 020	2	2
–	–	19	1 136	1	–
131	89 810	637	148 566	58	24
16	12 273	60	12 881	8	2
4	2 660	19	4 209	–	–
5	3 533	3	591	15	15
1	640	5	1 680	2	–

2-23 全国公路营

地 区	汽车数量 合 计 (辆)	载客汽车		大 型		合 计		普通载货汽车	
		辆	客 位	辆	客 位	辆	吨 位	辆	吨 位
全国总计	12 637 525	843 412	20 866 567	268 259	11 274 843	11 794 113	72 612 001	11 163 639	62 735 114
北 京	186 043	42 887	645 795	8 386	385 684	143 156	622 149	128 217	429 184
天 津	109 363	9 257	345 785	6 301	277 296	100 106	253 939	92 915	200 628
河 北	934 407	29 926	735 774	6 932	284 581	904 481	8 024 066	865 379	7 438 714
山 西	408 375	15 152	394 841	4 285	170 581	393 223	3 672 055	384 032	3 563 134
内蒙古	337 297	12 258	378 448	6 037	239 807	325 039	2 823 975	313 804	2 686 249
辽 宁	624 412	27 008	719 977	9 895	418 876	597 404	3 692 291	557 765	3 098 600
吉 林	283 759	13 133	368 342	4 742	193 036	270 626	1 624 570	261 058	1 515 830
黑龙江	434 850	20 060	516 267	7 160	270 403	414 790	2 616 990	405 169	2 480 552
上 海	191 857	20 662	557 814	9 574	440 050	171 195	1 599 286	137 051	828 911
江 苏	629 991	40 935	1 547 061	28 614	1 304 782	589 056	4 823 187	517 568	3 872 064
浙 江	523 612	35 042	1 088 344	16 020	707 332	488 570	2 344 562	447 439	1 539 287
安 徽	551 229	37 683	908 227	9 825	409 486	513 546	3 366 246	496 083	3 121 167
福 建	239 171	20 217	510 683	6 818	276 154	218 954	1 285 748	197 264	785 045
江 西	289 550	18 604	464 636	5 011	205 893	270 946	1 437 263	259 299	1 305 689
山 东	1 041 565	34 381	971 020	14 114	546 497	1 007 184	7 826 111	947 143	6 627 026
河 南	937 418	48 622	1 357 365	14 386	629 950	888 796	5 877 789	870 460	5 612 217
湖 北	373 754	41 567	874 718	8 107	322 631	332 187	1 370 540	313 696	1 147 889
湖 南	409 892	46 267	1 039 443	10 365	419 754	363 625	1 465 045	341 689	1 198 285
广 东	981 097	42 142	1 535 899	29 139	1 279 353	938 955	4 766 416	868 925	3 398 396
广 西	349 807	33 414	854 439	13 027	518 777	316 393	1 652 644	305 734	1 477 128
海 南	59 695	5 792	152 380	2 120	79 138	53 903	199 785	52 617	186 499
重 庆	281 901	21 797	543 087	5 876	260 028	260 104	1 077 234	248 469	968 957
四 川	599 697	50 937	1 098 848	9 037	341 340	548 760	2 105 211	527 131	1 861 493
贵 州	229 064	28 653	563 527	4 030	169 001	200 411	663 514	194 576	614 839
云 南	511 912	47 689	751 664	6 231	240 435	464 223	1 700 459	456 135	1 620 716
西 藏	28 317	5 051	97 219	1 150	44 334	23 266	159 583	22 181	145 056
陕 西	336 949	29 692	586 916	6 292	248 114	307 257	1 769 457	295 663	1 616 956
甘 肃	207 722	18 551	408 747	3 928	153 342	189 171	879 248	182 346	796 932
青 海	80 981	5 003	99 589	1 200	47 164	75 978	392 861	72 277	342 772
宁 夏	116 614	6 011	156 699	2 208	94 682	110 603	826 912	107 380	776 414
新 疆	347 224	35 019	593 013	7 449	296 342	312 205	1 692 865	294 174	1 478 485

运车辆拥有量

货汽车		专用载货汽车		专用载货汽车中集装箱车		其他机动车		轮胎式拖拉机	
大型									
辆	吨位	辆	吨位	辆	TEU	辆	吨位	辆	吨位
3 700 081	51 681 223	630 474	9 876 887	145 482	269 075	1 489 621	1 446 988	528 893	660 560
32 323	285 733	14 939	192 965	1 649	3 324	–	–	–	–
8 478	88 932	7 191	53 311	958	1 916	–	–	–	–
365 043	6 665 877	39 102	585 352	2 105	3 659	130 177	128 935	15 727	18 750
197 125	3 269 803	9 191	108 921	38	41	10 181	10 721	901	1 090
159 332	2 436 964	11 235	137 726	164	278	30 749	44 038	219	312
162 875	2 524 913	39 639	593 691	8 272	15 865	97 768	94 670	2 141	4 932
95 006	1 274 232	9 568	108 740	57	80	5 977	6 556	299	1 099
133 980	2 014 630	9 621	136 438	339	477	11 193	17 600	–	–
55 830	675 116	34 144	770 375	19 223	38 134	–	–	–	–
228 590	3 403 776	71 488	951 123	7 810	14 412	–	–	–	–
85 893	1 118 468	41 131	805 275	18 321	35 637	250	2 253	–	–
186 365	2 581 620	17 463	245 079	567	1 056	209 443	233 828	33 944	41 329
42 249	594 401	21 690	500 703	13 598	21 647	4 682	5 710	3 396	3 439
96 542	1 042 973	11 647	131 574	–	–	81 713	85 529	1 023	1 195
350 146	5 722 302	60 041	1 199 085	23 417	38 511	324 572	292 368	65 335	106 104
315 257	4 725 925	18 336	265 572	406	783	348 710	328 400	121 408	201 759
84 606	809 279	18 491	222 651	207	409	20 635	29 169	6 527	7 406
107 151	838 044	21 936	266 760	–	–	29 965	32 264	27 693	25 568
167 779	2 444 364	70 030	1 368 020	43 626	86 800	7 780	5 767	11 742	12 243
100 176	1 203 312	10 659	175 516	1 207	1 490	63 661	21 943	154 460	150 218
12 386	131 508	1 286	13 286	266	369	6 684	3 824	7 310	5 909
78 452	736 147	11 635	108 277	1 957	2 202	3	3	1 074	1 037
127 338	1 282 294	21 629	243 718	1 237	1 907	–	–	53 751	51 420
47 060	398 906	5 835	48 675	3	4	6	3	–	–
116 244	1 139 031	8 088	79 743	–	–	1 191	391	14 247	14 989
15 356	133 026	1 085	14 527	–	–	–	–	–	–
98 373	1 350 872	11 594	152 501	55	74	102 057	99 244	7 693	11 749
67 197	587 810	6 825	82 316	–	–	2 224	3 772	–	–
20 961	274 162	3 701	50 089	–	–	–	–	–	–
43 173	708 292	3 223	50 498	–	–	–	–	–	–
98 795	1 218 511	18 031	214 380	–	–	–	–	3	12

2-24 公路客、货运输量

地 区	客运量（万人）	旅客周转量（万人公里）	货运量（万吨）	货物周转量（万吨公里）
全国总计	3 286 220	167 602 466	2 820 100	513 747 406
北 京	129 918	3 036 655	23 276	1 323 259
天 津	22 054	1 339 185	23 505	2 667 040
河 北	91 857	5 220 760	166 680	52 192 833
山 西	32 866	2 199 108	65 201	10 471 189
内蒙古	21 807	2 411 694	103 651	27 376 071
辽 宁	86 013	3 996 800	151 773	23 285 168
吉 林	61 830	2 865 325	39 308	8 159 973
黑龙江	39 424	2 738 869	44 420	8 434 500
上 海	3 477	1 067 378	42 685	2 837 590
江 苏	235 673	13 073 241	140 803	13 152 706
浙 江	218 415	9 081 511	108 654	14 348 239
安 徽	179 440	11 515 975	219 467	61 232 222
福 建	73 259	3 601 530	52 558	6 595 158
江 西	72 527	3 409 013	98 358	20 668 297
山 东	241 457	12 569 149	279 380	66 243 540
河 南	184 213	12 112 844	220 122	59 490 448
湖 北	104 971	7 000 562	82 741	12 777 127
湖 南	161 980	7 780 412	144 241	18 785 682
广 东	493 618	20 826 756	166 567	21 500 355
广 西	79 300	7 765 075	113 549	14 940 406
海 南	43 677	1 463 385	15 095	971 395
重 庆	136 142	4 089 110	82 818	7 797 727
四 川	242 615	9 006 841	139 771	11 390 664
贵 州	66 303	3 431 729	36 684	3 500 945
云 南	41 394	4 245 651	54 186	6 172 662
西 藏	3 659	225 022	979	270 988
陕 西	101 062	4 628 887	90 419	14 696 820
甘 肃	58 355	2 650 685	28 790	6 474 126
青 海	11 308	556 426	8 952	2 580 397
宁 夏	14 440	723 666	29 016	6 081 181
新 疆	33 166	2 969 222	46 451	7 328 698

2-25　交通拥挤度情况

地区	交通拥挤度				
	国道	国家高速公路	一般国道	省道	高速公路
全国合计	**0.424**	**0.324**	**0.582**	**0.515**	**0.315**
北　京	0.586	0.545	0.704	0.704	0.571
天　津	0.753	0.390	0.927	0.479	0.219
河　北	0.756	0.503	0.820	0.707	0.370
山　西	0.562	0.227	0.625	0.630	0.223
内蒙古	0.289	0.315	0.266	0.304	0.321
辽　宁	0.387	0.312	0.541	0.383	0.304
吉　林	0.339	0.344	0.338	0.258	0.344
黑龙江	0.264	0.221	0.327	0.321	0.215
上　海	0.660	0.623	0.974	0.909	0.656
江　苏	0.453	0.450	0.462	0.389	0.374
浙　江	0.647	0.477	0.836	0.827	0.486
安　徽	0.533	0.442	0.655	0.558	0.442
福　建	0.313	0.194	0.957	0.695	0.189
江　西	0.360	0.218	0.591	0.377	0.214
山　东	0.488	0.388	0.618	0.621	0.373
河　南	0.286	0.241	0.598	0.269	0.201
湖　北	0.499	0.280	0.633	0.414	0.259
湖　南	0.488	0.340	0.862	0.717	0.317
广　东	0.607	0.452	0.876	0.770	0.444
广　西	0.517	0.327	0.716	0.552	0.316
海　南	0.527	0.304	1.161	0.793	0.299
重　庆	0.255	0.183	0.368	0.261	0.181
四　川	0.441	0.454	0.429	0.487	0.454
贵　州	0.329	0.212	0.547	0.557	0.217
云　南	0.406	0.144	0.819	1.611	0.152
西　藏	0.242	-	0.242	0.343	-
陕　西	0.359	0.287	0.538	0.490	0.288
甘　肃	0.283	0.176	0.450	0.387	0.174
青　海	0.242	0.271	0.240	0.105	0.149
宁　夏	0.219	0.193	0.374	0.381	0.193
新　疆	0.294	0.197	0.333	0.316	0.209

2-26 道路运输

地区	道路运输经营许可证在册数（张）	道路货物运输经营业户数			
		合计	普通货运	货物专用运输	集装箱运输
总　计	7 855 498	7 224 422	6 493 359	50 072	12 982
北　京	55 660	48 866	48 210	2 073	541
天　津	27 925	22 730	22 622	1 083	605
河　北	538 976	420 716	363 141	5 005	111
山　西	245 840	234 131	223 406	167	4
内蒙古	214 514	199 462	198 772	714	16
辽　宁	345 052	325 886	322 656	2 477	465
吉　林	188 705	181 266	180 619	400	27
黑龙江	276 179	260 169	259 203	474	66
上　海	44 765	34 757	33 719	2 611	1 408
江　苏	337 906	334 111	330 956	7 170	1 352
浙　江	310 293	298 144	295 806	2 775	971
安　徽	171 794	165 279	164 537	756	87
福　建	109 672	99 153	98 703	1 057	790
江　西	159 271	145 286	144 781	269	–
山　东	903 850	865 996	674 337	3 443	1 145
河　南	721 920	681 733	358 317	993	147
湖　北	224 598	202 768	201 187	1 413	150
湖　南	390 066	360 197	334 408	5 401	111
广　东	671 781	592 971	587 641	8 087	4 587
广　西	320 853	294 326	277 913	935	141
海　南	60 192	49 719	30 690	87	34
重　庆	102 087	101 032	100 835	502	129
四　川	422 146	386 916	383 623	1 141	71
贵　州	131 931	124 878	124 674	88	–
云　南	390 825	351 381	342 846	99	12
西　藏	17 127	14 586	14 534	3	–
陕　西	146 770	131 105	79 525	68	12
甘　肃	72 866	63 823	63 482	161	–
青　海	54 434	50 864	50 433	149	–
宁　夏	77 793	74 152	74 017	17	–
新　疆	119 707	108 019	107 766	454	–

资料来源：交通运输部道路运输司。

注：2010 年，交通运输部建立了城市客运统计报表制度，为避免重复统计，道路运输统计报表制度中的道路旅客运输经营业户统计范围不

经营业户数

（户）		道路旅客运输经营业户数（户）			
大型物件运输	危险货物运输	合　计	班车客运	旅游客运	包车客运
6 870	9 609	59 831	53 569	1 647	2 375
362	202	101	15	86	-
58	180	251	147	-	130
1 571	573	4 519	4 441	54	58
14	193	518	466	53	-
13	228	1 617	1 578	26	15
142	734	1 531	1 354	-	179
27	252	2 437	2 366	54	24
123	398	4 945	4 757	71	121
122	262	144	38	-	144
2 731	915	844	500	260	388
94	620	620	469	83	175
134	219	3 221	3 157	71	2
15	186	446	293	157	23
59	234	1 021	967	54	16
218	736	830	690	32	149
155	273	686	647	48	46
68	267	7 011	6 890	87	230
138	312	11 083	10 341	59	96
59	805	901	600	-	337
82	166	2 315	1 042	74	138
-	27	114	96	14	4
159	146	529	515	-	16
46	345	1 531	1 473	56	24
8	168	805	762	43	6
33	147	8 787	7 118	76	18
3	56	57	30	29	-
39	307	294	262	35	-
6	174	216	183	31	2
253	38	1 088	1 069	19	-
6	119	80	72	8	9
132	327	1 289	1 231	67	25

包含公共汽电车和出租汽车部分的内容。

2-27 道路运输相

地区	业户合计	站场	客运站	货运站（场）	机动车维修	汽车综合性能检测
总　计	538 902	31 189	27 890	3 300	421 695	2 061
北　京	6 694	19	11	8	6 219	14
天　津	4 962	72	29	43	4 867	23
河　北	19 514	530	208	322	15 724	178
山　西	11 205	199	141	58	9 894	83
内蒙古	16 815	693	633	60	14 444	46
辽　宁	18 074	511	388	123	14 035	66
吉　林	8 334	156	101	55	6 540	60
黑龙江	10 213	936	817	119	7 888	101
上　海	6 587	122	32	90	6 215	18
江　苏	29 997	1 082	693	389	22 389	89
浙　江	39 081	710	528	182	29 103	77
安　徽	16 676	6 089	6 005	84	8 886	71
福　建	10 124	2 145	2 121	24	7 201	115
江　西	13 487	921	867	54	9 872	66
山　东	29 437	965	461	504	21 986	151
河　南	39 602	2 259	2 154	105	30 330	93
湖　北	18 192	1 044	981	63	11 125	79
湖　南	19 580	1 116	1 085	31	14 846	82
广　东	62 123	2 647	2 442	205	50 232	131
广　西	20 656	740	672	68	18 953	53
海　南	6 534	83	66	17	4 400	27
重　庆	9 364	313	313	–	8 787	–
四　川	33 579	3 814	3 790	24	26 406	82
贵　州	10 767	421	418	3	9 123	54
云　南	29 760	512	447	66	24 975	75
西　藏	2 498	95	89	6	2 193	11
陕　西	15 823	1 021	991	30	11 690	52
甘　肃	9 331	614	549	65	6 996	30
青　海	2 346	116	114	2	1 834	17
宁　夏	6 272	147	143	4	4 890	17
新　疆	11 275	1 097	601	496	9 652	100

资料来源：交通运输部道路运输司。

关业务经营业户数

单位：户

机动车驾驶员培训	汽车租赁	其他	客运代理	物流服务	货运代办	信息配载
10 347	3 316	78 552	1 750	17 276	33 725	22 369
–	441	1	1	–	–	–
–	–	–	–	–	–	–
557	2	2 809	5	644	840	1 178
252	–	777	–	312	183	268
340	13	1 473	4	216	583	414
428	210	2 857	21	307	686	1 838
344	2	1 232	14	227	236	755
248	16	1 024	151	15	258	600
194	38	–	–	–	–	–
651	96	8 582	–	339	4 924	1 628
558	400	9 107	724	1 353	5 006	2 389
197	92	1 682	116	1 065	183	323
481	46	136	27	44	64	1
384	35	2 210	10	849	849	500
540	87	6 165	37	2 055	1 872	2 262
743	–	6 177	55	1 728	1 569	3 103
369	66	5 987	69	1 065	2 682	1 271
555	5	3 162	52	520	1 521	1 077
676	64	9 748	50	3 036	6 856	570
372	–	835	33	198	412	209
55	73	2 051	9	473	171	3
264	–	–	–	–	–	–
402	257	3 145	281	957	1 245	961
220	–	949	6	130	596	217
363	581	3 323	13	177	1 552	762
36	7	156	6	44	81	25
382	560	2 124	23	1 377	377	342
297	128	1 296	43	100	513	640
61	18	331	–	13	51	221
59	79	1 098	–	29	306	754
319	–	115	–	3	109	58

2-28 道路客

地区	客运线路条数（条）					
	合 计	高速公路客运线路	跨省线路	跨地（市）线路	跨县线路	县内线路
总 计	**169 785**	**23 957**	**16 208**	**35 918**	**34 395**	**83 264**
北 京	1 116	471	794	–	32	290
天 津	914	156	524	165	–	225
河 北	9 145	424	1 756	1 090	2 692	3 607
山 西	5 106	623	667	862	1 044	2 533
内蒙古	5 599	236	850	832	1 333	2 584
辽 宁	7 109	565	478	1 605	1 854	3 172
吉 林	5 914	235	364	778	1 041	3 731
黑龙江	7 823	671	234	1 517	1 731	4 341
上 海	1 539	952	1 539	–	–	–
江 苏	8 690	807	2 764	3 119	1 219	1 588
浙 江	8 050	703	2 474	1 294	714	3 568
安 徽	10 214	925	2 367	1 802	1 349	4 696
福 建	5 162	1 148	948	1 129	1 023	2 062
江 西	6 845	498	1 183	1 303	846	3 513
山 东	10 200	2 205	1 599	3 057	2 243	3 301
河 南	9 453	839	2 236	2 137	1 714	3 366
湖 北	9 272	1 227	1 217	1 874	1 552	4 629
湖 南	12 174	1 319	1 807	2 256	2 603	5 508
广 东	8 484	3 812	2 475	3 417	829	1 763
广 西	7 345	1 472	1 769	1 571	1 492	2 513
海 南	623	286	161	98	140	224
重 庆	4 702	754	848	–	1 074	2 780
四 川	10 584	1 472	932	1 404	2 055	6 193
贵 州	6 613	601	635	780	1 354	3 844
云 南	5 938	542	327	1 028	1 028	3 555
西 藏	365	–	15	63	116	171
陕 西	5 962	459	655	938	1 220	3 149
甘 肃	4 394	350	384	729	991	2 290
青 海	774	35	92	145	112	425
宁 夏	2 104	113	284	322	229	1 269
新 疆	3 780	57	38	603	765	2 374

运线路班次

客运线路平均日发班次（班次／日）					
合　计	高速公路客运线路	跨省线路	跨地（市）线路	跨县线路	县内线路
1 777 527	**102 039**	**58 963**	**180 922**	**358 107**	**1 179 547**
2 051	1 054	2 051	–	–	–
9 579	194	833	2 890	–	5 856
73 607	2 062	5 732	4 851	21 239	41 785
27 648	1 744	988	3 003	7 047	16 610
14 514	379	1 235	1 761	4 021	7 498
47 248	1 653	503	4 509	12 234	30 003
32 732	713	573	2 356	7 848	21 955
29 361	1 603	478	3 272	10 104	15 508
3 643	2 091	3 643	–	–	–
76 417	2 071	3 741	8 933	11 988	51 755
198 873	3 594	4 370	11 168	33 391	149 945
77 390	1 857	3 656	6 739	12 973	54 023
57 732	3 060	884	4 043	17 948	34 857
52 108	1 837	1 466	4 053	9 435	37 155
79 042	6 122	3 074	13 309	21 287	41 372
115 626	1 601	3 887	12 020	20 493	79 227
80 726	6 140	2 619	9 447	14 140	54 520
109 451	1 809	1 913	4 475	23 970	79 095
116 266	33 208	5 900	33 867	19 760	56 739
90 615	5 023	3 175	8 894	20 938	57 608
12 281	2 843	212	3 625	1 783	6 661
82 115	4 273	1 972	–	12 823	67 320
124 962	7 077	2 049	11 700	22 691	88 522
61 039	2 988	1 100	3 934	12 362	43 643
59 617	2 336	612	4 586	7 685	46 734
606	–	10	200	174	222
53 536	2 128	862	6 205	10 696	35 773
22 749	1 316	715	2 405	5 820	13 810
8 839	422	249	1 329	1 105	6 157
9 413	432	445	1 507	2 650	4 811
47 741	409	16	5 841	11 502	30 383

2-29 道路运输从业人员数

单位：人

地区	从业人员数合计	道路货物运输	道路旅客运输	站（场）经营	机动车维修经营	汽车综合性能检测站	机动车驾驶员培训	汽车租赁	其他相关业务经营
总　计	25 986 720	18 897 753	2 887 516	469 479	2 653 622	43 846	603 791	32 876	397 837
北　京	350 122	241 125	18 693	1 520	84 974	321	–	3 482	7
天　津	418 236	328 160	21 001	1 695	67 045	335	–	–	–
河　北	1 490 116	1 262 509	74 883	18 335	90 671	3 865	23 420	4	16 429
山　西	916 810	756 836	41 198	9 126	86 381	1 448	15 556	–	6 265
内蒙古	647 605	483 067	78 047	8 397	56 060	646	18 168	39	3 181
辽　宁	1 293 073	972 237	175 275	10 611	108 629	1 746	16 961	3 789	3 825
吉　林	495 916	381 213	52 086	7 791	37 241	666	13 939	8	2 972
黑龙江	714 533	604 207	40 838	11 101	44 157	1 316	9 876	779	2 259
上　海	535 474	428 207	17 194	1 849	55 414	502	19 749	12 559	–
江　苏	1 414 514	1 025 020	163 631	24 467	147 280	2 234	39 348	769	11 765
浙　江	1 023 413	637 674	108 170	41 169	169 102	3 587	42 430	1 794	19 487
安　徽	952 397	713 716	124 494	19 511	70 215	1 853	16 436	638	5 534
福　建	449 233	277 692	73 224	8 438	57 389	1 263	30 787	230	210
江　西	686 926	521 264	62 637	12 029	60 833	905	12 841	109	16 308
山　东	2 363 969	1 907 892	149 570	54 658	160 377	2 876	46 965	326	41 305
河　南	2 774 381	2 109 991	199 756	47 489	214 907	5 333	30 329	–	166 576
湖　北	854 621	585 490	151 321	24 563	67 236	1 331	20 997	263	3 420
湖　南	785 209	515 168	116 854	24 936	77 571	1 583	24 607	502	23 988
广　东	1 492 844	922 645	184 134	33 185	290 818	2 864	46 748	605	11 845
广　西	1 066 797	648 439	312 228	15 934	61 047	810	20 544	–	7 795
海　南	140 836	63 922	33 972	2 467	22 967	288	4 127	891	12 202
重　庆	520 117	362 681	86 704	8 118	50 085	–	12 529	–	–
四　川	1 198 103	780 654	181 055	23 297	167 927	2 521	32 922	907	8 820
贵　州	408 269	238 369	77 473	14 495	50 671	1 074	23 309	–	2 878
云　南	800 722	586 718	69 782	10 168	99 310	1 186	21 643	2 059	9 856
西　藏	74 676	35 843	20 500	2 430	14 688	94	727	33	361
陕　西	664 688	441 768	88 712	10 693	79 270	578	34 580	2 181	6 906
甘　肃	400 259	270 780	49 332	9 920	50 414	560	9 091	598	9 564
青　海	199 173	153 942	17 093	1 418	22 183	382	2 313	114	1 728
宁　夏	224 515	181 300	15 422	1 958	19 745	309	3 574	197	2 010
新　疆	629 173	459 224	82 237	7 711	69 015	1 370	9 275	–	341

注：2010 年，交通运输部建立了城市客运统计报表制度，为避免重复统计，道路运输统计报表制度中的从业人员统计范围不包含公共汽电车和出租汽车部分的内容。

2-30 汽车维修业及汽车综合性能检测站

单位：户

地 区	机动车维修业户数				
	合计	一类汽车维修	二类汽车维修	三类汽车维修	摩托车维修
总 计	421 695	12 622	61 090	264 057	82 003
北 京	6 219	696	1 985	3 477	61
天 津	4 867	189	1 071	3 573	34
河 北	15 724	305	2 938	10 560	1 842
山 西	9 894	254	1 551	7 874	215
内蒙古	14 444	275	1 250	11 755	1 018
辽 宁	14 035	875	3 515	8 879	765
吉 林	6 540	125	886	5 230	299
黑龙江	7 888	261	1 292	5 966	350
上 海	6 215	183	2 103	3 081	848
江 苏	22 389	1 470	4 086	12 497	4 272
浙 江	29 103	978	3 544	17 762	6 616
安 徽	8 886	244	1 681	5 090	1 860
福 建	7 201	371	1 506	3 409	1 915
江 西	9 872	271	1 290	5 744	2 567
山 东	21 986	512	4 670	14 396	2 405
河 南	30 330	821	3 068	20 903	5 246
湖 北	11 125	656	1 705	6 842	1 782
湖 南	14 846	768	2 617	8 651	2 621
广 东	50 232	962	5 300	23 954	19 906
广 西	18 953	180	1 608	9 254	7 425
海 南	4 400	38	274	1 849	2 239
重 庆	8 787	296	1 233	5 795	1 463
四 川	26 406	674	3 910	16 916	4 795
贵 州	9 123	317	1 090	6 803	913
云 南	24 975	315	1 809	16 955	5 849
西 藏	2 193	79	198	1 574	342
陕 西	11 690	318	1 958	7 118	2 280
甘 肃	6 996	115	972	5 351	557
青 海	1 834	29	286	1 234	282
宁 夏	4 890	20	347	4 085	438
新 疆	9 652	25	1 347	7 480	798

2-30 （续表一）

地 区	机动车维修业年完成主要工作量（辆次、台次）					
	合计	整车修理	总成修理	二级维护	专项修理	维修救援
总 计	269 655 362	2 050 863	6 781 928	35 644 815	203 837 166	3 001 360
北 京	12 620 309	6 514	19 487	233 122	12 169 053	192 133
天 津	4 113 348	67 235	129 792	1 353 056	2 563 265	–
河 北	7 418 089	54 658	246 404	1 896 985	4 897 029	85 174
山 西	4 688 522	17 020	106 810	807 897	3 756 795	59 817
内蒙古	5 099 289	42 381	196 277	530 621	3 813 975	9 493
辽 宁	21 597 302	109 088	565 087	1 101 850	19 469 003	61 275
吉 林	4 580 366	14 801	47 776	412 809	4 088 169	16 898
黑龙江	7 988 783	43 211	526 115	477 163	6 770 486	41 074
上 海	7 934 740	1 911	11 514	201 387	631 095	–
江 苏	26 537 182	84 769	408 260	2 489 438	22 414 898	159 467
浙 江	28 986 955	98 879	358 743	3 144 165	22 181 477	376 112
安 徽	3 534 585	8 618	473 395	1 056 624	1 941 903	56 423
福 建	3 702 597	36 718	120 726	1 322 078	2 168 964	54 687
江 西	3 187 172	42 407	188 898	953 678	1 975 005	44 341
山 东	14 172 264	345 564	669 860	2 604 318	10 217 659	269 673
河 南	11 696 318	216 895	470 931	3 552 719	7 305 890	271 220
湖 北	7 421 217	203 628	265 645	2 539 615	4 371 997	87 203
湖 南	5 554 060	73 456	226 324	1 232 478	3 365 022	72 640
广 东	12 415 400	193 696	427 081	1 589 294	9 798 243	154 488
广 西	8 080 944	33 295	68 363	624 222	6 966 724	42 879
海 南	3 566 107	14 883	62 449	167 431	3 237 801	163 739
重 庆	2 913 641	57 705	170 350	605 845	2 018 700	73 955
四 川	26 162 339	146 712	465 545	3 320 840	17 025 688	396 570
贵 州	4 943 640	31 746	141 321	373 105	4 049 853	54 624
云 南	19 003 656	28 222	102 479	937 250	17 630 877	166 950
西 藏	148 142	1 559	4 279	64 564	75 839	2 140
陕 西	3 788 525	25 175	51 501	541 954	3 072 436	28 227
甘 肃	2 387 142	9 955	47 150	571 332	1 706 033	18 701
青 海	877 468	8 852	52 220	170 056	635 000	10 092
宁 夏	2 040 701	5 471	17 491	207 444	1 807 321	6 256
新 疆	2 494 559	25 839	139 655	561 475	1 710 966	25 109

2-30 （续表二）

地区	汽车综合性能检测站数量合计（个）	汽车综合性能检测站年完成检测量（辆次）						
		合计	维修竣工检测	等级评定检测	维修质量监督检测	其他检测	排放检测	质量仲裁检测
总　计	2 061	27 028 375	14 500 989	9 654 159	703 922	2 608 583	1 713 293	60 802
北　京	14	201 149	90 018	108 082	3 041	8	–	–
天　津	23	174 510	–	78 264	96 246	–	–	–
河　北	178	2 102 365	1 276 467	663 025	79 978	92 570	59 815	2 532
山　西	83	734 265	440 909	241 581	7 251	44 354	35 292	9
内蒙古	46	605 319	320 838	232 203	2 768	58 030	53 450	666
辽　宁	66	933 172	275 555	542 997	6 775	108 586	92 544	–
吉　林	60	413 816	169 767	231 781	3 192	16 098	9 555	19
黑龙江	101	585 879	304 373	264 886	43 703	16 994	3 373	415
上　海	18	275 889	241 983	165 086	–	1 789	–	–
江　苏	89	2 114 641	1 241 563	321 000	12 616	424 951	199 740	47 872
浙　江	77	1 255 789	566 143	443 475	22 179	352 022	238 562	3 597
安　徽	71	1 101 854	671 883	395 967	8 926	17 550	44	14
福　建	115	790 789	562 106	228 313	370	41 281	41 281	–
江　西	66	379 228	168 376	184 903	8 363	11 222	7 946	523
山　东	151	2 913 562	1 592 648	951 517	106 833	337 891	187 496	2 185
河　南	93	3 591 107	2 052 651	868 889	46 459	328 696	319 105	728
湖　北	79	837 391	443 189	295 077	27 012	86 371	45 912	169
湖　南	82	1 157 418	667 754	302 475	38 276	160 989	85 653	531
广　东	131	1 648 002	819 820	828 547	36 088	144 851	136 663	574
广　西	53	508 812	249 048	213 692	24 230	85 631	39 841	–
海　南	27	240 771	99 687	47 320	21 236	22 764	22 342	412
重　庆	–	–	–	–	–	–	–	–
四　川	82	1 164 416	552 911	546 023	31 631	154 178	100 220	60
贵　州	54	241 848	95 327	108 870	18 561	18 734	12 522	–
云　南	75	1 169 100	692 331	488 369	2 178	6 995	94	–
西　藏	11	75 909	31 121	20 142	5	22 620	–	420
陕　西	52	373 613	177 980	208 658	17 908	3 492	–	–
甘　肃	30	259 994	62 928	180 535	15 281	1 250	1 130	–
青　海	17	188 373	117 125	77 838	3 458	176	127	47
宁　夏	17	135 935	22 633	99 767	11 532	748	696	–
新　疆	100	853 459	493 855	314 877	7 826	47 742	19 890	29

2-31 2011年、2010年

地区	货物运输				年出入境辆次	年C种许可证使用量
	年运输量合计		出境			
	吨	吨公里	吨	吨公里	辆次	张
2011年总计	**35 316 538**	**2 165 548 935**	**8 143 453**	**946 535 660**	**1 212 652**	**452 070**
内蒙古	24 004 835	970 682 536	1 996 791	52 562 371	425 166	147 543
辽 宁	356 450	712 900	356 450	—	21 120	—
吉 林	1 084 537	32 992 319	402 871	17 534 557	61 218	4 305
黑龙江	1 169 308	58 397 565	856 993	39 466 764	75 060	38 356
广 西	799 250	7 474 500	799 250	7 474 500	15 680	15 680
云 南	4 476 503	225 945 700	1 786 629	114 736 616	436 633	135 968
西 藏	—	—	—	—	—	—
新 疆	3 425 655	869 343 415	1 944 469	714 760 852	177 775	110 218
2010年总计	**29 630 905**	**1 646 701 359**	**7 438 824**	**785 285 230**	**1 228 677**	**361 982**
内蒙古	18 002 856	783 713 787	1 418 274	50 996 372	393 497	64 871
辽 宁	367 030	734 060	367 030	—	34 950	—
吉 林	1 347 940	16 614 444	164 023	9 110 685	48 707	5 268
黑龙江	1 104 181	49 653 339	870 333	41 193 620	74 735	27 304
广 西	692 813	6 479 180	692 813	6 479 180	13 635	13 635
云 南	5 664 593	164 598 378	1 887 231	102 333 452	491 079	146 746
西 藏	—	—	—	—	—	—
新 疆	2 451 492	624 908 171	2 039 120	575 171 921	172 074	104 158

资料来源：交通运输部道路运输司。

出入境汽车运输对比表

旅客运输						
年运输量合计		出　境		年出入境辆次	年A种许可证使用量	年B种许可证使用量
人次	人公里	人次	人公里	辆次	张	张
8 159 388	**355 893 378**	**4 198 227**	**180 482 334**	**633 508**	**1 382**	**72 678**
2 522 681	51 542 655	1 271 669	21 775 192	102 189	55	26 744
30 950	61 900	30 950	61 900	3 168	-	-
429 170	25 621 262	221 571	13 221 915	11 888	32	1 281
1 284 088	46 317 430	635 259	21 853 701	49 445	68	4 915
122 016	5 005 560	122 016	5 005 560	-	-	-
3 086 073	126 156 066	1 568 959	65 870 270	431 506	29	33 633
346	323 969	145	133 019	26	4	-
684 064	100 864 536	347 658	52 560 777	35 286	1 194	6 105
7 801 351	**347 082 720**	**3 960 655**	**197 393 633**	**527 486**	**1 595**	**49 435**
2 291 690	45 065 596	1 053 688	26 919 651	109 314	100	18 930
28 040	56 080	28 040	56 080	3 135	-	-
364 424	20 847 390	173 444	9 799 470	14 075	32	728
1 373 063	77 205 703	654 925	54 165 228	44 765	91	4 028
120 493	4 217 255	120 493	4 217 255	-	-	-
2 968 274	82 764 386	1 604 237	43 564 003	322 560	10	20 349
-	-	-	-	-	-	-
655 367	116 926 310	325 828	58 671 946	33 637	1 362	5 400

2-32 出入境汽车运输——分国

行政区名称	货物运输					
	年运输量合计		出境		年出入境辆次	年C种许可证使用量
	吨	吨公里	吨	吨公里	辆次	张
中俄小计	**1 689 090**	**97 895 691**	**1 156 659**	**65 484 947**	**120 337**	**63 937**
黑龙江	1 169 308	58 397 565	856 993	39 466 764	75 060	38 356
吉　林	75 438	4 526 280	19 049	1 142 940	7 699	3 850
内蒙古	444 344	34 971 846	280 617	24 875 243	37 578	21 731
中朝小计	**1 351 899**	**26 721 939**	**726 622**	**13 934 617**	**74 184**	**–**
吉　林	995 449	26 009 039	370 172	13 934 617	53 064	–
辽　宁	356 450	712 900	356 450	–	21 120	–
中蒙小计	**25 051 402**	**1 065 965 838**	**1 805 670**	**34 979 428**	**426 254**	**145 616**
内蒙古	23 560 491	935 710 690	1 716 174	27 687 128	387 588	125 812
新　疆	1 477 261	127 798 148	75 846	4 835 300	38 211	19 349
中越小计	**2 904 106**	**28 180 954**	**1 420 603**	**10 788 821**	**84 616**	**84 508**
广　西	799 250	7 474 500	799 250	7 474 500	15 680	15 680
云　南	2 104 856	20 706 454	621 353	3 314 321	68 936	68 828
中　哈	**910 258**	**194 466 227**	**889 739**	**193 815 002**	**77 035**	**60 561**
中　吉	**874 212**	**442 319 200**	**816 370**	**412 091 800**	**53 127**	**25 452**
中　塔	**119 478**	**81 603 474**	**119 438**	**81 576 154**	**6 222**	**3 136**
中　巴	**44 446**	**23 156 366**	**43 076**	**22 442 596**	**3 180**	**1 720**
中　老	**605 474**	**96 322 250**	**221 785**	**39 949 050**	**67 140**	**67 140**
中　缅	**1 766 173**	**108 916 996**	**943 491**	**71 473 245**	**300 557**	**–**
中　尼	**–**	**–**	**–**	**–**	**–**	**–**
内地与港澳	**108 643 944**	**18 275 726 225**	**64 459 702**	**10 262 098 167**	**19 953 386**	**–**
广　西	–	–	–	–	–	–
广　东	108 643 944	18 275 726 225	64 459 702	10 262 098 167	19 953 386	–

家（特别行政区）运输完成情况

旅客运输						
年运输量合计		出境		年出入境辆次	年A种许可证使用量	年B种许可证使用量
人次	人公里	人次	人公里	辆次	张	张
1 892 926	**69 643 657**	**935 709**	**32 320 215**	**81 866**	**140**	**11 370**
1 284 088	46 317 430	635 259	21 853 701	49 445	68	4 915
265 489	15 929 340	138 857	8 331 420	10 885	32	1 281
343 349	7 396 887	161 593	2 135 094	21 536	40	5 174
194 631	**9 753 822**	**113 664**	**4 952 395**	**4 171**	**–**	**–**
163 681	9 691 922	82 714	4 890 495	1 003	–	–
30 950	61 900	30 950	61 900	3 168	–	–
2 284 894	**51 424 776**	**1 162 547**	**23 263 658**	**87 866**	**16**	**25 224**
2 179 332	44 145 768	1 110 076	19 640 098	80 653	15	21 570
105 562	7 279 008	52 471	3 623 560	7 213	1	3 654
131 270	**6 162 310**	**122 016**	**5 005 560**	**2 784**	**–**	**2 767**
122 016	5 005 560	122 016	5 005 560	–	–	–
9 254	1 156 750	–	–	2 784	–	2 767
558 105	**82 767 307**	**285 229**	**43 247 395**	**25 877**	**1 056**	**1 341**
12 422	**6 663 246**	**6 526**	**3 901 750**	**1 056**	**69**	**621**
–	**–**	**–**	**–**	**–**	**–**	**–**
7 975	**4 154 975**	**3 432**	**1 788 072**	**1 140**	**68**	**489**
197 336	**58 834 580**	**97 040**	**27 959 509**	**32 943**	**29**	**30 866**
2 879 483	**66 164 736**	**1 471 919**	**37 910 761**	**395 779**	**–**	**–**
346	**323 969**	**145**	**133 019**	**26**	**4**	**–**
11 780 135	**2 454 864 189**	**5 587 756**	**1 015 200 001**	**603 759**	**–**	**–**
21 000	8 400 000	21 000	8 400 000	360	–	–
11 759 135	2 446 464 189	5 566 756	1 006 800 001	603 399	–	–

2-33 出入境汽车运输

行政区名称	货物运输				年出入境辆次	年C种许可证使用量
	年运输量合计		出境			
	吨	吨公里	吨	吨公里	辆次	张
中俄小计	325 059	16 253 129	196 628	9 370 858	24 269	13 402
黑龙江	269 222	12 976 774	194 356	9 234 538	15 626	8 204
吉 林	2 240	145 200	2 057	123 420	333	171
内蒙古	53 597	3 131 155	215	12 900	8 310	5 027
中朝小计	1 112 952	24 368 709	721 371	13 822 126	65 441	—
吉 林	756 502	23 655 809	364 921	13 822 126	44 321	—
辽 宁	356 450	712 900	356 450	—	21 120	—
中蒙小计	9 487 640	312 066 640	756 801	13 668 676	286 452	25 737
内蒙古	8 067 592	186 180 962	729 497	10 207 542	255 650	9 953
新 疆	1 406 398	123 428 678	13 654	1 004 134	30 347	15 329
中越小计	1 498 093	20 200 936	1 420 603	10 788 821	50 620	50 512
广 西	799 250	7 474 500	799 250	7 474 500	15 680	15 680
云 南	698 843	12 726 436	621 353	3 314 321	34 940	34 832
中 哈	214 016	50 251 017	213 841	50 206 055	16 617	12 692
中 吉	492 973	219 837 500	475 783	214 680 500	31 727	14 700
中 塔	81 462	55 638 546	81 422	55 611 226	4 114	2 077
中 巴	43 076	22 442 596	43 076	22 442 596	2 973	1 616
中 老	410 621	56 096 250	132 767	21 326 700	45 639	35 252
中 缅	1 024 737	82 496 468	736 985	64 013 323	172 574	—
中 尼	—	—	—	—	—	—
内地与港澳	1 360 791	126 863 690	1 292 352	120 520 508	346 184	—
广 西	—	—	—	—	—	—
广 东	1 360 791	126 863 690	1 292 352	120 520 508	346 184	—

——中方完成运输情况

旅客运输				年出入境辆次	年A种许可证使用量	年B种许可证使用量
年运输量合计		出　境				
人次	人公里	人次	人公里	辆次	张	张
754 649	**28 288 317**	**409 086**	**13 497 850**	**41 440**	**89**	**8 349**
546 858	22 155 697	276 907	9 745 088	24 888	39	4 206
84 645	5 078 700	52 045	3 122 700	3 791	32	345
123 146	1 053 920	80 134	630 062	12 761	18	3 798
189 641	**9 471 955**	**110 677**	**4 801 223**	**3 755**	**-**	**-**
158 691	9 410 055	79 727	4 739 323	587	-	-
30 950	61 900	30 950	61 900	3 168	-	-
936 322	**20 700 234**	**409 021**	**6 960 898**	**17 230**	**4**	**10 891**
901 204	17 758 598	391 167	5 475 426	17 068	3	10 829
35 118	2 941 636	17 854	1 485 472	162	1	62
130 008	**6 004 560**	**122 016**	**5 005 560**	**2 554**	**-**	**2 537**
122 016	5 005 560	122 016	5 005 560	-	-	-
7 992	999 000	-	-	2 554	-	2 537
242 333	**55 160 397**	**127 736**	**2 915 572**	**10 295**	**356**	**109**
7 434	3 256 846	3 916	2 119 150	779	30	570
-	-	-	-	-	-	-
2 725	1 419 725	2 427	1 264 467	294	-	131
107 418	30 923 280	54 117	15 828 410	17 640	11	15 308
1 541 480	37 531 772	925 626	30 028 067	227 602	-	-
144	132 069	83	74 119	16	2	-
1 816 860	**261 341 109**	**918 233**	**147 518 358**	**83 349**	**-**	**-**
21 000	8 400 000	21 000	8 400 000	360	-	-
1 795 860	252 941 109	897 233	139 118 358	82 989	-	-

主要统计指标解释

公路里程 指报告期末公路的实际长度。计算单位：公里。公路里程包括城间、城乡间、乡（村）间能行驶汽车的公共道路，公路通过城镇街道的里程，公路桥梁长度、隧道长度、渡口宽度。不包括城市街道里程，农（林）业生产用道路里程，工（矿）企业等内部道路里程和断头路里程。公路里程按已竣工验收或交付使用的实际里程计算。

公路里程一般按以下方式分组：

按公路行政等级分为国道、省道、县道、乡道、专用公路和村道里程。

按是否达到公路工程技术标准分为等级公路里程和等外公路里程。等级公路里程按技术等级分为高速公路、一级公路、二级公路、三级公路、四级公路里程。

按公路路面类型分为有铺装路面、简易铺装路面和未铺装路面。有铺装路面含沥青混凝土、水泥混凝土路面。

公路养护里程 指报告期内对公路工程设施进行经常性或季节性养护和修理的公路里程数。凡进行养护的公路，不论工程量大小、养护方式如何，均纳入统计，包括拨给补助费由群众养护的公路里程。计算单位：公里。

公路密度 指报告期末一定区域内单位国土面积或人口所拥有的公路里程数。一般地，按国土面积计算，计算单位：公里/百平方公里；按人口计算，计算单位：公里/万人。

公路通达率 指报告期末一定区域内已通公路的行政区占本区域全部行政区的比重。计算单位：%。行政区一般指乡镇或建制村。

公路桥梁数量 指报告期末公路桥梁的实际数量。计算单位：座。按桥梁的跨径分为特大桥、大桥、中桥、小桥数量。

公路隧道数量 指报告期末公路隧道的实际数量。计算单位：处。按隧道长度分为特长隧道、长隧道、中隧道和短隧道数量。

公路营运车辆拥有量 指报告期末在各地交通运输管理部门登记注册的从事公路运输的车辆实有数量。计算单位：辆。

客运量 指报告期内运输车辆实际运送的旅客人数。计算单位：人。

旅客周转量 指报告期内运输车辆实际运送的每位旅客与其相应运送距离的乘积之和。计算单位：人公里。

货运量 指报告期内运输车辆实际运送的货物重量。计算单位：吨。

货物周转量 指报告期内运输车辆实际运送的每批货物重量与其相应运送距离的乘积之和。计算单位：吨公里。

道路运输行业经营业户数 指报告期末持有道路运政管理机构核发的有效道路运输经营许可证，从事道路运输经营活动的业户数量。计算单位：户。一般按道路运输经营许可证核定的经营范围分为道路货物运输、道路旅客运输、道路运输相关业务经营业户数。

交通拥挤度 指混合当量数与适应交通量的比值。

交通量计算单位使用标准小客车当量数，换算系数关系详见下表所示。

当量小客车换算系数		当量中型货车换算系数	
车　　型	标准小客车当量换算系数	车　　型	标准小客车当量换算系数
小型载货汽车	1.0	小型载货汽车	1.0
中型载货汽车	1.5	中型载货汽车	1.0
大型载货汽车	2.0	大型载货汽车	1.0
特大型载货汽车	3.0		
拖挂车	3.0	载货拖挂车	1.5
集装箱车	3.0		
小型客车	1.0	小型客车	0.5
大型客车	1.5	大型客车	1.0
摩托车	1.0		
拖拉机	4.0	大、小型拖拉机	1.0
畜力车	4.0	畜力车	2.0
人力车	1.0	人力车	0.5
自行车	0.2	自行车	0.1

三、水路运输

简 要 说 明

一、本篇资料反映我国水路基础设施、运输装备和水路运输发展的基本情况。主要包括：内河航道通航里程、运输船舶拥有量、水路旅客运输量、货物运输量、海上交通事故和搜救活动等。

二、水路运输按船舶航行区域分为内河、沿海和远洋运输。

三、本资料内河航道通航里程为年末通航里程，不含在建和未正式投入使用的航道里程，根据各省航道管理部门资料整理，由各省（区、市）交通运输厅（局、委）提供。

四、运输船舶拥有量根据各省航运管理部门登记的船舶资料整理，由各省（区、市）交通运输厅（局、委）提供。

五、水路运输量通过抽样调查和全面调查相结合的方法，按运输工具经营权和到达量进行统计，范围原则上为所有在交通运输主管部门审批备案，从事营业性旅客和货物运输生产的船舶。

六、船舶拥有量和水路运输量中不分地区是指国内运输企业的驻外机构船舶拥有量及其承运的第三国货物运输量。

七、海上险情及搜救活动统计范围是：由中国海上搜救中心、各省（区、市）海上搜救中心组织、协调或参与的搜救活动。表中"江河干流"指长江、西江、黑龙江干流；"险情等级"的划分主要根据遇险人数划定：死亡或失踪 3 人以下的为一般险情，3~9 人为较大险情，10~29 人为重大险情，30 人及以上为特大险情，具体内容参见《国家海上搜救应急措施》——海上突发事件险情分级。

3-1 全国内河航道通航里程数（按技术等级分）

单位：公里

地区	总计	等级航道								等外航道
		合计	一级	二级	三级	四级	五级	六级	七级	
全国总计	**124 612**	**62 648**	**1 392**	**3 021**	**5 047**	**8 291**	**8 201**	**18 506**	**18 190**	**61 964**
北京	–	–	–	–	–	–	–	–	–	–
天津	88	88	–	–	–	47	–	42	–	–
河北	–	–	–	–	–	–	–	–	–	–
山西	467	139	–	–	–	–	118	21	–	328
内蒙古	2 403	2 380	–	–	–	555	201	1 070	555	23
辽宁	413	413	–	–	56	–	140	217	–	–
吉林	1 456	1 381	–	–	64	227	654	312	124	75
黑龙江	5 098	4 723	–	967	864	1 185	490	–	1 217	375
上海	2 226	845	177	–	43	119	65	314	128	1 381
江苏	24 252	7 694	370	443	510	749	1 065	2 171	2 386	16 559
浙江	9 750	4 913	14	12	181	1 171	497	1 564	1 473	4 837
安徽	5 596	5 006	343	–	394	380	647	2 536	707	589
福建	3 245	1 269	108	20	52	188	280	46	574	1 977
江西	5 638	2 349	78	–	342	87	240	443	1 160	3 289
山东	1 150	1 035	–	–	272	72	60	392	238	115
河南	1 267	1 150	–	–	–	178	264	431	278	117
湖北	8 260	5 792	229	688	124	621	1 065	1 778	1 286	2 468
湖南	11 495	4 126	–	80	497	417	395	1 520	1 217	7 369
广东	11 850	4 312	64	1	761	279	323	614	2 270	7 538
广西	5 433	3 352	–	295	277	531	65	1 445	740	2 080
海南	343	76	9	–	–	7	1	22	37	267
重庆	4 331	1 801	–	515	372	99	231	126	458	2 530
四川	10 720	3 825	–	–	224	605	612	811	1 572	6 896
贵州	3 442	2 094	–	–	–	243	326	941	584	1 348
云南	3 158	2 422	–	–	14	531	239	863	776	735
西藏	–	–	–	–	–	–	–	–	–	–
陕西	1 066	558	–	–	–	–	9	300	248	508
甘肃	914	381	–	–	–	–	217	13	152	533
青海	421	409	–	–	–	–	–	409	–	12
宁夏	130	115	–	–	–	–	–	105	11	15
新疆	–	–	–	–	–	–	–	–	–	–

3–2 全国内河航道通航里程数（按水系分）

单位：公里

地区	总计	长江水系		珠江水系	黄河水系	黑龙江水系	京杭运河	闽江水系	淮河水系	其他水系
			长江干流							
全国总计	**124 612**	**64 052**	**2 811**	**15 995**	**3 488**	**8 211**	**1 439**	**1 973**	**17 264**	**13 553**
北京	–	–	–	–	–	–	–	–	–	–
天津	88	–	–	–	–	–	15	–	–	88
河北	–	–	–	–	–	–	–	–	–	–
山西	467	–	–	–	467	–	–	–	–	–
内蒙古	2 403	–	–	–	939	1 401	–	–	–	63
辽宁	413	–	–	–	–	256	–	–	–	157
吉林	1 456	–	–	–	–	1 456	–	–	–	–
黑龙江	5 098	–	–	–	–	5 098	–	–	–	–
上海	2 226	2 226	123	–	–	–	–	–	–	–
江苏	24 252	10 882	370	–	–	–	763	–	13 329	9
浙江	9 750	3 178	–	–	–	–	175	–	–	6 529
安徽	5 596	3 095	343	–	–	–	–	–	2 450	51
福建	3 245	–	–	–	–	–	–	1 973	–	1 272
江西	5 638	5 638	78	–	–	–	–	–	–	–
山东	1 150	–	–	–	198	–	486	–	903	49
河南	1 267	186	–	–	499	–	–	–	583	–
湖北	8 260	8 260	918	–	–	–	–	–	–	–
湖南	11 495	11 463	80	32	–	–	–	–	–	–
广东	11 850	–	–	8 283	–	–	–	–	–	3 567
广西	5 433	105	–	5 328	–	–	–	–	–	–
海南	343	–	–	343	–	–	–	–	–	–
重庆	4 331	4 331	675	–	–	–	–	–	–	–
四川	10 720	10 716	224	–	4	–	–	–	–	–
贵州	3 442	2 108	–	1 334	–	–	–	–	–	–
云南	3 158	939	–	676	–	–	–	–	–	1 543
西藏	–	–	–	–	–	–	–	–	–	–
陕西	1 066	738	–	–	328	–	–	–	–	–
甘肃	914	187	–	–	705	–	–	–	–	23
青海	421	–	–	–	231	–	–	–	–	190
宁夏	130	–	–	–	118	–	–	–	–	12
新疆	–	–	–	–	–	–	–	–	–	–

注：京杭运河航道里程中含长江等其他水系里程 1 362 公里。

3-3 全国内河航道通航里程数（按水域类型分）

单位：公里

地区	总计	天然河流及渠化河段航道	限制性航道	宽浅河流航道	山区急流河段航道	湖区航道	库区航道
全国总计	124 612	64 759	36 145	6 061	4 241	3 533	9 873
北京	–	–	–	–	–	–	–
天津	88	88	–	–	–	–	–
河北	–	–	–	–	–	–	–
山西	467	453	–	–	14	–	–
内蒙古	2 403	839	–	1 149	14	364	37
辽宁	413	413	–	–	–	–	–
吉林	1 456	572	–	165	102	–	617
黑龙江	5 098	36	–	4 734	85	176	67
上海	2 226	263	1 963	–	–	–	–
江苏	24 252	692	23 316	14	–	231	–
浙江	9 750	1 810	7 007	–	–	10	923
安徽	5 596	4 402	315	–	–	570	309
福建	3 245	2 747	53	–	305	–	140
江西	5 638	4 613	61	–	111	426	427
山东	1 150	331	555	–	–	264	–
河南	1 267	772	–	–	–	–	494
湖北	8 260	4 704	1 550	–	502	538	966
湖南	11 495	9 180	607	–	302	413	993
广东	11 850	10 986	670	–	–	–	194
广西	5 433	5 420	–	–	4	–	9
海南	343	268	–	–	–	–	75
重庆	4 331	3 179	16	–	356	6	775
四川	10 720	8 626	32	–	453	51	1 558
贵州	3 442	2 955	–	–	16	–	471
云南	3 158	40	–	–	1 569	281	1 267
西藏	–	–	–	–	–	–	–
陕西	1 066	1 036	–	–	–	–	30
甘肃	914	207	–	–	370	–	337
青海	421	12	–	–	36	190	184
宁夏	130	115	–	–	2	12	–
新疆	–	–	–	–	–	–	–

3-4 各水系内河航道通航里程数（按技术等级分）

单位：公里

技术等级	总计	长江水系	长江干流	珠江水系	黄河水系	黑龙江水系	京杭运河	淮河水系	闽江水系	其他水系
全国总计	124 612	64 052	2 811	15 995	3 488	8 211	1 439	17 264	1 973	13 553
等级航道	62 648	29 030	2 811	8 141	2 385	7 761	1 247	8 339	897	6 027
一级航道	1 392	1 197	1 143	16	–	–	–	–	50	129
二级航道	3 021	1 284	1 284	296	–	967	418	443	14	18
三级航道	5 047	1 884	384	1 052	73	967	231	894	–	177
四级航道	8 291	2 814	–	1 195	–	1 908	239	886	167	1 277
五级航道	8 201	4 030	–	464	519	1 344	102	1 053	210	575
六级航道	18 506	8 655	–	2 424	1 579	782	183	3 284	13	1 752
七级航道	18 190	9 166	–	2 695	214	1 793	76	1 778	444	2 098
等外航道	61 964	35 022	–	7 854	1 103	450	192	8 926	1 076	7 526

注：京杭运河航道里程中含长江等其他水系里程1 362公里。

3-5 各水域类型内河航道通航里程数（按技术等级分）

单位：公里

地区	总计	天然河流及渠化河段航道	限制性航道	宽浅河流航道	山区急流河段航道	湖区航道	库区航道
全国总计	124 612	64 759	36 145	6 061	4 241	3 533	9 873
等级航道	62 648	34 405	12 405	5 739	1 740	2 319	6 041
一级航道	1 392	1 392	–	–	–	–	–
二级航道	3 021	1 291	443	882	85	–	321
三级航道	5 047	3 403	606	928	34	39	36
四级航道	8 291	4 378	1 330	1 449	28	456	652
五级航道	8 201	3 938	1 791	743	306	357	1 066
六级航道	18 506	10 228	4 259	252	772	733	2 262
七级航道	18 190	9 776	3 977	1 486	515	733	1 704
等外航道	61 964	30 354	23 739	322	2 501	1 214	3 832

3-6 全国内河航道枢纽及通航建筑物数（按行政区域分）

地区	枢纽数量（处）		通航建筑物数量（座）			
		具有通航功能	船闸	升船机	正常使用	
					船闸	升船机
全国总计	4 186	2 359	865	44	607	20
北　京	-	-	-	-	-	-
天　津	6	6	5	-	1	-
河　北	9	9	3	-	2	-
山　西	1	-	-	-	-	-
内蒙古	2	-	-	-	-	-
辽　宁	4	2	1	-	1	-
吉　林	5	-	-	-	-	-
黑龙江	2	-	-	-	-	-
上　海	102	95	58	-	52	-
江　苏	687	583	110	1	108	1
浙　江	316	289	49	17	44	10
安　徽	97	49	42	-	36	-
福　建	148	29	20	1	12	1
江　西	83	22	19	2	11	1
山　东	42	19	15	-	11	-
河　南	35	3	3	-	-	-
湖　北	167	55	38	4	35	-
湖　南	484	147	131	12	46	3
广　东	1 211	880	200	-	149	-
广　西	131	41	38	3	18	3
海　南	2	-	-	-	-	-
重　庆	166	45	46	1	34	1
四　川	365	80	85	-	47	-
贵　州	92	4	1	2	-	-
云　南	11	1	1	-	1	-
西　藏	-	-	-	-	-	-
陕　西	3	1	-	1	-	-
甘　肃	15	-	-	-	-	-
青　海	2	-	-	-	-	-
宁　夏	1	-	-	-	-	-
新　疆	-	-	-	-	-	-

3-7 全国水路

地 区	轮驳船总计					一、机		
	艘数（艘）	净载重量（吨位）	载客量（客位）	集装箱位（TEU）	功率（千瓦）	艘数（艘）	净载重量（吨位）	载客量（客位）
全国总计	179 242	212 643 242	1 008 390	1 475 196	59 496 603	157 950	202 602 789	1 004 622
北　京	-	-	-	-	-	-	-	-
天　津	451	8 228 597	3 118	1 559	1 782 042	432	8 084 138	3 118
河　北	147	3 455 266	-	262	524 999	144	3 451 286	-
山　西	244	3 314	2 841	-	13 372	244	3 314	2 841
内蒙古	-	-	-	-	-	-	-	-
辽　宁	564	7 655 909	27 216	8 295	1 392 652	554	7 623 190	27 216
吉　林	858	37 926	18 653	-	36 264	829	22 276	18 653
黑龙江	1 592	240 618	23 247	-	121 174	1 233	25 412	23 247
上　海	2 021	33 901 630	67 074	1 039 366	11 955 703	1 914	33 741 706	67 074
江　苏	49 299	37 272 042	55 236	21 356	9 186 819	39 374	33 568 546	55 236
浙　江	20 153	20 778 071	75 769	14 755	6 092 342	19 383	20 668 556	75 769
安　徽	29 728	25 993 308	16 391	16 657	8 089 280	27 691	25 233 638	16 391
福　建	2 728	6 164 583	28 433	89 977	1 967 412	2 383	6 153 825	28 433
江　西	4 165	2 099 879	11 614	1 788	824 210	4 127	2 083 039	11 614
山　东	11 374	12 962 686	53 007	22 155	2 772 355	6 499	9 172 710	53 007
河　南	4 988	4 512 722	12 062	-	1 433 410	4 855	4 465 849	12 062
湖　北	5 505	8 090 225	38 724	2 853	1 926 695	4 884	7 392 408	38 724
湖　南	8 731	2 734 955	77 108	4 073	1 110 400	8 607	2 683 183	75 855
广　东	8 678	15 324 444	72 935	118 887	4 799 071	8 657	15 291 361	72 935
广　西	8 675	6 215 619	103 264	68 481	1 730 830	8 668	6 209 481	103 264
海　南	512	2 235 746	23 171	17 834	632 213	512	2 235 746	23 171
重　庆	4 160	4 602 307	100 707	42 981	1 328 526	3 980	4 436 023	100 707
四　川	8 692	949 744	104 644	3 907	435 715	7 502	891 346	104 644
贵　州	2 258	115 763	38 570	-	135 730	2 158	100 313	38 490
云　南	896	100 787	17 656	10	78 000	894	100 623	17 656
西　藏	-	-	-	-	-	-	-	-
陕　西	1 416	28 274	20 830	-	43 144	1 236	27 734	20 034
甘　肃	557	3 073	11 349	-	28 808	512	2 705	9 710
青　海	35	-	810	-	6 387	35	-	810
宁　夏	715	1 373	3 961	-	24 726	543	-	3 961
新　疆	-	-	-	-	-	-	-	-
不分地区	100	8 934 381	-	-	1 024 324	100	8 934 381	-

运输工具拥有量

动 船		1. 客 船			2. 客 货 船				
集装箱位 （TEU）	功率 （千瓦）	艘数 （艘）	载客量 （客位）	功率 （千瓦）	艘数 （艘）	净载重量 （吨位）	载客量 （客位）	集装箱位 （TEU）	功率 （千瓦）
1 473 018	**59 496 603**	**21 969**	**918 087**	**1 802 024**	**430**	**277 544**	**86 535**	**1 787**	**631 966**
–	–	–	–	–	–	–	–	–	–
1 559	1 782 042	56	2 719	12 690	1	1 200	399	161	9 922
262	524 999	–	–	–	–	–	–	–	–
–	13 372	232	2 763	11 362	4	30	78	–	58
–	–	–	–	–	–	–	–	–	–
8 295	1 392 652	53	8 986	27 959	25	29 125	18 230	144	153 601
–	36 264	699	18 653	28 080	–	–	–	–	–
–	121 174	635	20 684	51 606	64	1 886	2 563	–	7 298
1 037 962	11 955 703	170	66 019	88 346	16	16 570	1 055	–	14 134
21 356	9 186 819	364	55 236	24 158	–	–	–	–	–
14 755	6 092 342	1 277	73 348	259 087	13	–	2 421	–	4 216
16 657	8 089 280	551	16 391	30 965	–	–	–	–	–
89 827	1 967 412	589	27 111	103 427	6	8 114	1 322	256	22 230
1 692	824 210	348	11 614	17 236	–	–	–	–	–
22 155	2 772 355	1 176	29 730	111 311	35	95 234	23 277	1 202	251 829
–	1 433 410	628	12 062	40 018	–	–	–	–	–
2 853	1 926 695	768	35 998	89 011	21	62 268	2 726	–	44 041
4 073	1 110 400	2 682	75 765	99 193	3	6	90	–	88
118 359	4 799 071	641	59 650	279 946	39	25 943	13 285	–	49 729
68 481	1 730 830	2 476	101 857	105 899	5	2 553	1 407	–	5 796
17 834	632 213	301	9 375	36 836	23	32 189	13 796	24	62 462
42 981	1 328 526	1 333	99 049	146 549	12	82	1 658	–	1 294
3 907	435 715	3 086	104 644	70 949	–	–	–	–	–
–	135 730	1 428	38 490	64 657	–	–	–	–	–
10	78 000	645	15 784	23 809	86	793	1 872	–	3 064
–	–	–	–	–	–	–	–	–	–
–	43 144	819	18 321	22 381	57	561	1 713	–	806
–	28 808	436	9 067	25 964	20	990	643	–	1 398
–	6 387	35	810	6 387	–	–	–	–	–
–	24 726	541	3 961	24 198	–	–	–	–	–
–	1 024 324	–	–	–	–	–	–	–	–

地区	3.货船				集装箱船			
	艘数（艘）	净载重量（吨位）	集装箱位（TEU）	功率（千瓦）	艘数（艘）	净载重量（吨位）	集装箱位（TEU）	功率（千瓦）
全国总计	132 330	202 079 935	1 471 231	55 461 717	2 373	17 274 145	1 297 744	10 129 982
北　京	-	-	-	-	-	-	-	-
天　津	269	8 082 938	1 398	1 331 695	4	11 305	1 398	15 937
河　北	144	3 451 286	262	524 999	1	5 000	262	1 765
山　西	8	2 219	-	1 952	-	-	-	-
内蒙古	-	-	-	-	-	-	-	-
辽　宁	471	7 594 065	8 151	1 201 410	11	99 974	5 120	41 674
吉　林	112	15 879	-	4 072	-	-	-	-
黑龙江	351	17 276	-	19 404	-	-	-	-
上　海	1 658	33 664 854	1 037 962	11 744 044	458	12 717 520	1 031 322	8 388 377
江　苏	37 785	33 487 154	21 356	8 839 471	139	509 947	21 356	170 315
浙　江	17 962	20 660 802	14 755	5 745 328	48	228 444	14 755	105 233
安　徽	26 941	25 228 708	16 657	8 008 995	41	119 528	6 310	35 248
福　建	1 651	6 144 850	89 571	1 831 068	76	503 166	30 908	198 819
江　西	3 769	2 083 039	1 692	805 129	21	34 075	1 692	7 948
山　东	4 739	9 072 041	20 953	2 105 893	21	319 141	20 113	144 912
河　南	4 205	4 464 650	-	1 390 139	-	-	-	-
湖　北	3 853	7 330 140	2 853	1 670 950	16	59 314	2 853	14 018
湖　南	5 873	2 680 895	4 073	1 003 919	30	49 021	3 378	15 092
广　东	7 915	15 215 340	118 359	4 399 118	1 050	1 468 700	84 620	612 345
广　西	6 184	6 206 928	68 481	1 618 117	236	326 712	12 305	108 248
海　南	188	2 202 288	17 810	532 915	13	224 651	16 079	124 049
重　庆	2 612	4 435 941	42 981	1 167 539	185	541 281	42 981	132 387
四　川	4 248	891 346	3 907	350 441	22	56 126	2 282	13 248
贵　州	720	100 313	-	68 943	-	-	-	-
云　南	161	90 554	10	50 731	1	240	10	367
西　藏	-	-	-	-	-	-	-	-
陕　西	355	21 384	-	19 675	-	-	-	-
甘　肃	56	664	-	1 446	-	-	-	-
青　海	-	-	-	-	-	-	-	-
宁　夏	-	-	-	-	-	-	-	-
新　疆	-	-	-	-	-	-	-	-
不分地区	100	8 934 381	-	1 024 324	-	-	-	-

(续表一)

油 船			4.拖 船		二、驳 船			
艘数（艘）	净载重量（吨位）	功率（千瓦）	艘数（艘）	功率（千瓦）	艘数（艘）	净载重量（吨位）	载客量（客位）	集装箱位（TEU）
4 282	24 472 552	4 310 109	3 221	1 600 896	21 292	10 040 453	3 768	2 178
-	-	-	-	-	-	-	-	-
53	109 676	48 516	106	427 735	19	144 459	-	-
-	-	-	-	-	3	3 980	-	-
-	-	-	-	-	-	-	-	-
-	-	-	-	-	-	-	-	-
97	6 311 614	739 977	5	9 682	10	32 719	-	-
-	-	-	18	4 112	29	15 650	-	-
2	1 000	736	183	42 866	359	215 206	-	-
314	7 435 471	1 120 982	70	109 179	107	159 924	-	1 404
1 835	7 117 802	1 201 485	1 225	323 190	9 925	3 703 496	-	-
653	1 552 598	477 748	131	83 711	770	109 515	-	-
374	205 071	78 362	199	49 320	2 037	759 670	-	-
101	248 707	78 328	137	10 687	345	10 758	-	150
73	171 424	56 425	10	1 845	38	16 840	-	96
68	150 464	64 507	549	303 322	4 875	3 789 976	-	-
-	-	-	22	3 253	133	46 873	-	-
139	138 282	45 053	242	122 693	621	697 817	-	-
26	26 723	10 139	49	7 200	124	51 772	1 253	-
396	618 529	253 329	62	70 278	21	33 083	-	528
58	66 924	30 432	3	1 018	7	6 138	-	-
26	229 154	67 180	-	-	-	-	-	-
33	50 628	13 744	23	13 144	180	166 284	-	-
34	38 485	23 166	168	14 325	1 190	58 398	-	-
-	-	-	10	2 130	100	15 450	80	-
-	-	-	2	396	2	164	-	-
-	-	-	5	282	180	540	796	-
-	-	-	-	-	45	368	1 639	-
-	-	-	2	528	172	1 373	-	-
-	-	-	-	-	-	-	-	-

3-8 远洋运输

地区	轮驳船总计					一、机		
	艘数（艘）	净载重量（吨位）	载客量（客位）	集装箱位（TEU）	功率（千瓦）	艘数（艘）	净载重量（吨位）	载客量（客位）
全国总计	2 494	67 038 605	20 451	1 111 368	16 440 049	2 484	67 014 800	20 451
北 京	-	-	-	-	-	-	-	-
天 津	97	5 796 026	399	1 559	866 336	97	5 796 026	399
河 北	14	2 088 740	-	-	221 769	14	2 088 740	-
山 西	-	-	-	-	-	-	-	-
内蒙古	-	-	-	-	-	-	-	-
辽 宁	80	6 113 709	800	1 187	712 909	80	6 113 709	800
吉 林	-	-	-	-	-	-	-	-
黑龙江	-	-	-	-	-	-	-	-
上 海	387	22 624 014	-	978 718	9 361 865	387	22 624 014	-
江 苏	137	8 068 871	-	3 551	1 013 826	137	8 068 871	-
浙 江	35	3 014 922	-	1 206	366 517	35	3 014 922	-
安 徽	1	7 000	-	-	2 574	1	7 000	-
福 建	95	1 531 581	2 553	8 977	374 824	95	1 531 581	2 553
江 西	2	13 600	-	-	5 845	2	13 600	-
山 东	52	2 831 188	4 051	3 313	455 441	51	2 821 588	4 051
河 南	-	-	-	-	-	-	-	-
湖 北	10	715 000	-	-	100 000	10	715 000	-
湖 南	2	109 180	-	-	16 097	2	109 180	-
广 东	1 313	4 321 018	11 292	98 913	1 594 861	1 304	4 306 813	11 292
广 西	129	174 522	1 356	6 584	70 194	129	174 522	1 356
海 南	38	671 446	-	7 360	247 226	38	671 446	-
重 庆	2	23 407	-	-	5 441	2	23 407	-
四 川	-	-	-	-	-	-	-	-
贵 州	-	-	-	-	-	-	-	-
云 南	-	-	-	-	-	-	-	-
西 藏	-	-	-	-	-	-	-	-
陕 西	-	-	-	-	-	-	-	-
甘 肃	-	-	-	-	-	-	-	-
青 海	-	-	-	-	-	-	-	-
宁 夏	-	-	-	-	-	-	-	-
新 疆	-	-	-	-	-	-	-	-
不分地区	100	8 934 381	-	-	1 024 324	100	8 934 381	-

工具拥有量

动 船		1. 客 船			2. 客 货 船				
集装箱位（TEU）	功率（千瓦）	艘数（艘）	载客量（客位）	功率（千瓦）	艘数（艘）	净载重量（吨位）	载客量（客位）	集装箱位（TEU）	功率（千瓦）
1 111 368	16 440 049	42	14 518	180 939	8	51 183	5 933	1 763	152 870
-	-	-	-	-	-	-	-	-	-
1 559	866 336	-	-	-	1	1 200	399	161	9 922
-	221 769	-	-	-	-	-	-	-	-
-	-	-	-	-	-	-	-	-	-
1 187	712 909	-	-	-	1	5 695	800	144	19 845
-	-	-	-	-	-	-	-	-	-
-	-	-	-	-	-	-	-	-	-
978 718	9 361 865	-	-	-	-	-	-	-	-
3 551	1 013 826	-	-	-	-	-	-	-	-
1 206	366 517	-	-	-	-	-	-	-	-
-	2 574	-	-	-	-	-	-	-	-
8 977	374 824	7	1 870	22 689	1	6 045	683	256	20 286
-	5 845	-	-	-	-	-	-	-	-
3 313	455 441	-	-	-	5	38 243	4 051	1 202	102 817
-	-	-	-	-	-	-	-	-	-
-	100 000	-	-	-	-	-	-	-	-
-	16 097	-	-	-	-	-	-	-	-
98 913	1 594 861	33	11 292	140 162	-	-	-	-	-
6 584	70 194	2	1 356	18 088	-	-	-	-	-
7 360	247 226	-	-	-	-	-	-	-	-
-	5 441	-	-	-	-	-	-	-	-
-	-	-	-	-	-	-	-	-	-
-	-	-	-	-	-	-	-	-	-
-	-	-	-	-	-	-	-	-	-
-	-	-	-	-	-	-	-	-	-
-	-	-	-	-	-	-	-	-	-
-	-	-	-	-	-	-	-	-	-
-	1 024 324	-	-	-	-	-	-	-	-

3-8

地 区	3. 货 船				集 装 箱 船			
	艘数（艘）	净载重量（吨位）	集装箱位（TEU）	功率（千瓦）	艘数（艘）	净载重量（吨位）	集装箱位（TEU）	功率（千瓦）
全国总计	2 424	66 953 129	1 109 605	16 096 853	1 244	13 380 339	1 071 828	8 733 021
北　京	-	-	-	-	-	-	-	-
天　津	96	5 794 826	1 398	856 414	4	11 305	1 398	15 937
河　北	14	2 088 740	-	221 769	-	-	-	-
山　西	-	-	-	-	-	-	-	-
内蒙古	-	-	-	-	-	-	-	-
辽　宁	79	6 108 014	1 043	693 064	3	13 532	1 043	4 204
吉　林	-	-	-	-	-	-	-	-
黑龙江	-	-	-	-	-	-	-	-
上　海	387	22 624 014	978 718	9 361 865	256	11 791 183	978 078	8 028 697
江　苏	137	8 068 871	3 551	1 013 826	4	41 450	3 551	26 934
浙　江	35	3 014 922	1 206	366 517	3	22 849	1 206	12 713
安　徽	1	7 000	-	2 574	-	-	-	-
福　建	87	1 525 536	8 721	331 849	24	75 942	5 336	35 466
江　西	2	13 600	-	5 845	-	-	-	-
山　东	46	2 783 345	2 111	352 624	5	27 145	2 111	19 650
河　南	-	-	-	-	-	-	-	-
湖　北	10	715 000	-	100 000	-	-	-	-
湖　南	2	109 180	-	16 097	-	-	-	-
广　东	1 261	4 296 325	98 913	1 445 312	863	1 188 998	66 826	497 597
广　西	127	174 522	6 584	52 106	79	109 256	4 919	32 338
海　南	38	671 446	7 360	247 226	3	98 679	7 360	59 485
重　庆	2	23 407	-	5 441	-	-	-	-
四　川	-	-	-	-	-	-	-	-
贵　州	-	-	-	-	-	-	-	-
云　南	-	-	-	-	-	-	-	-
西　藏	-	-	-	-	-	-	-	-
陕　西	-	-	-	-	-	-	-	-
甘　肃	-	-	-	-	-	-	-	-
青　海	-	-	-	-	-	-	-	-
宁　夏	-	-	-	-	-	-	-	-
新　疆	-	-	-	-	-	-	-	-
不分地区	100	8 934 381	-	1 024 324	-	-	-	-

(续表一)

油船			4. 拖船		二、驳船			
艘数（艘）	净载重量（吨位）	功率（千瓦）	艘数（艘）	功率（千瓦）	艘数（艘）	净载重量（吨位）	载客量（客位）	集装箱位（TEU）
191	**18 191 184**	**2 298 681**	**10**	**9 387**	**10**	**23 805**	**–**	**–**
–	–	–	–	–	–	–	–	–
–	–	–	–	–	–	–	–	–
–	–	–	–	–	–	–	–	–
–	–	–	–	–	–	–	–	–
–	–	–	–	–	–	–	–	–
35	6 022 586	643 927	–	–	–	–	–	–
–	–	–	–	–	–	–	–	–
–	–	–	–	–	–	–	–	–
65	6 014 400	860 612	–	–	–	–	–	–
53	5 892 737	719 811	–	–	–	–	–	–
–	–	–	–	–	–	–	–	–
–	–	–	–	–	–	–	–	–
1	70 000	10 600	–	–	–	–	–	–
–	–	–	–	–	–	–	–	–
–	–	–	–	–	1	9 600	–	–
–	–	–	–	–	–	–	–	–
–	–	–	–	–	–	–	–	–
–	–	–	–	–	–	–	–	–
25	61 140	24 938	10	9 387	9	14 205	–	–
–	–	–	–	–	–	–	–	–
12	130 321	38 793	–	–	–	–	–	–
–	–	–	–	–	–	–	–	–
–	–	–	–	–	–	–	–	–
–	–	–	–	–	–	–	–	–
–	–	–	–	–	–	–	–	–
–	–	–	–	–	–	–	–	–
–	–	–	–	–	–	–	–	–
–	–	–	–	–	–	–	–	–
–	–	–	–	–	–	–	–	–
–	–	–	–	–	–	–	–	–
–	–	–	–	–	–	–	–	–
–	–	–	–	–	–	–	–	–

3-9 沿海运输

地区	轮驳船总计					一、机		
	艘数(艘)	净载重量(吨位)	载客量(客位)	集装箱位(TEU)	功率(千瓦)	艘数(艘)	净载重量(吨位)	载客量(客位)
全国总计	10 902	57 804 726	169 015	203 170	15 343 885	10 822	57 477 625	169 015
北 京	–	–	–	–	–	–	–	–
天 津	259	2 413 939	–	–	869 260	243	2 270 620	–
河 北	133	1 366 526	–	262	303 230	130	1 362 546	–
山 西	–	–	–	–	–	–	–	–
内蒙古	–	–	–	–	–	–	–	–
辽 宁	482	1 541 778	26 416	7 108	679 419	472	1 509 059	26 416
吉 林	–	–	–	–	–	–	–	–
黑龙江	–	–	–	–	–	–	–	–
上 海	555	10 681 709	996	47 609	2 284 522	543	10 601 709	996
江 苏	1 123	6 396 094	428	12 972	1 555 000	1 119	6 378 094	428
浙 江	3 534	14 344 842	38 168	13 111	3 727 604	3 526	14 329 610	38 168
安 徽	422	1 370 966	–	4 364	379 725	419	1 368 366	–
福 建	1 173	4 324 247	16 286	81 000	1 286 362	1 169	4 317 820	16 286
江 西	52	192 788	–	–	63 033	52	192 788	–
山 东	863	2 682 378	36 005	18 716	1 127 534	857	2 676 418	36 005
河 南	–	–	–	–	–	–	–	–
湖 北	513	2 249 065	–	–	546 470	513	2 249 065	–
湖 南	35	53 973	–	–	20 617	35	53 973	–
广 东	757	6 876 716	25 677	6 500	1 571 409	750	6 863 990	25 677
广 西	642	1 746 486	5 041	1 054	550 672	635	1 740 348	5 041
海 南	359	1 563 219	19 998	10 474	379 028	359	1 563 219	19 998
重 庆	–	–	–	–	–	–	–	–
四 川	–	–	–	–	–	–	–	–
贵 州	–	–	–	–	–	–	–	–
云 南	–	–	–	–	–	–	–	–
西 藏	–	–	–	–	–	–	–	–
陕 西	–	–	–	–	–	–	–	–
甘 肃	–	–	–	–	–	–	–	–
青 海	–	–	–	–	–	–	–	–
宁 夏	–	–	–	–	–	–	–	–
新 疆	–	–	–	–	–	–	–	–

工具拥有量

动 船		1. 客 船			2. 客 货 船				
集装箱位 （TEU）	功率 （千瓦）	艘数 （艘）	载客量 （客位）	功率 （千瓦）	艘数 （艘）	净载重量 （吨位）	载客量 （客位）	集装箱位 （TEU）	功率 （千瓦）
202 492	15 343 885	1 250	103 143	480 301	128	142 668	65 872	24	405 086
-	-	-	-	-	-	-	-	-	-
-	869 260	-	-	-	-	-	-	-	-
262	303 230	-	-	-	-	-	-	-	-
-	-	-	-	-	-	-	-	-	-
7 108	679 419	53	8 986	27 959	24	23 430	17 430	-	133 756
-	-	-	-	-	-	-	-	-	-
-	-	-	-	-	-	-	-	-	-
47 609	2 284 522	3	996	9 293	-	-	-	-	-
12 972	1 555 000	6	428	2 497	-	-	-	-	-
13 111	3 727 604	178	37 247	182 303	10	-	921	-	3 710
4 364	379 725	-	-	-	-	-	-	-	-
80 850	1 286 362	261	15 647	49 932	5	2 069	639	-	1 944
-	63 033	-	-	-	-	-	-	-	-
18 716	1 127 534	360	16 779	63 113	30	56 991	19 226	-	149 012
-	-	-	-	-	-	-	-	-	-
-	546 470	-	-	-	-	-	-	-	-
-	20 617	-	-	-	-	-	-	-	-
5 972	1 571 409	124	13 024	89 658	33	25 730	12 653	-	48 802
1 054	550 672	77	3 634	24 273	5	2 553	1 407	-	5 796
10 474	379 028	188	6 402	31 273	21	31 895	13 596	24	62 066
-	-	-	-	-	-	-	-	-	-
-	-	-	-	-	-	-	-	-	-
-	-	-	-	-	-	-	-	-	-
-	-	-	-	-	-	-	-	-	-
-	-	-	-	-	-	-	-	-	-
-	-	-	-	-	-	-	-	-	-
-	-	-	-	-	-	-	-	-	-

地区	3.货船				集装箱船			
	艘数（艘）	净载重量（吨位）	集装箱位（TEU）	功率（千瓦）	艘数（艘）	净载重量（吨位）	集装箱位（TEU）	功率（千瓦）
全国总计	9 158	57 308 562	202 468	13 595 286	318	2 310 811	131 589	931 504
北 京	–	–	–	–	–	–	–	–
天 津	147	2 270 620	–	461 189	–	–	–	–
河 北	130	1 362 546	262	303 230	1	5 000	262	1 765
山 西	–	–	–	–	–	–	–	–
内蒙古	–	–	–	–	–	–	–	–
辽 宁	390	1 485 629	7 108	508 022	8	86 442	4 077	37 470
吉 林	–	–	–	–	–	–	–	–
黑龙江	–	–	–	–	–	–	–	–
上 海	513	10 593 407	47 609	2 201 434	96	741 489	41 609	291 535
江 苏	1 095	6 377 816	12 972	1 514 813	64	314 124	12 972	107 473
浙 江	3 317	14 322 201	13 111	3 468 782	31	201 174	13 111	88 368
安 徽	419	1 368 366	4 364	379 725	8	26 087	1 810	9 229
福 建	898	4 315 751	80 850	1 226 256	52	427 224	25 572	163 353
江 西	52	192 788	–	63 033	–	–	–	–
山 东	392	2 615 733	18 716	719 511	13	288 865	17 876	123 810
河 南	–	–	–	–	–	–	–	–
湖 北	513	2 249 065	–	546 470	–	–	–	–
湖 南	35	53 973	–	20 617	–	–	–	–
广 东	556	6 832 030	5 972	1 376 794	30	75 412	4 823	35 736
广 西	551	1 737 795	1 054	519 721	5	19 022	758	8 201
海 南	150	1 530 842	10 450	285 689	10	125 972	8 719	64 564
重 庆	–	–	–	–	–	–	–	–
四 川	–	–	–	–	–	–	–	–
贵 州	–	–	–	–	–	–	–	–
云 南	–	–	–	–	–	–	–	–
西 藏	–	–	–	–	–	–	–	–
陕 西	–	–	–	–	–	–	–	–
甘 肃	–	–	–	–	–	–	–	–
青 海	–	–	–	–	–	–	–	–
宁 夏	–	–	–	–	–	–	–	–
新 疆	–	–	–	–	–	–	–	–

(续表一)

	油 船			4.拖 船		二、驳 船			
艘数 （艘）	净载重量 （吨位）	功率 （千瓦）	艘数 （艘）	功率 （千瓦）	艘数 （艘）	净载重量 （吨位）	载客量 （客位）	集装箱位 （TEU）
1 238	**4 728 840**	**1 346 771**	**286**	**863 212**	**80**	**327 101**	**–**	**678**
–	–	–	–	–	–	–	–	–
30	95 094	41 176	96	408 071	16	143 319	–	–
–	–	–	–	–	3	3 980	–	–
–	–	–	–	–	–	–	–	–
–	–	–	–	–	–	–	–	–
62	289 028	96 050	5	9 682	10	32 719	–	–
–	–	–	–	–	–	–	–	–
72	1 331 383	223 352	27	73 795	12	80 000	–	–
65	506 812	159 732	18	37 690	4	18 000	–	–
619	1 540 812	471 520	21	72 809	8	15 232	–	–
8	13 242	3 735	–	–	3	2 600	–	–
88	177 551	66 853	5	8 230	4	6 427	–	150
23	124 786	40 308	–	–	–	–	–	–
68	150 464	64 507	75	195 898	6	5 960	–	–
–	–	–	–	–	–	–	–	–
38	47 940	15 688	–	–	–	–	–	–
3	7 913	3 825	–	–	–	–	–	–
101	285 582	104 628	37	56 155	7	12 726	–	528
47	59 400	27 010	2	882	7	6 138	–	–
14	98 833	28 387	–	–	–	–	–	–
–	–	–	–	–	–	–	–	–
–	–	–	–	–	–	–	–	–
–	–	–	–	–	–	–	–	–
–	–	–	–	–	–	–	–	–
–	–	–	–	–	–	–	–	–
–	–	–	–	–	–	–	–	–
–	–	–	–	–	–	–	–	–
–	–	–	–	–	–	–	–	–
–	–	–	–	–	–	–	–	–

3-10 内河运输

地区	轮驳船总计					一、机		
	艘数（艘）	净载重量（吨位）	载客量（客位）	集装箱位（TEU）	功率（千瓦）	艘数（艘）	净载重量（吨位）	载客量（客位）
全国总计	165 846	87 799 911	818 924	160 658	27 712 669	144 644	78 110 364	815 156
北　京	-	-	-	-	-	-	-	-
天　津	95	18 632	2 719	-	46 446	92	17 492	2 719
河　北	-	-	-	-	-	-	-	-
山　西	244	3 314	2 841	-	13 372	244	3 314	2 841
内蒙古	-	-	-	-	-	-	-	-
辽　宁	2	422	-	-	324	2	422	-
吉　林	858	37 926	18 653	-	36 264	829	22 276	18 653
黑龙江	1 592	240 618	23 247	-	121 174	1 233	25 412	23 247
上　海	1 079	595 907	66 078	13 039	309 316	984	515 983	66 078
江　苏	48 039	22 807 077	54 808	4 833	6 617 993	38 118	19 121 581	54 808
浙　江	16 584	3 418 307	37 601	438	1 998 221	15 822	3 324 024	37 601
安　徽	29 305	24 615 342	16 391	12 293	7 706 981	27 271	23 858 272	16 391
福　建	1 460	308 755	9 594	-	306 226	1 119	304 424	9 594
江　西	4 111	1 893 491	11 614	1 788	755 332	4 073	1 876 651	11 614
山　东	10 459	7 449 120	12 951	126	1 189 380	5 591	3 674 704	12 951
河　南	4 988	4 512 722	12 062	-	1 433 410	4 855	4 465 849	12 062
湖　北	4 982	5 126 160	38 724	2 853	1 280 225	4 361	4 428 343	38 724
湖　南	8 694	2 571 802	77 108	4 073	1 073 686	8 570	2 520 030	75 855
广　东	6 608	4 126 710	35 966	13 474	1 632 801	6 603	4 120 558	35 966
广　西	7 904	4 294 611	96 867	60 843	1 109 964	7 904	4 294 611	96 867
海　南	115	1 081	3 173	-	5 959	115	1 081	3 173
重　庆	4 158	4 578 900	100 707	42 981	1 323 085	3 978	4 412 616	100 707
四　川	8 692	949 744	104 644	3 907	435 715	7 502	891 346	104 644
贵　州	2 258	115 763	38 570	-	135 730	2 158	100 313	38 490
云　南	896	100 787	17 656	10	78 000	894	100 623	17 656
西　藏	-	-	-	-	-	-	-	-
陕　西	1 416	28 274	20 830	-	43 144	1 236	27 734	20 034
甘　肃	557	3 073	11 349	-	28 808	512	2 705	9 710
青　海	35	-	810	-	6 387	35	-	810
宁　夏	715	1 373	3 961	-	24 726	543	-	3 961
新　疆	-	-	-	-	-	-	-	-

工具拥有量

动 船		1. 客 船			2. 客 货 船				
集装箱位（TEU）	功率（千瓦）	艘数（艘）	载客量（客位）	功率（千瓦）	艘数（艘）	净载重量（吨位）	载客量（客位）	集装箱位（TEU）	功率（千瓦）
159 158	27 712 669	20 677	800 426	1 140 784	294	83 693	14 730	–	74 010
–	–	–	–	–	–	–	–	–	–
–	46 446	56	2 719	12 690	–	–	–	–	–
–	13 372	232	2 763	11 362	4	30	78	–	58
–	324	–	–	–	–	–	–	–	–
–	36 264	699	18 653	28 080	–	–	–	–	–
–	121 174	635	20 684	51 606	64	1 886	2 563	–	7 298
11 635	309 316	167	65 023	79 053	16	16 570	1 055	–	14 134
4 833	6 617 993	358	54 808	21 661	–	–	–	–	–
438	1 998 221	1 099	36 101	76 784	3	–	1 500	–	506
12 293	7 706 981	551	16 391	30 965	–	–	–	–	–
–	306 226	321	9 594	30 806	–	–	–	–	–
1 692	755 332	348	11 614	17 236	–	–	–	–	–
126	1 189 380	816	12 951	48 198	–	–	–	–	–
–	1 433 410	628	12 062	40 018	–	–	–	–	–
2 853	1 280 225	768	35 998	89 011	21	62 268	2 726	–	44 041
4 073	1 073 686	2 682	75 765	99 193	3	6	90	–	88
13 474	1 632 801	484	35 334	50 126	6	213	632	–	927
60 843	1 109 964	2 397	96 867	63 538	–	–	–	–	–
–	5 959	113	2 973	5 563	2	294	200	–	396
42 981	1 323 085	1 333	99 049	146 549	12	82	1 658	–	1 294
3 907	435 715	3 086	104 644	70 949	–	–	–	–	–
–	135 730	1 428	38 490	64 657	–	–	–	–	–
10	78 000	645	15 784	23 809	86	793	1 872	–	3 064
–	43 144	819	18 321	22 381	57	561	1 713	–	806
–	28 808	436	9 067	25 964	20	990	643	–	1 398
–	6 387	35	810	6 387	–	–	–	–	–
–	24 726	541	3 961	24 198	–	–	–	–	–
–	–	–	–	–	–	–	–	–	–

地区	3.货船				集 装 箱 船			
	艘数（艘）	净载重量（吨位）	集装箱位（TEU）	功率（千瓦）	艘数（艘）	净载重量（吨位）	集装箱位（TEU）	功率（千瓦）
全国总计	120 748	77 818 244	159 158	25 769 578	811	1 582 995	94 327	465 457
北　京	–	–	–	–	–	–	–	–
天　津	26	17 492	–	14 092	–	–	–	–
河　北	–	–	–	–	–	–	–	–
山　西	8	2 219	–	1 952	–	–	–	–
内蒙古	–	–	–	–	–	–	–	–
辽　宁	2	422	–	324	–	–	–	–
吉　林	112	15 879	–	4 072	–	–	–	–
黑龙江	351	17 276	–	19 404	–	–	–	–
上　海	758	447 433	11 635	180 745	106	184 848	11 635	68 145
江　苏	36 553	19 040 467	4 833	6 310 832	71	154 373	4 833	35 908
浙　江	14 610	3 323 679	438	1 910 029	14	4 421	438	4 152
安　徽	26 521	23 853 342	12 293	7 626 696	33	93 441	4 500	26 019
福　建	666	303 563	–	272 963	–	–	–	–
江　西	3 715	1 876 651	1 692	736 251	21	34 075	1 692	7 948
山　东	4 301	3 672 963	126	1 033 758	3	3 131	126	1 452
河　南	4 205	4 464 650	–	1 390 139	–	–	–	–
湖　北	3 330	4 366 075	2 853	1 024 480	16	59 314	2 853	14 018
湖　南	5 836	2 517 742	4 073	967 205	30	49 021	3 378	15 092
广　东	6 098	4 086 985	13 474	1 577 012	157	204 290	12 971	79 012
广　西	5 506	4 294 611	60 843	1 046 290	152	198 434	6 628	67 709
海　南	–	–	–	–	–	–	–	–
重　庆	2 610	4 412 534	42 981	1 162 098	185	541 281	42 981	132 387
四　川	4 248	891 346	3 907	350 441	22	56 126	2 282	13 248
贵　州	720	100 313	–	68 943	–	–	–	–
云　南	161	90 554	10	50 731	1	240	10	367
西　藏	–	–	–	–	–	–	–	–
陕　西	355	21 384	–	19 675	–	–	–	–
甘　肃	56	664	–	1 446	–	–	–	–
青　海	–	–	–	–	–	–	–	–
宁　夏	–	–	–	–	–	–	–	–
新　疆	–	–	–	–	–	–	–	–

(续表一)

			4. 拖　船		二、驳　船			
油　船								
艘数（艘）	净载重量（吨位）	功率（千瓦）	艘数（艘）	功率（千瓦）	艘数（艘）	净载重量（吨位）	载客量（客位）	集装箱位（TEU）
2 853	**1 552 528**	**664 657**	**2 925**	**728 297**	**21 202**	**9 689 547**	**3 768**	**1 500**
–	–	–	–	–	–	–	–	–
23	14 582	7 340	10	19 664	3	1 140	–	–
–	–	–	–	–	–	–	–	–
–	–	–	–	–	–	–	–	–
–	–	–	–	–	–	–	–	–
–	–	–	–	–	–	–	–	–
–	–	–	18	4 112	29	15 650	–	–
2	1 000	736	183	42 866	359	215 206	–	–
177	89 688	37 018	43	35 384	95	79 924	–	1 404
1 717	718 253	321 942	1 207	285 500	9 921	3 685 496	–	–
34	11 786	6 228	110	10 902	762	94 283	–	–
366	191 829	74 627	199	49 320	2 034	757 070	–	–
12	1 156	875	132	2 457	341	4 331	–	–
50	46 638	16 117	10	1 845	38	16 840	–	96
–	–	–	474	107 424	4 868	3 774 416	–	–
–	–	–	22	3 253	133	46 873	–	–
101	90 342	29 365	242	122 693	621	697 817	–	–
23	18 810	6 314	49	7 200	124	51 772	1 253	–
270	271 807	123 763	15	4 736	5	6 152	–	–
11	7 524	3 422	1	136	–	–	–	–
–	–	–	–	–	–	–	–	–
33	50 628	13 744	23	13 144	180	166 284	–	–
34	38 485	23 166	168	14 325	1 190	58 398	–	–
–	–	–	10	2 130	100	15 450	80	–
–	–	–	2	396	2	164	–	–
–	–	–	–	–	–	–	–	–
–	–	–	5	282	180	540	796	–
–	–	–	–	–	45	368	1 639	–
–	–	–	–	–	–	–	–	–
–	–	–	2	528	172	1 373	–	–
–	–	–	–	–	–	–	–	–

3-11 水路客、货运输量

地 区	客运量（万人）	旅客周转量（万人公里）	货运量（万吨）	货物周转量（万吨公里）
全国总计	24 556	745 285	425 968	754 238 358
北　京	-	-	-	-
天　津	51	3 303	12 750	95 506 185
河　北	-	-	2 672	4 950 382
山　西	123	1 161	41	496
内蒙古	-	-	-	-
辽　宁	549	70 435	11 632	65 293 536
吉　林	219	2 865	268	12 144
黑龙江	312	3 687	1 118	74 284
上　海	358	10 236	49 389	200 051 984
江　苏	579	15 303	54 012	52 369 145
浙　江	3 466	64 371	72 872	68 877 490
安　徽	155	3 168	36 439	13 097 690
福　建	1 595	24 052	18 871	25 543 353
江　西	251	2 985	7 447	2 032 684
山　东	2 403	118 787	15 871	44 332 295
河　南	268	6 464	6 527	4 013 238
湖　北	368	26 038	17 741	15 795 409
湖　南	1 327	27 429	17 954	4 202 571
广　东	2 594	96 332	48 856	44 276 393
广　西	417	20 125	15 813	10 888 142
海　南	1 473	31 078	9 326	12 625 067
重　庆	1 322	110 652	11 762	15 576 739
四　川	3 083	26 273	6 367	901 584
贵　州	2 186	51 520	987	142 320
云　南	842	19 587	439	81 855
西　藏	-	-	-	-
陕　西	356	5 427	190	7 354
甘　肃	96	2 190	33	40
青　海	42	556	-	-
宁　夏	121	1 261	-	-
新　疆	-	-	-	-
不分地区	-	-	6 591	73 585 978

3-12 水路旅客运输量（按航区分）

地区	客运量（万人）			旅客周转量（万人公里）		
	内河	沿海	远洋	内河	沿海	远洋
全国总计	14 083	9 544	929	333 829	305 755	105 701
北 京	-	-	-	-	-	-
天 津	50	-	1	1 559	-	1 744
河 北	-	-	-	-	-	-
山 西	123	-	-	1 161	-	-
内蒙古	-	-	-	-	-	-
辽 宁	-	536	13	-	64 201	6 234
吉 林	219	-	-	2 865	-	-
黑龙江	312	-	-	3 687	-	-
上 海	-	358	-	-	10 236	-
江 苏	554	25	-	6 711	8 592	-
浙 江	863	2 603	-	9 191	55 180	-
安 徽	155	-	-	3 168	-	-
福 建	246	1 271	78	4 095	14 837	5 120
江 西	251	-	-	2 985	-	-
山 东	451	1 859	93	2 669	78 360	37 758
河 南	268	-	-	6 464	-	-
湖 北	368	-	-	26 038	-	-
湖 南	1 327	-	-	27 429	-	-
广 东	321	1 530	743	6 103	35 654	54 575
广 西	264	152	1	11 391	8 464	270
海 南	263	1 210	-	847	30 231	-
重 庆	1 322	-	-	110 652	-	-
四 川	3 083	-	-	26 273	-	-
贵 州	2 186	-	-	51 520	-	-
云 南	842	-	-	19 587	-	-
西 藏	-	-	-	-	-	-
陕 西	356	-	-	5 427	-	-
甘 肃	96	-	-	2 190	-	-
青 海	42	-	-	556	-	-
宁 夏	121	-	-	1 261	-	-
新 疆	-	-	-	-	-	-
不分地区	-	-	-	-	-	-

3-13　水路货物运输量（按航区分）

地区	货运量（万吨）			货物周转量（万吨公里）		
	内河	沿海	远洋	内河	沿海	远洋
全国总计	210 251	152 175	63 542	65 648 769	195 035 639	493 553 950
北　京	–	–	–	–	–	–
天　津	33	3 299	9 418	1 738	5 809 700	89 694 747
河　北	–	2 672	–	–	4 950 382	–
山　西	41	–	–	496	–	–
内蒙古	–	–	–	–	–	–
辽　宁	17	5 347	6 268	183	7 985 290	57 308 063
吉　林	268	–	–	12 144	–	–
黑龙江	1 118	–	–	74 284	–	–
上　海	2 460	30 885	16 044	522 053	42 987 870	156 542 061
江　苏	37 783	10 987	5 242	7 482 996	10 811 365	34 074 784
浙　江	29 138	41 843	1 891	4 275 321	50 076 705	14 525 464
安　徽	34 259	2 167	13	11 162 186	1 892 194	43 310
福　建	2 181	14 914	1 776	83 675	20 446 515	5 013 163
江　西	6 947	481	19	1 267 603	694 858	70 223
山　东	4 174	6 812	4 885	1 870 134	6 757 773	35 704 388
河　南	6 527	–	–	4 013 238	–	–
湖　北	10 817	6 536	388	6 252 567	6 096 133	3 446 709
湖　南	17 867	–	87	3 439 563	–	763 008
广　东	24 835	14 889	9 132	3 573 750	21 777 189	18 925 454
广　西	12 026	3 326	461	4 737 071	5 971 988	179 083
海　南	200	8 017	1 109	247 517	8 777 677	3 599 873
重　庆	11 544	–	218	15 499 097	–	77 642
四　川	6 367	–	–	901 584	–	–
贵　州	987	–	–	142 320	–	–
云　南	439	–	–	81 855	–	–
西　藏	–	–	–	–	–	–
陕　西	190	–	–	7 354	–	–
甘　肃	33	–	–	40	–	–
青　海	–	–	–	–	–	–
宁　夏	–	–	–	–	–	–
新　疆	–	–	–	–	–	–
不分地区	–	–	6 591	–	–	73 585 978

3-14　海上险情及搜救活动

指标	计算单位	数量	所占比例（%）
一、船舶、人员遇险次数	次	**2 177**	**100.00**
1.按遇险性质分：碰撞	次	538	24.71
触礁	次	63	2.89
搁浅	次	266	12.22
触损	次	48	2.20
浪损	次	12	0.55
火灾/爆炸	次	81	3.72
风灾	次	55	2.53
自沉	次	170	7.81
机损	次	258	11.85
伤病	次	353	16.21
其他	次	333	15.30
2.按区域分：东海海区	次	682	31.33
南海海区	次	439	20.17
黄海海区	次	270	12.40
渤海海区	次	146	6.71
江河干流	次	492	22.60
支流、湖泊	次	133	6.11
其他	次	15	0.69
3.按等级分：一般	次	1 037	47.63
较大	次	761	34.96
重大	次	352	16.17
特大	次	27	1.24
二、遇险人员救助情况	人次	**19 352**	**100.00**
获救人员	人次	18 712	96.69
三、各部门派出搜救船艇	艘次	**8 636**	**100.00**
海事	艘次	2 162	25.03
救捞	艘次	669	7.75
军队	艘次	91	1.05
社会	艘次	2 080	24.09
渔船	艘次	2 358	27.30
过往商船	艘次	1 276	14.78
四、各部门派出搜救飞机	架次	**402**	**100.00**
海事	架次	5	1.24
救捞	架次	376	93.53
军队	架次	-	-
社会	架次	21	5.22

主要统计指标解释

内河航道通航长度　指报告期末在江河、湖泊、水库、渠道和运河水域内，船舶、排筏在不同水位期可以通航的实际航道里程数。计算单位：公里。内河航道通航里程按主航道中心线实际长度计算。

内河航道通航里程可分为等级航道和等外航道里程，等级航道里程又分为一级航道、二级航道、三级航道、四级航道、五级航道、六级航道和七级航道里程。

船舶数量　指报告期末在交通运输主管部门注册登记的船舶实际数量。计算单位：艘。统计的船舶包括运输船舶、工程船舶和辅助船舶，不包括渔船和军用船舶。

船舶一般分为机动船和驳船，机动船又可分为客船、客货船、货船（包括集装箱船）和拖船。

净载重量　指报告期末所拥有船舶的总载重量减去燃（物）料、淡水、粮食及供应品、人员及其行李等重量及船舶常数后，能够装载货物的实际重量。计算单位：吨。船舶常数指船舶经过一段时间营运后的空船重量与船舶建造出厂时空船重量的差值。

载客量　指报告期末所拥有船舶可用于载运旅客的额定数量。计算单位：客位。载客量包括船员临时占用的旅客铺位，但不包括船员自用铺位。客货船临时将货舱改作载客用途，该船的客位数不作变更。

箱位量　指报告期末所拥有集装箱船舶可装载折合为20英尺集装箱的额定数量。计算单位：TEU。各种外部尺寸的集装箱箱位均按折算系数折算成20英尺集装箱进行计算。

船舶功率　指报告期末所拥有船舶主机的额定功率数。计算单位：千瓦。

客运量　指报告期内船舶实际运送的旅客人数。计算单位：人。

旅客周转量　指报告期内船舶实际运送的每位旅客与该旅客运送距离的乘积之和。计算单位：人公里。

货运量　指报告期内船舶实际运送的货物重量。计算单位：吨。

货物周转量　指报告期内船舶实际运送的每批货物重量与该批货物运送距离的乘积之和。计算单位：吨公里。

四、城市客运

简 要 说 明

一、本篇资料反映我国全国、城市、中心城市公共交通运输发展的基本情况。主要包括：全国、城市、中心城市公共交通的运输工具、运营线路、客运量等内容。

二、从 2009 年起，交通运输部负责全国城市客运统计。根据交通运输部 2011 年修定的《城市（县城）客运统计报表制度》，收集、整理、汇总形成 2011 年城市客运统计数据。

三、本资料分全国、城市、中心城市公共汽车和无轨电车、轨道交通、出租汽车和客运轮渡。

4-1 全国城市客运经营业户

单位：户

地区	公共汽电车经营业户数	国有企业	国有控股企业	私营企业	轨道交通经营业户数	城市客运轮渡经营业户数
全国	3 325	758	315	1 883	21	206
北京	2	1	1	-	2	-
天津	15	14	-	1	2	-
河北	144	24	7	98	-	-
山西	192	11	3	169	-	-
内蒙古	197	9	3	184	-	-
辽宁	106	35	20	47	2	6
吉林	89	13	7	69	1	-
黑龙江	139	21	2	108	-	47
上海	34	-	24	-	6	1
江苏	114	40	35	37	1	12
浙江	133	56	14	54	-	25
安徽	103	30	12	51	-	1
福建	80	48	18	14	-	3
江西	109	24	14	71	-	3
山东	195	74	21	88	-	1
河南	106	36	9	58	-	-
湖北	84	42	4	36	1	7
湖南	153	54	13	81	-	4
广东	195	35	25	118	3	32
广西	116	21	2	87	-	54
海南	47	11	3	32	-	2
重庆	8	7	1	-	1	8
四川	223	37	23	107	1	-
贵州	245	15	5	50	-	-
云南	127	33	14	80	-	-
西藏	7	4	-	2	-	-
陕西	104	17	10	75	1	-
甘肃	69	7	4	57	-	-
青海	31	11	2	14	-	-
宁夏	40	4	2	34	-	-
新疆	118	24	17	61	-	-

4-1 （续表一）

单位：户

地 区	出租汽车经营业户数					
	合计	车辆 301 辆以上的企业数	车辆 101~300 辆（含）的企业数	车辆 50~100 辆（含）的企业数	车辆 50 辆（含）以下的企业数	个体经营业户数
全 国	**134 464**	**730**	**2 467**	**2 235**	**2 747**	**126 285**
北 京	1 403	28	63	56	106	1 150
天 津	6 056	25	28	12	15	5 976
河 北	924	61	115	81	81	586
山 西	258	26	100	77	55	–
内蒙古	16 095	51	89	47	37	15 871
辽 宁	19 230	58	148	96	300	18 628
吉 林	35 037	29	63	52	60	34 833
黑龙江	20 143	69	158	68	98	19 750
上 海	3 282	26	17	29	55	3 155
江 苏	5 011	22	153	124	85	4 627
浙 江	3 953	16	99	104	193	3 541
安 徽	722	42	107	60	48	465
福 建	192	11	31	49	98	3
江 西	185	6	30	61	82	6
山 东	2 347	39	191	133	104	1 880
河 南	476	34	155	148	133	6
湖 北	1 793	14	98	106	73	1 502
湖 南	310	10	104	122	74	–
广 东	481	37	127	134	139	44
广 西	213	14	30	48	91	30
海 南	51	1	15	9	26	–
重 庆	1 078	10	35	47	81	905
四 川	1 068	10	92	139	267	560
贵 州	7 092	3	22	37	68	6 962
云 南	1 696	10	56	92	123	1 415
西 藏	29	–	2	22	5	–
陕 西	320	13	76	117	114	–
甘 肃	479	16	104	60	46	253
青 海	104	10	19	10	9	56
宁 夏	83	10	40	18	15	–
新 疆	4 353	29	100	77	66	4 081

4-2　全国城市客运从业人员

单位：人

地区	公共汽电车从业人员	出租汽车从业人员	轨道交通从业人员	客运轮渡从业人员
全　国	1 226 525	2 404 167	99 825	11 421
北　京	88 115	100 000	24 293	-
天　津	17 034	37 769	3 807	-
河　北	43 914	100 304	-	-
山　西	28 423	68 001	-	-
内蒙古	22 880	95 387	-	-
辽　宁	54 884	183 783	5 672	157
吉　林	25 680	115 793	1 781	-
黑龙江	40 629	146 822	-	1 008
上　海	66 604	127 274	26 046	1 640
江　苏	78 147	106 713	3 578	1 816
浙　江	62 152	101 823	-	3 143
安　徽	33 733	92 713	-	181
福　建	28 974	46 185	-	319
江　西	20 010	32 814	-	89
山　东	79 234	117 560	-	691
河　南	51 932	107 838	-	-
湖　北	58 116	82 645	1 682	919
湖　南	46 212	75 088	-	105
广　东	128 362	135 592	22 727	882
广　西	21 187	34 989	-	60
海　南	8 020	9 808	-	171
重　庆	29 735	52 791	5 892	240
四　川	54 676	92 285	2 845	-
贵　州	17 845	43 167	-	-
云　南	24 332	50 139	-	-
西　藏	1 657	4 531	-	-
陕　西	35 247	72 555	1 502	-
甘　肃	18 354	47 620	-	-
青　海	8 695	21 154	-	-
宁　夏	8 544	26 314	-	-
新　疆	23 198	74 710	-	-

4-3　全国城市客运设施

地区	公交专用车道长度（公里）	轨道交通车站数（个）	换乘站数	城市客运轮渡在用码头数（个）	公交IC卡售卡量（万张）
全　国	4 425.6	1 147	109	393	19 074.0
北　京	324.5	215	24	-	835.4
天　津	65.0	53	-	-	463.0
河　北	56.8	-	-	-	171.6
山　西	52.0	-	-	-	132.3
内蒙古	51.2	-	-	-	98.2
辽　宁	242.3	78	1	16	986.6
吉　林	93.0	65	1	-	154.5
黑龙江	51.7	-	-	20	309.6
上　海	161.8	280	37	38	4 709.0
江　苏	519.7	57	2	27	1 559.4
浙　江	136.6	-	-	100	1 162.6
安　徽	128.5	-	-	-	320.8
福　建	86.5	-	-	14	513.5
江　西	21.4	-	-	6	98.3
山　东	501.1	-	-	3	549.9
河　南	40.0	-	-	-	536.6
湖　北	61.1	25	2	27	501.4
湖　南	148.9	-	-	13	400.1
广　东	829.6	284	38	77	2 868.1
广　西	89.7	-	-	4	210.1
海　南	-	-	-	2	4.5
重　庆	-	56	4	46	460.0
四　川	314.0	17	-	-	784.2
贵　州	13.4	-	-	-	120.6
云　南	118.7	-	-	-	356.1
西　藏	-	-	-	-	0.6
陕　西	219.7	17	-	-	265.0
甘　肃	-	-	-	-	280.7
青　海	-	-	-	-	122.9
宁　夏	32.0	-	-	-	13.3
新　疆	66.4	-	-	-	85.1

4-4 全国公共汽电车数量

地区	公共汽电车数（辆）				标准运营车数（标台）
		空调车	安装卫星定位车载终端的车辆	BRT 运营车辆	
全国	453 266	197 507	230 330	3 265	499 894
北京	21 628	13 501	8 221	275	31 837
天津	7 628	4 061	2 524	-	8 570
河北	19 486	4 283	8 625	-	18 766
山西	8 898	733	2 416	-	9 207
内蒙古	8 204	902	2 148	-	7 767
辽宁	21 025	2 145	6 414	64	24 096
吉林	10 951	610	1 185	-	10 648
黑龙江	15 883	1 402	4 719	-	16 463
上海	16 589	16 350	15 390	-	20 434
江苏	30 867	20 180	23 168	488	35 715
浙江	24 750	22 952	17 687	160	27 291
安徽	13 614	2 912	5 687	196	14 397
福建	12 514	11 750	7 756	170	13 289
江西	9 144	2 289	3 239	-	10 009
山东	35 298	5 220	20 699	237	38 202
河南	20 419	3 701	7 628	377	20 860
湖北	18 089	8 881	5 882	-	20 904
湖南	15 544	6 082	5 901	-	16 450
广东	50 587	47 708	35 484	989	56 436
广西	9 429	1 085	5 618	-	9 840
海南	2 549	2 465	814	-	2 586
重庆	7 822	4 619	7 756	37	8 600
四川	21 292	9 789	11 813	-	24 435
贵州	5 364	662	2 820	-	5 555
云南	11 384	594	4 687	-	11 000
西藏	478	-	332	-	536
陕西	11 735	1 369	1 514	-	13 153
甘肃	6 103	114	1 165	-	6 224
青海	3 281	154	2 007	-	3 162
宁夏	3 024	357	1 269	-	3 065
新疆	9 687	637	5 762	272	10 398

4-5 全国公共汽电车数量（按长度分）

地区	公共汽电车数（辆）								
	合计	≤ 5 米	> 5 米且 ≤ 7 米	> 7 米且 ≤ 10 米	> 10 米且 ≤ 13 米	> 13 米且 ≤ 16 米	> 16 米且 ≤ 18 米	> 18 米	双层车
全　国	453 266	11 555	57 044	177 334	193 868	5 814	3 982	7	3 662
北　京	21 628	-	-	-	14 447	4 042	2 202	-	937
天　津	7 628	2	173	4 324	3 036	-	-	-	93
河　北	19 486	3 131	3 395	7 736	4 562	544	69	2	47
山　西	8 898	345	1 986	3 374	2 995	19	43	-	136
内蒙古	8 204	1 027	2 099	2 741	2 328	3	4	-	2
辽　宁	21 025	12	2 200	6 872	11 651	120	32	2	136
吉　林	10 951	310	2 731	5 696	2 202	-	-	-	12
黑龙江	15 883	949	3 038	5 344	6 552	-	-	-	-
上　海	16 589	-	163	3 550	12 829	-	29	-	18
江　苏	30 867	24	1 825	11 667	17 013	79	153	-	106
浙　江	24 750	459	2 834	10 235	10 823	58	263	-	78
安　徽	13 614	338	1 955	6 544	4 583	90	74	-	30
福　建	12 514	327	2 092	5 060	4 947	-	30	-	58
江　西	9 144	67	993	4 286	3 690	41	3	-	64
山　东	35 298	738	4 036	16 431	13 680	50	182	-	181
河　南	20 419	711	5 104	7 713	6 354	353	86	-	98
湖　北	18 089	191	2 048	6 149	8 624	202	83	-	792
湖　南	15 544	5	2 212	8 129	5 169	22	-	-	7
广　东	50 587	484	3 908	22 297	23 703	135	36	-	24
广　西	9 429	796	1 215	3 924	3 285	-	-	-	209
海　南	2 549	-	327	1 771	451	-	-	-	-
重　庆	7 822	-	238	4 753	2 831	-	-	-	-
四　川	21 292	65	1 648	8 600	10 419	-	405	-	155
贵　州	5 364	87	762	3 066	1 402	-	-	-	47
云　南	11 384	465	3 770	4 521	2 318	-	46	-	264
西　藏	478	-	86	118	271	-	-	-	3
陕　西	11 735	192	2 275	2 332	6 750	-	40	-	146
甘　肃	6 103	285	1 071	2 797	1 950	-	-	-	-
青　海	3 281	98	1 016	1 403	754	-	-	-	10
宁　夏	3 024	-	466	1 977	569	6	-	-	6
新　疆	9 687	447	1 378	3 924	3 680	50	202	3	3

4-6　全国公共汽电车数量（按燃料类型分）

地区	公共汽电车数（辆）										
	合计	汽油车	乙醇汽油车	柴油车	液化石油气车	天然气车	双燃料车	无轨电车	纯电动客车	混合动力车	其他
全　国	453 266	27 959	12 549	304 315	9 500	69 023	20 409	1 651	1 218	6 613	29
北　京	21 628	-	-	18 114	-	2 854	-	460	200	-	-
天　津	7 628	24	-	6 876	-	583	-	-	-	145	-
河　北	19 486	3 574	1 501	10 947	-	3 339	125	-	-	-	-
山　西	8 898	1 777	-	4 875	-	426	1 689	131	-	-	-
内蒙古	8 204	1 861	-	4 390	-	459	1 494	-	-	-	-
辽　宁	21 025	1 440	1 106	17 264	252	408	418	61	36	40	-
吉　林	10 951	-	4 043	6 879	-	17	12	-	-	-	-
黑龙江	15 883	-	2 778	9 905	555	2 464	181	-	-	-	-
上　海	16 589	-	-	16 085	-	140	-	224	130	10	-
江　苏	30 867	2 353	828	24 436	-	2 882	145	-	15	208	-
浙　江	24 750	573	-	22 541	76	634	-	54	-	864	8
安　徽	13 614	912	1 026	9 291	-	1 864	340	-	181	-	-
福　建	12 514	269	-	10 851	-	1 267	-	-	-	127	-
江　西	9 144	229	-	8 767	-	-	-	-	-	148	-
山　东	35 298	1 956	254	26 918	12	5 248	377	140	17	356	20
河　南	20 419	1 713	881	14 502	14	676	2 137	112	39	345	-
湖　北	18 089	1 776	5	12 081	424	1 727	1 400	196	-	480	-
湖　南	15 544	760	-	12 837	-	529	-	-	12	1 406	-
广　东	50 587	495	-	35 807	7 679	3 626	135	273	338	2 234	-
广　西	9 429	1 030	127	8 249	-	10	-	-	13	-	-
海　南	2 549	-	-	1 313	423	763	-	-	-	50	-
重　庆	7 822	-	-	187	-	7 629	-	-	6	-	-
四　川	21 292	888	-	2 052	-	14 342	3 981	-	29	-	-
贵　州	5 364	1 153	-	2 636	-	1 494	81	-	-	-	-
云　南	11 384	2 195	-	8 467	-	113	207	-	202	200	-
西　藏	478	30	-	448	-	-	-	-	-	-	-
陕　西	11 735	318	-	1 896	-	3 318	6 203	-	-	-	-
甘　肃	6 103	689	-	2 703	-	2 686	25	-	-	-	-
青　海	3 281	332	-	572	-	2 371	6	-	-	-	-
宁　夏	3 024	119	-	861	-	1 714	330	-	-	-	-
新　疆	9 687	1 493	-	1 565	65	5 440	1 123	-	-	-	1

4-7 全国公共汽电车数量（按排放标准分）

地区	公共汽电车数（辆）				
	合计	国Ⅱ及以下	国Ⅲ	国Ⅳ	国Ⅴ及以上
全　国	453 266	190 265	226 340	31 626	5 035
北　京	21 628	–	14 763	5 539	1 326
天　津	7 628	1 811	5 390	323	104
河　北	19 486	10 891	7 878	677	40
山　西	8 898	4 702	3 946	249	1
内蒙古	8 204	3 760	3 884	477	83
辽　宁	21 025	13 072	7 450	473	30
吉　林	10 951	6 153	4 190	392	216
黑龙江	15 883	6 783	7 887	1 213	–
上　海	16 589	5 775	9 677	1 128	9
江　苏	30 867	10 268	18 805	1 731	63
浙　江	24 750	9 558	12 729	2 144	319
安　徽	13 614	7 917	5 522	130	45
福　建	12 514	4 286	7 773	455	–
江　西	9 144	4 907	4 096	124	17
山　东	35 298	18 012	15 623	1 114	549
河　南	20 419	11 866	7 756	714	83
湖　北	18 089	10 347	7 273	469	–
湖　南	15 544	7 318	7 612	546	68
广　东	50 587	11 532	34 427	3 940	688
广　西	9 429	5 067	3 863	394	105
海　南	2 549	648	1 791	110	
重　庆	7 822	4 116	3 600	100	6
四　川	21 292	10 406	6 545	4 263	78
贵　州	5 364	2 322	3 042	–	–
云　南	11 384	6 544	3 942	852	46
西　藏	478	144	93	232	9
陕　西	11 735	6 153	5 356	226	–
甘　肃	6 103	1 496	2 293	2 277	37
青　海	3 281	1 117	1 803	361	–
宁　夏	3 024	765	1 718	535	6
新　疆	9 687	2 529	5 613	438	1 107

4-8 全国公共汽电车场站及线路

地区	保养场面积（万平方米）	停车场面积（万平方米）	运营线路条数（条）	运营线路总长度（公里）	BRT线路长度	无轨电车线路长度
全　国	856.3	4 375.0	35 884	672 947	988	785
北　京	57.2	259.7	749	19 460	55	201
天　津	5.8	66.3	523	12 606	-	-
河　北	9.7	139.5	1 621	26 294	-	-
山　西	17.1	84.7	942	17 999	-	47
内蒙古	9.3	101.8	806	19 126	-	-
辽　宁	37.5	251.0	1 439	23 089	14	8
吉　林	4.5	34.8	841	11 464	-	-
黑龙江	9.3	140.8	991	17 094	-	-
上　海	42.8	126.5	1 202	22 906	-	174
江　苏	118.1	478.8	2 744	50 971	256	-
浙　江	81.5	242.0	2 629	46 905	101	14
安　徽	21.1	183.8	947	14 224	22	-
福　建	24.5	87.6	1 171	18 739	92	-
江　西	18.0	87.7	897	16 428	-	-
山　东	34.6	416.5	2 599	58 777	147	35
河　南	9.6	202.8	1 343	23 167	206	57
湖　北	55.7	137.6	1 173	19 970	-	89
湖　南	32.9	94.9	1 161	20 434	-	-
广　东	66.7	397.3	3 952	82 228	23	160
广　西	14.9	121.3	1 052	16 658	-	-
海　南	4.0	17.6	203	5 302	-	-
重　庆	6.9	29.1	422	8 880	30	-
四　川	46.8	204.1	1 694	24 595	-	-
贵　州	20.5	31.5	477	6 212	-	-
云　南	18.9	130.7	1 548	39 924	-	-
西　藏	0.1	4.0	54	970	-	-
陕　西	50.9	94.6	618	11 402	-	-
甘　肃	6.9	49.6	482	7 278	-	-
青　海	2.0	15.6	278	5 543	-	-
宁　夏	5.1	23.6	307	6 318	-	-
新　疆	23.5	119.5	1 019	17 984	42	-

4-9 全国公共汽电车客运量

地区	运营里程（万公里）	客运量（万人次）	月票换算	使用IC卡
全 国	3 317 345	7 157 903	287 751	2 640 633
北 京	135 473	503 272	–	433 458
天 津	41 273	114 798	3 515	39 472
河 北	154 873	214 817	30 261	29 080
山 西	83 241	132 915	4 939	47 661
内蒙古	62 471	105 317	2 332	24 074
辽 宁	138 236	419 310	18 806	130 276
吉 林	74 631	158 948	906	32 223
黑龙江	115 763	235 468	9 077	62 905
上 海	114 665	281 075	–	214 252
江 苏	229 789	424 699	10 778	183 129
浙 江	176 278	333 956	2 695	152 099
安 徽	97 332	223 887	5 509	64 750
福 建	88 441	230 022	12 929	63 468
江 西	69 985	141 873	1 202	28 926
山 东	241 538	399 928	40 630	117 925
河 南	138 261	275 260	3 035	81 523
湖 北	157 380	325 399	1 581	124 494
湖 南	146 231	306 913	3 994	50 233
广 东	437 004	694 983	1 316	332 490
广 西	66 647	157 334	13 051	23 435
海 南	31 509	41 875	–	37
重 庆	60 747	174 930	12 241	78 792
四 川	127 091	362 451	81 628	53 671
贵 州	37 190	130 976	1 867	14 684
云 南	74 311	162 596	2 660	63 749
西 藏	3 371	8 243	–	492
陕 西	81 721	256 506	2 268	103 265
甘 肃	34 738	104 520	655	40 640
青 海	22 059	46 490	3	27 716
宁 夏	19 166	33 296	33	1 689
新 疆	55 932	155 844	19 842	20 023

4-10　全国出租汽车车辆数

单位：辆

地区	运营车数								
	合计	汽油车	乙醇汽油车	柴油车	液化石油气车	天然气车	双燃料车	纯电动车	其他
全国	1 263 779	624 542	217 375	83 679	8 494	73 528	255 713	448	-
北京	66 646	66 646	-	-	-	-	-	-	-
天津	31 940	31 939	-	1	-	-	-	-	-
河北	64 226	32 142	8 537	1 341	-	503	21 703	-	-
山西	39 961	28 245	-	158	-	3 722	7 836	-	-
内蒙古	61 646	41 703	-	235	-	950	18 758	-	-
辽宁	89 315	60 069	16 532	12 608	-	76	30	-	-
吉林	68 256	-	58 131	10 125	-	-	-	-	-
黑龙江	92 668	-	86 451	6 217	-	-	-	-	-
上海	50 438	47 102	-	1 052	-	-	2 284	-	-
江苏	53 409	34 512	9 008	1 722	-	99	8 068	-	-
浙江	39 679	25 218	-	12 929	250	-	1 186	96	-
安徽	50 119	6 542	15 818	584	1 764	18 072	7 339	-	-
福建	19 596	10 328	-	4 035	-	425	4 808	-	-
江西	15 369	8 751	-	6 618	-	-	-	-	-
山东	68 143	31 509	2 003	1 202	-	9 214	24 215	-	-
河南	58 132	27 746	11 246	3 285	839	2 346	12 645	25	-
湖北	35 716	10 310	2 117	157	-	2 688	20 444	-	-
湖南	32 857	15 001	-	11 416	-	643	5 797	-	-
广东	62 586	28 430	-	4 424	4 037	1 459	23 936	300	-
广西	17 849	8 645	7 532	1 175	-	180	317	-	-
海南	4 848	258	-	1 627	-	94	2 842	27	-
重庆	18 370	857	-	-	-	1 065	16 448	-	-
四川	38 657	6 757	-	51	-	4 906	26 943	-	-
贵州	17 196	15 033	-	1 948	-	15	200	-	-
云南	26 614	25 510	-	719	-	-	385	-	-
西藏	1 993	572	-	1	1 175	-	245	-	-
陕西	33 215	8 595	-	-	-	-	24 620	-	-
甘肃	30 396	19 842	-	-	-	10 554	-	-	-
青海	12 097	5 947	-	-	-	-	6 150	-	-
宁夏	15 562	9 756	-	-	-	2 620	3 186	-	-
新疆	46 280	16 577	-	49	429	13 897	15 328	-	-

4-11 全国出租汽车运量

地 区	载客车次总数（万车次）	运营里程（万公里）	载客里程	客 运 量（万人次）
全 国	1 904 834	15 196 949	10 520 847	3 767 060
北 京	51 210	552 659	376 162	69 600
天 津	17 500	385 686	244 196	35 000
河 北	65 674	673 272	445 999	132 116
山 西	54 342	416 677	310 422	104 225
内蒙古	63 931	628 030	435 470	131 579
辽 宁	139 664	1 155 575	816 827	282 663
吉 林	106 845	735 035	577 506	228 493
黑龙江	146 322	830 957	584 587	292 892
上 海	60 859	642 922	395 381	110 003
江 苏	81 011	720 240	446 330	157 145
浙 江	72 740	631 709	418 032	148 861
安 徽	85 589	649 233	448 681	175 863
福 建	33 927	274 435	190 764	67 068
江 西	28 162	204 829	142 916	61 150
山 东	82 879	878 824	565 362	162 605
河 南	87 547	649 840	489 000	159 639
湖 北	75 875	516 073	349 820	135 663
湖 南	83 052	503 906	359 968	174 913
广 东	96 473	953 616	610 315	186 031
广 西	21 859	183 013	126 562	44 629
海 南	5 720	71 050	55 053	13 259
重 庆	44 086	294 457	206 145	93 850
四 川	80 827	575 770	386 794	157 760
贵 州	48 794	218 844	192 367	113 316
云 南	40 502	229 041	162 462	88 092
西 藏	6 110	37 667	27 692	12 148
陕 西	64 213	475 531	332 145	124 022
甘 肃	40 055	296 285	231 383	79 176
青 海	15 992	129 277	104 071	28 036
宁 夏	25 956	170 902	124 433	51 816
新 疆	77 117	511 596	364 002	145 446

4-12 全国轨道交通运营车辆数

地区	运营车数（辆）						标准运营车数（标台）	编组列数（列）
	合计	地铁	轻轨	单轨	有轨电车	磁悬浮		
全国	9 945	8 947	647	212	125	14	24 330	1 799
北京	2 850	2 850	-	-	-	-	7 125	478
天津	326	150	152	-	24	-	777	52
河北	-	-	-	-	-	-	-	-
山西	-	-	-	-	-	-	-	-
内蒙古	-	-	-	-	-	-	-	-
辽宁	354	138	144	-	72	-	825	131
吉林	248	-	219	-	29	-	298	84
黑龙江	-	-	-	-	-	-	-	-
上海	2 899	2 885	-	-	-	14	7 248	466
江苏	450	450	-	-	-	-	1 125	75
浙江	-	-	-	-	-	-	-	-
安徽	-	-	-	-	-	-	-	-
福建	-	-	-	-	-	-	-	-
江西	-	-	-	-	-	-	-	-
山东	-	-	-	-	-	-	-	-
河南	-	-	-	-	-	-	-	-
湖北	132	-	132	-	-	-	330	33
湖南	-	-	-	-	-	-	-	-
广东	2 204	2 204	-	-	-	-	5 510	397
广西	-	-	-	-	-	-	-	-
海南	-	-	-	-	-	-	-	-
重庆	296	84	-	212	-	-	570	52
四川	102	102	-	-	-	-	312	17
贵州	-	-	-	-	-	-	-	-
云南	-	-	-	-	-	-	-	-
西藏	-	-	-	-	-	-	-	-
陕西	84	84	-	-	-	-	210	14
甘肃	-	-	-	-	-	-	-	-
青海	-	-	-	-	-	-	-	-
宁夏	-	-	-	-	-	-	-	-
新疆	-	-	-	-	-	-	-	-

4-13 全国轨道交通运营线路条数

单位：条

地 区	运营线路条数					
	合计	地铁	轻轨	单轨	有轨电车	磁悬浮
全 国	**58**	**46**	**5**	**2**	**4**	**1**
北 京	15	15	–	–	–	–
天 津	3	1	1	–	1	–
河 北	–	–	–	–	–	–
山 西	–	–	–	–	–	–
内蒙古	–	–	–	–	–	–
辽 宁	5	1	2	–	2	–
吉 林	2	–	1	–	1	–
黑龙江	–	–	–	–	–	–
上 海	12	11	–	–	–	1
江 苏	2	2	–	–	–	–
浙 江	–	–	–	–	–	–
安 徽	–	–	–	–	–	–
福 建	–	–	–	–	–	–
江 西	–	–	–	–	–	–
山 东	–	–	–	–	–	–
河 南	–	–	–	–	–	–
湖 北	1	–	1	–	–	–
湖 南	–	–	–	–	–	–
广 东	13	13	–	–	–	–
广 西	–	–	–	–	–	–
海 南	–	–	–	–	–	–
重 庆	3	1	–	2	–	–
四 川	1	1	–	–	–	–
贵 州	–	–	–	–	–	–
云 南	–	–	–	–	–	–
西 藏	–	–	–	–	–	–
陕 西	1	1	–	–	–	–
甘 肃	–	–	–	–	–	–
青 海	–	–	–	–	–	–
宁 夏	–	–	–	–	–	–
新 疆	–	–	–	–	–	–

4-14 全国轨道交通运营线路里程

单位：公里

地区	运营线路总长度					
	合计	地铁	轻轨	单轨	有轨电车	磁悬浮
全国	1 698.7	1 403.1	172.2	54.8	39.5	29.1
北　京	372.0	372.0	-	-	-	-
天　津	83.7	26.6	49.2	-	7.9	-
河　北	-	-	-	-	-	-
山　西	-	-	-	-	-	-
内蒙古	-	-	-	-	-	-
辽　宁	114.9	27.9	63.0	-	24.0	-
吉　林	38.7	-	31.1	-	7.6	-
黑龙江	-	-	-	-	-	-
上　海	454.1	425.0	-	-	-	29.1
江　苏	85.0	85.0	-	-	-	-
浙　江	-	-	-	-	-	-
安　徽	-	-	-	-	-	-
福　建	-	-	-	-	-	-
江　西	-	-	-	-	-	-
山　东	-	-	-	-	-	-
河　南	-	-	-	-	-	-
湖　北	28.9	-	28.9	-	-	-
湖　南	-	-	-	-	-	-
广　东	413.0	413.0	-	-	-	-
广　西	-	-	-	-	-	-
海　南	-	-	-	-	-	-
重　庆	70.0	15.2	-	54.8	-	-
四　川	18.5	18.5	-	-	-	-
贵　州	-	-	-	-	-	-
云　南	-	-	-	-	-	-
西　藏	-	-	-	-	-	-
陕　西	19.9	19.9	-	-	-	-
甘　肃	-	-	-	-	-	-
青　海	-	-	-	-	-	-
宁　夏	-	-	-	-	-	-
新　疆	-	-	-	-	-	-

4-15 全国轨道交通运量

地区	运营里程（万列公里）	客运量（万人次）
全 国	23 918	713 400
北 京	4 817	219 280
天 津	600	7 565
河 北	-	-
山 西	-	-
内蒙古	-	-
辽 宁	846	15 439
吉 林	473	4 495
黑龙江	-	-
上 海	5 406	210 105
江 苏	5 964	34 370
浙 江	-	-
安 徽	-	-
福 建	-	-
江 西	-	-
山 东	-	-
河 南	-	-
湖 北	373	7 737
湖 南	-	-
广 东	4 918	198 930
广 西	-	-
海 南	-	-
重 庆	305	8 332
四 川	167	5 528
贵 州	-	-
云 南	-	-
西 藏	-	-
陕 西	50	1 618
甘 肃	-	-
青 海	-	-
宁 夏	-	-
新 疆	-	-

4-16　全国城市客运轮渡船舶及航线数

地　区	运营船数（艘）	运营航线条数（条）	运营航线总长度（公里）
全　国	1 061	417	4 434.3
北　京	-	-	-
天　津	-	-	-
河　北	-	-	-
山　西	-	-	-
内蒙古	-	-	-
辽　宁	19	25	630.0
吉　林	-	-	-
黑龙江	246	51	362.3
上　海	58	18	11.3
江　苏	74	26	111.7
浙　江	232	89	2 170.7
安　徽	6	1	3.4
福　建	25	10	96.0
江　西	8	4	43.5
山　东	38	15	208.0
河　南	-	-	-
湖　北	60	21	106.2
湖　南	25	21	11.9
广　东	154	67	171.8
广　西	54	28	390.1
海　南	18	12	22.1
重　庆	44	29	95.3
四　川	-	-	-
贵　州	-	-	-
云　南	-	-	-
西　藏	-	-	-
陕　西	-	-	-
甘　肃	-	-	-
青　海	-	-	-
宁　夏	-	-	-
新　疆	-	-	-

4-17 全国城市客运轮渡运量

地区	运量		
	客运量（万人次）	机动车运量（辆）	非机动车运量（辆）
全 国	17 188	12 422 046	31 294 296
北 京	–	–	–
天 津	–	–	–
河 北	–	–	–
山 西	–	–	–
内蒙古	–	–	–
辽 宁	171	–	–
吉 林	–	–	–
黑龙江	644	95 311	23 997
上 海	2 010	1 325 230	28 939 948
江 苏	1 835	3 811 705	1 362 224
浙 江	3 208	2 552 094	26 129
安 徽	130	60 623	–
福 建	2 529	–	–
江 西	59	75 080	52 800
山 东	791	812 565	–
河 南	–		–
湖 北	1 793	1 400 356	309 032
湖 南	118	–	–
广 东	3 398	1 649 082	580 166
广 西	128	–	–
海 南	153	640 000	
重 庆	220	–	–
四 川	–	–	–
贵 州	–	–	–
云 南	–	–	–
西 藏	–	–	–
陕 西	–	–	–
甘 肃	–	–	–
青 海	–	–	–
宁 夏	–	–	–
新 疆	–	–	–

4-18 城市客运经营业户

单位：户

地区	公共汽电车经营业户数	国有企业	国有控股企业	私营企业	轨道交通经营业户数	城市客运轮渡经营业户数
全 国	1 785	479	195	840	21	124
北 京	2	1	1	–	2	–
天 津	15	14	–	1	2	–
河 北	42	17	4	21	–	–
山 西	124	10	2	105	–	–
内蒙古	34	7	2	25	–	–
辽 宁	88	29	19	36	2	–
吉 林	69	9	5	55	1	–
黑龙江	98	18	1	72	–	42
上 海	34	–	24	–	6	1
江 苏	81	32	31	17	1	12
浙 江	79	34	10	26	–	19
安 徽	43	15	8	16	–	1
福 建	36	24	5	7	–	3
江 西	43	15	4	24	–	–
山 东	119	59	9	49	–	1
河 南	56	19	4	31	–	–
湖 北	46	26	2	16	1	5
湖 南	70	30	6	33	–	3
广 东	160	30	23	98	3	32
广 西	37	11	1	23	–	–
海 南	37	9	1	27	–	2
重 庆	8	7	1	–	1	3
四 川	98	16	13	40	1	–
贵 州	208	10	2	21	–	–
云 南	29	9	4	16	–	–
西 藏	2	1	–	–	–	–
陕 西	42	11	5	25	1	–
甘 肃	22	4	2	15	–	–
青 海	6	1	–	4	–	–
宁 夏	23	3	1	19	–	–
新 疆	34	8	5	18	–	–

4-18 （续表一）

单位：户

地区	出租汽车经营业户数					个体经营业户数
	合计	车辆301辆以上的企业数	车辆101~300辆（含）的企业数	车辆50~100辆（含）的企业数	车辆50辆（含）以下的企业数	
全 国	95 821	645	1 913	1 422	1 686	90 155
北 京	1 403	28	63	56	106	1 150
天 津	6 056	25	28	12	15	5 976
河 北	445	50	78	36	30	251
山 西	138	25	64	33	16	–
内蒙古	7 800	35	54	24	9	7 678
辽 宁	17 255	55	121	87	289	16 703
吉 林	26 406	24	55	47	57	26 223
黑龙江	10 036	46	115	56	88	9 731
上 海	3 282	26	17	29	55	3 155
江 苏	4 298	22	130	94	74	3 978
浙 江	3 645	15	88	74	126	3 342
安 徽	266	35	68	25	19	119
福 建	134	11	30	38	55	–
江 西	104	6	26	34	35	3
山 东	1 844	38	159	100	63	1 484
河 南	314	32	117	87	73	5
湖 北	1 612	14	85	78	52	1 383
湖 南	179	10	90	56	23	–
广 东	434	37	127	121	108	41
广 西	131	14	25	28	34	30
海 南	42	1	15	9	17	–
重 庆	1 018	10	27	27	49	905
四 川	387	10	74	100	172	31
贵 州	4 072	3	19	9	22	4 019
云 南	897	8	38	38	37	776
西 藏	19	–	–	17	2	–
陕 西	136	13	60	35	28	–
甘 肃	173	14	65	25	8	61
青 海	12	8	2	1	1	–
宁 夏	58	9	29	14	6	–
新 疆	3 225	21	44	32	17	3 111

4-19　城市客运从业人员

单位：人

地区	公共汽电车从业人员	出租汽车从业人员	轨道交通从业人员	客运轮渡从业人员
全　国	1 115 168	2 004 273	99 825	9 999
北　京	88 115	100 000	24 293	-
天　津	17 034	37 769	3 807	-
河　北	37 174	79 807	-	-
山　西	24 861	53 370	-	-
内蒙古	18 052	67 852	-	-
辽　宁	53 347	165 920	5 672	-
吉　林	24 245	98 036	1 781	-
黑龙江	37 334	103 873	-	776
上　海	66 604	127 274	26 046	1 640
江　苏	74 779	94 612	3 578	1 816
浙　江	55 998	86 181	-	2 439
安　徽	27 887	73 194	-	181
福　建	25 808	42 199	-	319
江　西	16 587	26 324	-	-
山　东	71 117	102 594	-	691
河　南	45 280	85 174	-	-
湖　北	53 710	74 520	1 682	823
湖　南	38 159	56 134	-	83
广　东	125 502	131 993	22 727	882
广　西	16 676	29 959	-	-
海　南	7 567	9 483	-	171
重　庆	29 735	44 986	5 892	178
四　川	43 853	72 779	2 845	-
贵　州	16 385	28 130	-	-
云　南	16 575	32 606	-	-
西　藏	1 410	3 066	-	-
陕　西	32 204	53 063	1 502	-
甘　肃	15 887	34 134	-	-
青　海	6 304	13 741	-	-
宁　夏	7 404	22 778	-	-
新　疆	19 575	52 722	-	-

4-20 城市客运设施

地区	公交专用车道长度（公里）	轨道交通车站数（个）	换乘站数	城市客运轮渡在用码头数（个）	公交 IC 卡售卡量（万张）
全 国	4 343.4	1 147	109	290	18 923.5
北 京	324.5	215	24	-	835.4
天 津	65.0	53	-	-	463.0
河 北	56.8	-	-	-	171.6
山 西	52.0	-	-	-	123.3
内蒙古	51.2	-	-	-	96.5
辽 宁	242.3	78	1	-	980.3
吉 林	93.0	65	1	-	151.4
黑龙江	51.7	-	-	15	307.3
上 海	161.8	280	37	38	4 709.0
江 苏	519.7	57	2	27	1 549.2
浙 江	136.6	-	-	71	1 140.2
安 徽	128.5	-	-	-	316.4
福 建	86.5	-	-	14	510.4
江 西	21.4	-	-	-	88.7
山 东	455.1	-	-	3	539.0
河 南	40.0	-	-	-	536.2
湖 北	60.3	25	2	23	498.4
湖 南	148.9	-	-	12	395.3
广 东	829.6	284	38	77	2 846.0
广 西	89.5	-	-	-	209.5
海 南	-	-	-	2	4.4
重 庆	-	56	4	8	460.0
四 川	287.0	17	-	-	778.4
贵 州	13.4	-	-	-	118.2
云 南	118.7	-	-	-	349.5
西 藏	-	-	-	-	0.6
陕 西	216.5	17	-	-	258.6
甘 肃	-	-	-	-	280.2
青 海	-	-	-	-	115.4
宁 夏	32.0	-	-	-	12.6
新 疆	61.4	-	-	-	78.5

4-21 城市公共汽电车数量

地 区	公共汽电车数（辆）	空调车	安装卫星定位车载终端的车辆	BRT 运营车辆	标准运营车数（标台）
全 国	402 645	185 129	217 429	3 265	458 813
北 京	21 628	13 501	8 221	275	31 837
天 津	7 628	4 061	2 524	-	8 570
河 北	15 503	3 535	8 312	-	16 347
山 西	7 226	407	1 953	-	7 965
内蒙古	5 646	612	1 768	-	6 049
辽 宁	20 160	2 145	6 125	64	23 374
吉 林	10 273	599	1 094	-	10 115
黑龙江	14 241	1 388	4 564	-	15 204
上 海	16 589	16 350	15 390	-	20 434
江 苏	29 205	19 501	22 387	488	34 175
浙 江	21 927	20 451	16 592	160	24 737
安 徽	11 035	2 100	5 132	196	12 302
福 建	11 203	10 840	7 173	170	12 254
江 西	7 297	2 019	3 108	-	8 375
山 东	31 230	4 597	18 516	237	34 750
河 南	17 601	3 346	7 204	377	18 746
湖 北	16 458	8 247	5 825	-	19 581
湖 南	12 600	5 146	5 795	-	13 863
广 东	49 532	47 092	35 251	989	55 562
广 西	7 208	732	4 835	-	8 087
海 南	2 356	2 302	766	-	2 414
重 庆	7 822	4 619	7 756	37	8 600
四 川	17 597	8 685	11 174	-	20 720
贵 州	4 879	642	2 697	-	5 103
云 南	7 531	140	3 327	-	7 995
西 藏	366	-	325	-	440
陕 西	10 608	1 264	1 330	-	12 255
甘 肃	4 965	100	999	-	5 363
青 海	2 038	-	1 299	-	2 158
宁 夏	2 570	341	976	-	2 661
新 疆	7 723	367	5 011	272	8 782

4-22 城市公共汽电车数量（按长度分）

地区	公共汽电车数（辆）								
	合计	≤ 5 米	> 5 米且 ≤ 7 米	> 7 米且 ≤ 10 米	> 10 米且 ≤ 13 米	> 13 米且 ≤ 16 米	> 16 米且 ≤ 18 米	> 18 米	双层车
全国	402 645	3 962	35 988	157 191	192 085	5 784	3 970	5	3 660
北京	21 628	–	–	–	14 447	4 042	2 202	–	937
天津	7 628	2	173	4 324	3 036	–	–	–	93
河北	15 503	649	2 291	7 366	4 535	544	69	2	47
山西	7 226	3	1 040	3 053	2 945	9	40	–	136
内蒙古	5 646	48	883	2 425	2 281	3	4	–	2
辽宁	20 160	12	1 665	6 599	11 594	120	32	2	136
吉林	10 273	300	2 266	5 493	2 202	–	–	–	12
黑龙江	14 241	759	2 052	4 902	6 528	–	–	–	–
上海	16 589	–	163	3 550	12 829	–	29	–	18
江苏	29 205	24	1 351	10 548	16 944	79	153	–	106
浙江	21 927	358	1 883	8 686	10 601	58	263	–	78
安徽	11 035	24	793	5 516	4 508	90	74	–	30
福建	11 203	222	1 345	4 605	4 943	–	30	–	58
江西	7 297	16	352	3 140	3 685	40	–	–	64
山东	31 230	261	2 648	14 353	13 557	50	182	–	179
河南	17 601	279	3 424	7 059	6 302	353	86	–	98
湖北	16 458	1	1 296	5 501	8 583	202	83	–	792
湖南	12 600	–	981	6 472	5 118	22	–	–	7
广东	49 532	351	3 515	21 778	23 693	135	36	–	24
广西	7 208	275	491	2 982	3 251	–	–	–	209
海南	2 356	–	247	1 668	441	–	–	–	–
重庆	7 822	–	238	4 753	2 831	–	–	–	–
四川	17 597	52	1 176	5 953	9 856	–	405	–	155
贵州	4 879	87	643	2 710	1 392	–	–	–	47
云南	7 531	56	1 470	3 531	2 164	–	46	–	264
西藏	366	–	32	60	271	–	–	–	3
陕西	10 608	144	1 593	1 935	6 750	–	40	–	146
甘肃	4 965	5	616	2 394	1 950	–	–	–	–
青海	2 038	20	351	903	754	–	–	–	10
宁夏	2 570	–	295	1 697	566	6	–	–	6
新疆	7 723	14	715	3 235	3 528	31	196	1	3

4-23 城市公共汽电车数量（按燃料类型分）

地区	公共汽电车数（辆）										
	合计	汽油车	乙醇汽油车	柴油车	液化石油气车	天然气车	双燃料车	无轨电车	纯电动客车	混合动力车	其他
全　国	**402 645**	**21 314**	**10 638**	**268 043**	**9 435**	**64 848**	**19 070**	**1 651**	**1 008**	**6 609**	**29**
北　京	21 628	–	–	18 114	–	2 854	–	460	200	–	–
天　津	7 628	24	–	6 876	–	583	–	–	–	145	–
河　北	15 503	1 841	513	9 695	–	3 339	115	–	–	–	–
山　西	7 226	1 416	–	3 618	–	390	1 671	131	–	–	–
内蒙古	5 646	899	–	2 940	–	318	1 489	–	–	–	–
辽　宁	20 160	1 433	1 106	16 406	252	408	418	61	36	40	–
吉　林	10 273	–	4 007	6 237	–	17	12	–	–	–	–
黑龙江	14 241	–	2 585	8 456	555	2 464	181	–	–	–	–
上　海	16 589	–	–	16 085	–	140	–	224	130	10	–
江　苏	29 205	2 299	826	22 893	–	2 835	129	–	15	208	–
浙　江	21 927	460	–	19 832	76	633	–	54	–	864	8
安　徽	11 035	822	712	7 214	–	1 766	340	–	181	–	–
福　建	11 203	190	–	9 789	–	1 097	–	–	–	127	–
江　西	7 297	198	–	6 951	–	–	–	–	–	148	–
山　东	31 230	1 345	218	23 912	12	4 902	308	140	17	356	20
河　南	17 601	1 424	663	12 211	14	656	2 137	112	39	345	–
湖　北	16 458	1 569	5	10 657	424	1 727	1 400	196	–	480	–
湖　南	12 600	736	–	9 939	–	519	–	–	–	1 406	–
广　东	49 532	377	–	34 870	7 679	3 626	135	273	338	2 234	–
广　西	7 208	618	3	6 564	–	10	–	–	13	–	–
海　南	2 356	–	–	1 120	423	763	–	–	–	50	–
重　庆	7 822	–	–	187	–	7 629	–	–	6	–	–
四　川	17 597	810	–	1 235	–	12 162	3 361	–	29	–	–
贵　州	4 879	1 141	–	2 175	–	1 482	81	–	–	–	–
云　南	7 531	2 004	–	5 007	–	113	207	–	4	196	–
西　藏	366	30	–	336	–	–	–	–	–	–	–
陕　西	10 608	218	–	1 130	–	3 265	5 995	–	–	–	–
甘　肃	4 965	317	–	1 947	–	2 676	25	–	–	–	–
青　海	2 038	196	–	34	–	1 808	–	–	–	–	–
宁　夏	2 570	87	–	572	–	1 626	285	–	–	–	–
新　疆	7 723	860	–	1 041	–	5 040	781	–	–	–	1

4-24 城市公共汽电车数量（按排放标准分）

地区	公共汽电车数（辆）				
	合计	国Ⅱ及以下	国Ⅲ	国Ⅳ	国Ⅴ及以上
全 国	402 645	170 059	199 985	28 085	4 516
北 京	21 628	-	14 763	5 539	1 326
天 津	7 628	1 811	5 390	323	104
河 北	15 503	9 561	5 695	247	-
山 西	7 226	4 131	2 959	136	-
内蒙古	5 646	2 647	2 695	244	60
辽 宁	20 160	12 674	6 983	473	30
吉 林	10 273	5 898	3 902	362	111
黑龙江	14 241	6 069	7 083	1 089	-
上 海	16 589	5 775	9 677	1 128	9
江 苏	29 205	9 444	17 967	1 731	63
浙 江	21 927	8 425	11 119	2 106	277
安 徽	11 035	6 855	4 119	16	45
福 建	11 203	3 749	7 099	355	-
江 西	7 297	4 116	3 181	-	-
山 东	31 230	16 489	13 524	817	400
河 南	17 601	10 577	6 308	633	83
湖 北	16 458	9 799	6 221	438	-
湖 南	12 600	6 157	6 142	251	50
广 东	49 532	11 133	33 799	3 912	688
广 西	7 208	4 463	2 378	262	105
海 南	2 356	563	1 683	110	-
重 庆	7 822	4 116	3 600	100	6
四 川	17 597	8 688	4 715	4 160	34
贵 州	4 879	2 199	2 680	-	-
云 南	7 531	4 707	2 582	238	4
西 藏	366	32	93	232	9
陕 西	10 608	5 847	4 641	120	-
甘 肃	4 965	1 039	1 722	2 204	
青 海	2 038	549	1 489	-	
宁 夏	2 570	613	1 433	518	6
新 疆	7 723	1 933	4 343	341	1 106

4-25 城市公共汽电车场站及线路

地区	保养场面积（万平方米）	停车场面积（万平方米）	运营线路条数（条）	运营线路总长度（公里）	BRT 线路长度	无轨电车线路长度
全 国	762.2	3 903.1	27 555	519 554	988	785
北 京	57.2	259.7	749	19 460	55	201
天 津	5.8	66.3	523	12 606	-	-
河 北	6.9	123.3	1 016	17 512	-	-
山 西	14.3	71.7	662	12 592	-	47
内蒙古	8.3	91.6	412	9 673	-	-
辽 宁	35.1	245.3	1 259	20 136	14	8
吉 林	3.9	30.1	747	10 327	-	-
黑龙江	8.6	126.8	764	13 661	-	-
上 海	42.8	126.5	1 202	22 906	-	174
江 苏	116.0	463.6	2 550	47 383	256	-
浙 江	78.7	213.0	2 161	39 982	101	14
安 徽	14.8	144.6	647	9 551	22	-
福 建	21.1	73.6	911	15 209	92	-
江 西	10.8	41.0	556	10 968	-	-
山 东	29.4	375.4	2 012	41 492	147	35
河 南	8.2	189.0	1 021	17 035	206	57
湖 北	53.0	122.5	906	16 427	-	89
湖 南	22.6	65.6	794	15 631	-	-
广 东	65.0	387.1	3 760	79 085	23	160
广 西	10.0	97.1	591	8 360	-	-
海 南	3.7	14.9	164	4 737	-	-
重 庆	6.9	29.1	422	8 880	30	-
四 川	27.5	167.4	1 151	16 729	-	-
贵 州	20.2	27.4	373	5 201	-	-
云 南	13.4	97.4	702	16 240	-	-
西 藏	-	4.0	36	790	-	-
陕 西	48.7	83.9	419	8 837	-	-
甘 肃	4.9	41.6	302	4 513	-	-
青 海	1.2	10.2	90	1 870	-	-
宁 夏	4.5	14.8	225	4 658	-	-
新 疆	18.9	98.5	428	7 103	42	-

4-26 城市公共汽电车客运量

地区	运营里程（万公里）	客运量（万人次）	月票换算	使用IC卡
全 国	2 928 606	6 725 785	279 162	2 620 773
北 京	135 473	503 272	–	433 458
天 津	41 273	114 798	3 515	39 472
河 北	123 192	197 470	30 003	29 080
山 西	71 020	124 029	4 495	47 660
内蒙古	41 650	92 547	2 008	23 722
辽 宁	131 235	411 312	18 588	129 863
吉 林	69 630	152 458	683	32 108
黑龙江	103 818	220 063	8 485	62 478
上 海	114 665	281 075	–	214 252
江 苏	215 184	408 572	9 885	180 849
浙 江	156 065	300 425	2 614	147 822
安 徽	75 400	198 662	4 456	64 108
福 建	78 806	216 866	12 710	63 227
江 西	56 832	122 042	417	27 989
山 东	208 749	380 085	40 300	115 960
河 南	114 424	256 311	2 458	81 501
湖 北	143 402	309 524	1 508	124 345
湖 南	118 883	265 211	3 371	49 785
广 东	427 100	685 606	1 293	331 311
广 西	50 801	143 137	12 888	23 252
海 南	30 120	39 908	–	37
重 庆	60 747	174 930	12 241	78 792
四 川	100 392	313 943	80 875	52 454
贵 州	33 671	122 646	1 822	14 416
云 南	46 884	137 730	2 562	62 336
西 藏	2 629	7 251	–	492
陕 西	73 159	241 279	2 025	102 491
甘 肃	29 995	96 662	338	40 497
青 海	13 839	39 158	–	26 108
宁 夏	16 358	30 427	12	1 660
新 疆	43 212	138 388	19 613	19 250

4-27　城市出租汽车车辆数

单位：辆

地区	运营车数									本年新增运营车数	本年报废更新运营车数
	合计	汽油车	乙醇汽油车	柴油车	液化石油气车	天然气车	双燃料车	纯电动车	其他		
全国	1 002 306	474 151	150 876	76 220	8 031	66 150	226 430	448	–	29 496	122 777
北京	66 646	66 646	–	–	–	–	–	–	–	–	8 037
天津	31 940	31 939	–	1	–	–	–	–	–	–	1 020
河北	47 441	20 574	5 477	1 330	–	433	19 627	–	–	1 360	4 261
山西	29 116	17 874	–	158	–	3 671	7 413	–	–	533	3 100
内蒙古	37 520	21 515	–	233	–	950	14 822	–	–	1 446	1 289
辽宁	79 248	53 827	12 834	12 481	–	76	30	–	–	700	9 274
吉林	54 922	–	44 802	10 120	–	–	–	–	–	682	6 117
黑龙江	62 092	–	55 887	6 205	–	–	–	–	–	5 137	4 300
上海	50 438	47 102	–	1 052	–	–	2 284	–	–	50	13 025
江苏	46 342	30 227	6 832	1 530	–	99	7 654	–	–	903	10 143
浙江	33 285	21 532	–	10 566	250	–	841	96	–	2 183	6 600
安徽	36 525	2 414	7 755	568	1 743	17 239	6 806	–	–	397	6 212
福建	17 491	8 616	–	3 676	–	421	4 778	–	–	964	2 468
江西	11 444	5 401	–	6 043	–	–	–	–	–	450	490
山东	58 462	25 006	1 801	1 026	–	8 462	22 167	–	–	438	5 511
河南	44 539	18 512	7 418	3 233	839	2 187	12 325	25	–	124	4 121
湖北	30 845	6 420	1 466	157	–	2 538	20 264	–	–	1 325	7 490
湖南	23 648	8 964	–	8 741	–	643	5 300	–	–	323	2 719
广东	60 624	26 705	–	4 187	4 037	1 459	23 936	300	–	929	6 832
广西	14 139	5 937	6 604	1 151	–	180	267	–	–	487	990
海南	4 651	215	–	1 473	–	94	2 842	27	–	936	258
重庆	15 004	–	–	–	–	292	14 712	–	–	1 106	1 174
四川	29 495	4 272	–	2	–	3 347	21 874	–	–	2 942	5 484
贵州	10 260	8 264	–	1 781	–	15	200	–	–	1 168	1 101
云南	15 415	14 561	–	469	–	–	385	–	–	252	2 773
西藏	1 379	219	–	–	1 160	–	–	–	–	43	32
陕西	22 385	2 601	–	–	–	–	19 784	–	–	1 440	2 275
甘肃	19 465	9 895	–	–	–	–	9 570	–	–	620	1 738
青海	7 119	1 603	–	–	–	–	5 516	–	–	66	173
宁夏	12 827	7 613	–	–	–	2 620	2 594	–	–	71	1 350
新疆	27 599	5 697	–	37	2	11 854	10 009	–	–	2 421	2 420

4-28　城市出租汽车运量

地区	载客车次总数（万车次）	运营里程（万公里）		客运量（万人次）
			载客里程	
全　国	1 529 636	12 594 371	8 632 804	3 028 809
北　京	51 210	552 659	376 162	69 600
天　津	17 500	385 686	244 196	35 000
河　北	50 926	523 994	340 366	104 627
山　西	41 244	324 925	239 775	79 191
内蒙古	39 730	407 065	273 094	81 436
辽　宁	126 147	1 055 253	752 207	254 208
吉　林	91 483	623 590	484 149	198 937
黑龙江	106 878	611 047	429 684	213 513
上　海	60 859	642 922	395 381	110 003
江　苏	69 779	630 023	390 848	135 792
浙　江	60 742	523 507	337 139	125 141
安　徽	66 903	519 658	357 205	138 658
福　建	31 771	248 520	172 448	62 704
江　西	21 963	156 080	106 903	47 735
山　东	72 685	774 834	492 046	144 637
河　南	65 361	503 235	373 145	121 714
湖　北	66 800	459 117	310 730	118 091
湖　南	59 460	371 256	263 871	126 073
广　东	94 892	926 721	588 471	182 632
广　西	19 040	152 391	103 853	39 113
海　南	5 585	68 745	52 864	12 999
重　庆	33 815	244 137	170 877	73 855
四　川	61 102	444 334	297 848	117 406
贵　州	28 917	145 572	127 920	71 487
云　南	24 031	146 237	102 674	54 257
西　藏	4 149	28 538	21 209	8 064
陕　西	42 586	343 082	234 880	85 514
甘　肃	28 624	202 818	162 516	58 701
青　海	12 550	87 540	73 809	22 805
宁　夏	22 487	149 116	110 603	44 348
新　疆	50 414	341 770	245 931	90 570

4-29 城市轨道交通运营车辆数

地区	运营车数（辆）						标准运营车数（标台）	编组列数（列）
	合计	地铁	轻轨	单轨	有轨电车	磁悬浮		
全国	9 945	8 947	647	212	125	14	24 330	1 799
北京	2 850	2 850	-	-	-	-	7 125	478
天津	326	150	152	-	24	-	777	52
河北	-	-	-	-	-	-	-	-
山西	-	-	-	-	-	-	-	-
内蒙古	-	-	-	-	-	-	-	-
辽宁	354	138	144	-	72	-	825	131
吉林	248	-	219	-	29	-	298	84
黑龙江	-	-	-	-	-	-	-	-
上海	2 899	2 885	-	-	-	14	7 248	466
江苏	450	450	-	-	-	-	1 125	75
浙江	-	-	-	-	-	-	-	-
安徽	-	-	-	-	-	-	-	-
福建	-	-	-	-	-	-	-	-
江西	-	-	-	-	-	-	-	-
山东	-	-	-	-	-	-	-	-
河南	-	-	-	-	-	-	-	-
湖北	132	-	132	-	-	-	330	33
湖南	-	-	-	-	-	-	-	-
广东	2 204	2 204	-	-	-	-	5 510	397
广西	-	-	-	-	-	-	-	-
海南	-	-	-	-	-	-	-	-
重庆	296	84	-	212	-	-	570	52
四川	102	102	-	-	-	-	312	17
贵州	-	-	-	-	-	-	-	-
云南	-	-	-	-	-	-	-	-
西藏	-	-	-	-	-	-	-	-
陕西	84	84	-	-	-	-	210	14
甘肃	-	-	-	-	-	-	-	-
青海	-	-	-	-	-	-	-	-
宁夏	-	-	-	-	-	-	-	-
新疆	-	-	-	-	-	-	-	-

4-30 城市轨道交通运营线路条数

单位：条

地区	运营线路条数					
	合计	地铁	轻轨	单轨	有轨电车	磁悬浮
全 国	58	46	5	2	4	1
北 京	15	15	-	-	-	-
天 津	3	1	1	-	1	-
河 北	-	-	-	-	-	-
山 西	-	-	-	-	-	-
内蒙古	-	-	-	-	-	-
辽 宁	5	1	2	-	2	-
吉 林	2	-	1	-	1	-
黑龙江	-	-	-	-	-	-
上 海	12	11	-	-	-	1
江 苏	2	2	-	-	-	-
浙 江	-	-	-	-	-	-
安 徽	-	-	-	-	-	-
福 建	-	-	-	-	-	-
江 西	-	-	-	-	-	-
山 东	-	-	-	-	-	-
河 南	-	-	-	-	-	-
湖 北	1	-	1	-	-	-
湖 南	-	-	-	-	-	-
广 东	13	13	-	-	-	-
广 西	-	-	-	-	-	-
海 南	-	-	-	-	-	-
重 庆	3	1	-	2	-	-
四 川	1	1	-	-	-	-
贵 州	-	-	-	-	-	-
云 南	-	-	-	-	-	-
西 藏	-	-	-	-	-	-
陕 西	1	1	-	-	-	-
甘 肃	-	-	-	-	-	-
青 海	-	-	-	-	-	-
宁 夏	-	-	-	-	-	-
新 疆	-	-	-	-	-	-

4-31 城市轨道交通运营线路里程

单位：公里

地区	运营线路总长度					
	合计	地铁	轻轨	单轨	有轨电车	磁悬浮
全国	1 698.7	1 403.1	172.2	54.8	39.5	29.1
北京	372.0	372.0	–	–	–	–
天津	83.7	26.6	49.2	–	7.9	–
河北	–	–	–	–	–	–
山西	–	–	–	–	–	–
内蒙古	–	–	–	–	–	–
辽宁	114.9	27.9	63.0	–	24.0	–
吉林	38.7	–	31.1	–	7.6	–
黑龙江	–	–	–	–	–	–
上海	454.1	425.0	–	–	–	29.1
江苏	85.0	85.0	–	–	–	–
浙江	–	–	–	–	–	–
安徽	–	–	–	–	–	–
福建	–	–	–	–	–	–
江西	–	–	–	–	–	–
山东	–	–	–	–	–	–
河南	–	–	–	–	–	–
湖北	28.9	–	28.9	–	–	–
湖南	–	–	–	–	–	–
广东	413.0	413.0	–	–	–	–
广西	–	–	–	–	–	–
海南	–	–	–	–	–	–
重庆	70.0	15.2	–	54.8	–	–
四川	18.5	18.5	–	–	–	–
贵州	–	–	–	–	–	–
云南	–	–	–	–	–	–
西藏	–	–	–	–	–	–
陕西	19.9	19.9	–	–	–	–
甘肃	–	–	–	–	–	–
青海	–	–	–	–	–	–
宁夏	–	–	–	–	–	–
新疆	–	–	–	–	–	–

4-32 城市轨道交通运量

地 区	运营里程（万列公里）	客运量（万人次）
全 国	23 918	713 400
北 京	4 817	219 280
天 津	600	7 565
河 北	–	–
山 西	–	–
内蒙古	–	–
辽 宁	846	15 439
吉 林	473	4 495
黑龙江	–	–
上 海	5 406	210 105
江 苏	5 964	34 370
浙 江	–	–
安 徽	–	–
福 建	–	–
江 西	–	–
山 东	–	–
河 南	–	–
湖 北	373	7 737
湖 南	–	–
广 东	4 918	198 930
广 西	–	–
海 南	–	–
重 庆	305	8 332
四 川	167	5 528
贵 州	–	–
云 南	–	–
西 藏	–	–
陕 西	50	1 618
甘 肃	–	–
青 海	–	–
宁 夏	–	–
新 疆	–	–

4-33 城市客运轮渡船舶及航线数

地 区	运营船数（艘）	运营航线条数（条）	运营航线总长度（公里）
全 国	**864**	**297**	**2 019.2**
北 京	-	-	-
天 津	-	-	-
河 北	-	-	-
山 西	-	-	-
内蒙古	-	-	-
辽 宁	-	-	-
吉 林	-	-	-
黑龙江	215	46	340.0
上 海	58	18	11.3
江 苏	74	26	111.7
浙 江	189	67	938.8
安 徽	6	1	3.4
福 建	25	10	96.0
江 西	-	-	-
山 东	38	15	208.0
河 南	-	-	-
湖 北	56	18	95.2
湖 南	15	11	9.6
广 东	154	67	171.8
广 西	-	-	-
海 南	18	12	22.1
重 庆	16	6	11.3
四 川	-	-	-
贵 州	-	-	-
云 南	-	-	-
西 藏	-	-	-
陕 西	-	-	-
甘 肃	-	-	-
青 海	-	-	-
宁 夏	-	-	-
新 疆	-	-	-

4-34 城市客运轮渡运量

地区	运量		
	客运量（万人次）	机动车运量（辆）	非机动车运量（辆）
全国	15 630	12 229 476	31 211 367
北京	-	-	-
天津	-	-	-
河北	-	-	-
山西	-	-	-
内蒙古	-	-	-
辽宁	-	-	-
吉林	-	-	-
黑龙江	489	20 000	12 000
上海	2 010	1 325 230	28 939 948
江苏	1 835	3 811 705	1 362 224
浙江	2 540	2 546 771	26 129
安徽	130	60 623	-
福建	2 529		
江西	-		
山东	791	812 565	-
河南	-		
湖北	1 543	1 363 500	290 900
湖南	104	-	-
广东	3 398	1 649 082	580 166
广西	-		
海南	153	640 000	-
重庆	108	-	-
四川	-		
贵州	-		
云南	-		
西藏			
陕西	-		
甘肃			
青海			
宁夏			
新疆			

4-35　中心城市城市客运经营业户

单位：户

地区	公共汽电车经营业户数	国有企业	国有控股企业	私营企业	轨道交通经营业户数	城市客运轮渡经营业户数
北京	2	1	1	-	2	-
天津	15	14	-	1	2	-
石家庄	1	1	-	-	-	-
太原	17	2	-	9	-	-
呼和浩特	1	1	-	-	-	-
沈阳	14	1	3	6	1	-
长春	27	-	1	26	1	-
哈尔滨	37	2	1	34	-	5
上海	34	-	24	-	6	1
南京	10	2	6	1	1	1
杭州	6	3	-	-	-	2
合肥	6	5	1	-	-	-
福州	4	2	1	1	-	2
南昌	2	2	-	-	-	-
济南	4	4	-	-	-	-
郑州	1	1	-	-	-	-
武汉	3	2	1	-	1	1
长沙	8	1	2	5	-	-
广州	14	2	8	4	1	1
南宁	6	1	-	5	-	-
海口	10	3	-	7	-	1
重庆	8	7	1	-	1	3
成都	19	1	3	11	1	-
贵阳	179	1	-	3	-	-
昆明	10	4	3	3	-	-
拉萨	1	1	-	-	-	-
西安	23	1	5	17	1	-
兰州	2	-	1	1	-	-
西宁	3	1	-	2	-	-
银川	1	1	-	-	-	-
乌鲁木齐	6	-	1	5	-	-
大连	12	6	-	6	1	-
青岛	4	4	-	-	-	1
宁波	6	3	-	3	-	1
深圳	3	-	3	-	2	-
厦门	4	2	-	2	-	1

4-35 （续表一）

单位：户

地 区	出租汽车经营业户数					
	合计	301 辆以上的企业数	101~300 辆（含）的企业数	50~100 辆（含）的企业数	50 辆（含）以下的企业数	个体经营业户数
北 京	1 403	28	63	56	106	1 150
天 津	6 056	25	28	12	15	5 976
石家庄	27	10	9	5	3	–
太 原	28	8	7	3	10	–
呼和浩特	26	4	16	4	2	–
沈 阳	469	15	42	35	101	276
长 春	3 408	13	14	24	10	3 347
哈尔滨	107	7	41	32	27	–
上 海	3 282	26	17	29	55	3 155
南 京	1 443	4	23	15	15	1 386
杭 州	1 512	5	23	16	58	1 410
合 肥	126	6	–	–	1	119
福 州	19	6	8	3	2	–
南 昌	27	3	6	9	9	–
济 南	201	8	22	11	–	160
郑 州	48	10	22	14	2	–
武 汉	481	9	36	5	14	417
长 沙	27	6	20	1	–	–
广 州	69	11	25	24	9	–
南 宁	10	10	–	–	–	–
海 口	12	1	8	1	2	–
重 庆	1 018	10	27	27	49	905
成 都	133	8	23	25	77	–
贵 阳	2 640	3	–	1	1	2 635
昆 明	35	8	15	7	5	–
拉 萨	15	–	–	15	–	–
西 安	56	7	30	8	11	–
兰 州	90	7	16	4	2	61
西 宁	6	6	–	–	–	–
银 川	19	6	11	1	1	–
乌鲁木齐	42	8	14	14	6	–
大 连	3 366	1	10	24	145	3 186
青 岛	26	9	13	2	2	–
宁 波	1 221	–	12	8	11	1 190
深 圳	83	13	37	17	16	–
厦 门	13	4	1	7	1	–

4-36 中心城市城市客运从业人员

单位：人

地区	公共汽电车从业人员	出租汽车从业人员	轨道交通从业人员	客运轮渡从业人员
北京	88 115	100 000	24 293	-
天津	17 034	37 769	3 807	-
石家庄	10 399	16 043	-	-
太原	9 070	18 196	-	-
呼和浩特	4 834	15 481	-	-
沈阳	13 318	49 100	2 845	-
长春	8 162	28 235	1 781	-
哈尔滨	17 826	28 525	-	426
上海	66 604	127 274	26 046	1 640
南京	22 241	20 239	3 578	314
杭州	22 802	25 803	-	201
合肥	8 709	21 960	-	-
福州	7 771	15 434	-	19
南昌	6 040	11 144	-	-
济南	11 344	11 444	-	-
郑州	10 476	22 376	-	-
武汉	29 964	38 232	1 682	632
长沙	9 824	17 343	-	-
广州	25 471	41 071	12 875	270
南宁	6 391	11 407	-	-
海口	4 532	5 294	-	75
重庆	29 735	44 986	5 892	178
成都	16 847	30 855	2 845	-
贵阳	7 708	11 461	-	-
昆明	10 554	14 227	-	-
拉萨	1 313	2 605	-	-
西安	22 995	33 189	1 502	-
兰州	10 359	12 776	-	-
西宁	6 083	11 117	-	-
银川	3 972	10 059	-	-
乌鲁木齐	10 737	18 675	-	-
大连	14 025	21 384	2 827	-
青岛	16 546	19 585	-	691
宁波	8 721	9 742	-	76
深圳	50 761	33 305	9 852	-
厦门	7 757	10 898	-	300

4-37 中心城市城市客运设施

地 区	公交专用车道长度（公里）	轨道交通车站数（个）	换乘站数	城市客运轮渡在用码头数（个）	公交IC卡售卡量（张）
北 京	324.5	215	24	-	835.4
天 津	65.0	53	-	-	463.0
石家庄	26.8	-	-	-	53.3
太 原	49.0	-	-	-	68.0
呼和浩特	17.0	-	-	-	58.9
沈 阳	133.6	22	-	-	469.0
长 春	80.0	65	1	-	70.0
哈尔滨	30.7	-	-	15	252.0
上 海	161.8	280	37	38	4 709.0
南 京	73.0	57	2	15	671.1
杭 州	100.0	-	-	-	502.2
合 肥	22.4	-	-	-	168.2
福 州	16.0	-	-	5	118.2
南 昌	11.9	-	-	-	22.8
济 南	112.9	-	-	-	81.9
郑 州	30.0	-	-	-	351.1
武 汉	32.9	25	2	14	330.0
长 沙	129.6	-	-	-	227.1
广 州	200.0	144	14	19	2 033.0
南 宁	60.0	-	-	-	98.0
海 口	-	-	-	-	4.4
重 庆	-	56	4	8	460.0
成 都	263.0	17	-	-	540.0
贵 阳	13.4	-	-	-	99.7
昆 明	117.8	-	-	-	273.5
拉 萨	-	-	-	-	0.6
西 安	202.0	17	-	-	165.0
兰 州	-	-	-	-	218.3
西 宁	-	-	-	-	115.3
银 川	32.0	-	-	-	8.8
乌鲁木齐	41.4	-	-	-	22.4
大 连	43.0	56	1	-	278.5
青 岛	79.0	-	-	3	164.7
宁 波	23.3	-	-	2	260.0
深 圳	512.0	139	23	-	360.0
厦 门	63.2	-	-	9	334.3

4-38 中心城市公共汽电车数量

地区	公共汽电车数（辆）				标准运营车数（标台）
		空调车	安装卫星定位车载终端	BRT运营车辆	
北京	21 628	13 501	8 221	275	31 837
天津	7 628	4 061	2 524	–	8 570
石家庄	3 699	398	3 699	–	4 748
太原	2 298	43	–	–	2 808
呼和浩特	1 411	–	–	–	1 746
沈阳	5 276	25	704	–	6 594
长春	4 473	404	386	–	4 897
哈尔滨	5 395	791	3 380	–	6 662
上海	16 589	16 350	15 390	–	20 434
南京	6 312	3 851	3 884	–	7 723
杭州	7 543	7 296	7 482	160	9 122
合肥	3 082	678	2 395	196	3 677
福州	3 120	3 120	769	–	3 656
南昌	3 300	1 116	2 116	–	4 117
济南	4 173	1 143	3 320	167	5 120
郑州	5 111	2 336	4 422	377	6 359
武汉	7 465	5 273	1 700	–	10 029
长沙	3 651	1 978	2 638	–	4 658
广州	11 745	11 745	10 928	989	14 371
南宁	2 698	285	2 397	–	3 331
海口	1 408	1 403	518	–	1 498
重庆	7 822	4 619	7 756	37	8 600
成都	8 702	6 247	6 766	–	10 963
贵阳	2 561	387	2 318	–	2 868
昆明	4 656	140	2 955	–	5 189
拉萨	325	–	325	–	409
西安	7 662	1 051	497	–	8 850
兰州	2 549	100	–	–	3 037
西宁	1 828	–	1 233	–	1 975
银川	1 255	212	333	–	1 398
乌鲁木齐	3 732	–	3 182	272	4 724
大连	5 091	261	1 082	64	6 307
青岛	5 658	609	3 796	–	7 085
宁波	3 757	3 465	2 880	–	4 395
深圳	15 365	15 268	8 576	–	17 924
厦门	3 770	3 770	3 402	170	4 550

4-39 中心城市公共汽电车数量（按长度分）

地区	公共汽电车数（辆）							
	合计	≤5米	>5米且≤7米	>7米且≤10米	>10米且≤13米	>13米且≤16米	>16米且≤18米	>18米	双层车
北　京	21 628	–	–	–	14 447	4 042	2 202	–	937
天　津	7 628	2	173	4 324	3 036	–	–	–	93
石家庄	3 699	–	–	917	2 264	494	10	2	12
太　原	2 298	–	148	662	1 315	–	40	–	133
呼和浩特	1 411	–	39	217	1 154	1	–	–	–
沈　阳	5 276	–	31	1 060	4 040	75	–	–	70
长　春	4 473	3	129	2 795	1 546	–	–	–	–
哈尔滨	5 395	–	83	1 007	4 305	–	–	–	–
上　海	16 589	–	163	3 550	12 829	–	29	–	18
南　京	6 312	20	303	992	4 975	–	–	–	22
杭　州	7 543	297	328	1 212	5 543	–	160	–	3
合　肥	3 082	–	39	1 196	1 769	–	58	–	20
福　州	3 120	125	73	854	2 068	–	–	–	–
南　昌	3 300	16	72	516	2 620	40	–	–	36
济　南	4 173	–	102	1 374	2 443	1	167	–	86
郑　州	5 111	–	416	888	3 333	313	86	–	75
武　汉	7 465	–	66	558	5 940	70	45	–	786
长　沙	3 651	–	–	294	3 357	–	–	–	–
广　州	11 745	–	506	2 063	9 140	–	36	–	–
南　宁	2 698	–	–	592	2 104	–	–	–	2
海　口	1 408	–	91	927	390	–	–	–	–
重　庆	7 822	–	238	4 753	2 831	–	–	–	–
成　都	8 702	–	359	1 687	6 104	–	405	–	147
贵　阳	2 561	13	245	1 096	1 165	–	–	–	42
昆　明	4 656	34	747	1 871	1 724	–	46	–	234
拉　萨	325	–	–	51	271	–	–	–	3
西　安	7 662	118	1 365	978	5 047	–	40	–	114
兰　州	2 549	–	170	584	1 795	–	–	–	–
西　宁	1 828	–	295	769	754	–	–	–	10
银　川	1 255	–	33	731	479	6	–	–	6
乌鲁木齐	3 732	–	91	731	2 691	23	196	–	–
大　连	5 091	–	11	1 219	3 758	25	32	2	44
青　岛	5 658	–	20	953	4 632	23	4	–	26
宁　波	3 757	–	318	1 070	2 333	–	6	–	30
深　圳	15 365	–	901	5 254	9 055	135	–	–	20
厦　门	3 770	–	127	1 094	2 465	–	30	–	54

4-40 中心城市公共汽电车数量（按燃料类型分）

地 区	公 共 汽 电 车 数（辆）										
	合计	汽油车	乙醇汽油车	柴油车	液化石油气车	天然气车	双燃料车	无轨电车	纯电动客车	混合动力车	其他
北 京	21 628	–	–	18 114	–	2 854	–	460	200	–	–
天 津	7 628	24	–	6 876	–	583	–	–	–	145	–
石家庄	3 699	23	–	1 276	–	2 400	–	–	–	–	–
太 原	2 298	618	–	330	–	41	1 178	131	–	–	–
呼和浩特	1 411	–	–	–	–	–	1 411	–	–	–	–
沈 阳	5 276	793	–	3 590	252	183	418	–	–	40	–
长 春	4 473	–	2 312	2 132	–	17	12	–	–	–	–
哈尔滨	5 395	–	908	1 870	555	2 062	–	–	–	–	–
上 海	16 589	–	–	16 085	–	140	–	224	130	10	–
南 京	6 312	1 342	–	3 918	–	1 049	–	–	3	–	–
杭 州	7 543	308	–	6 113	–	196	–	54	–	864	8
合 肥	3 082	–	84	2 049	–	678	90	–	181	–	–
福 州	3 120	125	–	2 449	–	545	–	–	–	1	–
南 昌	3 300	52	–	3 100	–	–	–	–	–	148	–
济 南	4 173	–	19	2 691	–	1 117	–	140	6	200	–
郑 州	5 111	–	–	2 759	–	–	1 966	35	6	345	–
武 汉	7 465	120	–	5 118	424	1 019	108	196	–	480	–
长 沙	3 651	165	–	2 221	–	392	–	–	–	873	–
广 州	11 745	43	–	3 250	7 679	–	–	273	26	474	–
南 宁	2 698	340	–	2 350	–	–	–	–	8	–	–
海 口	1 408	–	–	668	107	583	–	–	–	50	–
重 庆	7 822	–	–	187	–	7 629	–	–	6	–	–
成 都	8 702	–	–	302	–	7 750	621	–	29	–	–
贵 阳	2 561	837	–	307	–	1 417	–	–	–	–	–
昆 明	4 656	1 792	–	2 588	–	76	–	–	4	196	–
拉 萨	325	30	–	295	–	–	–	–	–	–	–
西 安	7 662	–	–	272	–	3 005	4 385	–	–	–	–
兰 州	2 549	–	–	16	–	2 533	–	–	–	–	–
西 宁	1 828	20	–	–	–	1 808	–	–	–	–	–
银 川	1 255	–	–	–	–	1 255	–	–	–	–	–
乌鲁木齐	3 732	–	–	210	–	3 522	–	–	–	–	–
大 连	5 091	–	263	4 582	–	149	–	61	36	–	–
青 岛	5 658	413	–	3 901	–	1 344	–	–	–	–	–
宁 波	3 757	11	–	3 406	76	264	–	–	–	–	–
深 圳	15 365	–	–	12 762	–	580	–	–	263	1 760	–
厦 门	3 770	8	–	3 232	–	404	–	–	–	126	–

4-41 中心城市公共汽电车数量（按排放标准分）

地区	公共汽电车数（辆）				
	合计	国Ⅱ及以下	国Ⅲ	国Ⅳ	国Ⅴ及以上
北 京	21 628	–	14 763	5 539	1 326
天 津	7 628	1 811	5 390	323	104
石家庄	3 699	3 277	422	–	–
太 原	2 298	933	1 325	40	–
呼和浩特	1 411	–	1 411	–	–
沈 阳	5 276	3 284	1 877	115	–
长 春	4 473	2 391	1 875	207	–
哈尔滨	5 395	1 431	3 042	922	–
上 海	16 589	5 775	9 677	1 128	9
南 京	6 312	2 458	3 566	288	–
杭 州	7 543	2 633	3 201	1 432	277
合 肥	3 082	2 088	994	–	–
福 州	3 120	1 060	1 889	171	–
南 昌	3 300	1 478	1 822	–	–
济 南	4 173	1 639	2 188	200	146
郑 州	5 111	3 418	1 352	335	6
武 汉	7 465	4 234	3 035	196	–
长 沙	3 651	1 646	1 730	225	50
广 州	11 745	324	10 454	668	299
南 宁	2 698	2 045	553	–	100
海 口	1 408	491	807	110	–
重 庆	7 822	4 116	3 600	100	6
成 都	8 702	3 036	1 538	4 099	29
贵 阳	2 561	1 373	1 188	–	–
昆 明	4 656	3 208	1 391	53	4
拉 萨	325	–	93	232	–
西 安	7 662	4 075	3 547	40	–
兰 州	2 549	–	386	2 163	–
西 宁	1 828	549	1 279	–	–
银 川	1 255	33	731	485	6
乌鲁木齐	3 732	616	1 837	196	1 083
大 连	5 091	3 425	1 447	209	10
青 岛	5 658	1 711	3 832	39	76
宁 波	3 757	1 387	2 188	182	–
深 圳	15 365	159	14 312	707	187
厦 门	3 770	921	2 723	126	–

4-42 中心城市公共汽电车场站及线路

地 区	保养场面积（万平方米）	停车场面积（万平方米）	运营线路条数（条）	运营线路总长度（公里）	BRT线路长度	无轨电车线路长度
北　京	57.2	259.7	749	19 460	55	201
天　津	5.8	66.3	523	12 606	-	-
石家庄	-	21.5	184	2 833	-	-
太　原	-	31.0	155	2 502	-	47
呼和浩特	4.7	53.2	91	1 581	-	-
沈　阳	10.3	50.3	205	3 741	-	-
长　春	1.0	1.6	242	4 409	-	-
哈尔滨	6.9	92.6	200	3 861	-	-
上　海	42.8	126.5	1 202	22 906	-	174
南　京	14.8	42.7	447	7 242	-	-
杭　州	61.9	60.7	611	11 106	101	14
合　肥	4.7	55.6	131	1 970	22	-
福　州	2.4	23.1	178	2 821	-	-
南　昌	4.3	4.7	168	3 836	-	-
济　南	5.3	99.6	203	3 839	75	35
郑　州	-	96.3	238	3 721	206	23
武　汉	39.2	40.4	298	5 919	-	89
长　沙	11.3	26.3	139	3 195	-	-
广　州	20.1	99.8	868	13 767	23	160
南　宁	2.6	29.2	140	2 304	-	-
海　口	2.8	8.8	81	3 095	-	-
重　庆	6.9	29.1	422	8 880	30	-
成　都	8.0	109.2	347	6 309	-	-
贵　阳	9.9	12.0	197	2 831	-	-
昆　明	10.8	79.4	380	10 568	-	-
拉　萨	-	4.0	25	500	-	-
西　安	41.9	54.7	238	5 584	-	-
兰　州	1.8	18.8	112	1 227	-	-
西　宁	0.9	9.6	69	1 196	-	-
银　川	2.8	-	63	1 173	-	-
乌鲁木齐	2.4	51.7	130	2 154	42	-
大　连	6.6	68.7	195	3 197	14	8
青　岛	1.6	53.3	227	4 536	-	-
宁　波	5.4	44.4	341	7 168	-	-
深　圳	12.3	117.6	825	17 596	-	-
厦　门	6.7	21.4	300	5 076	92	-

4-43 中心城市公共汽电车客运量

地区	运营里程（万公里）	客运量（万人次）	月票换算	使用IC卡
北　京	135 473	503 272	-	433 458
天　津	41 273	114 798	3 515	39 472
石家庄	37 016	58 962	17 889	5 206
太　原	39 549	53 186	-	36 286
呼和浩特	9 069	34 142	-	17 866
沈　阳	33 723	118 639	3 694	51 533
长　春	29 855	67 392	-	20 210
哈尔滨	49 185	113 044	-	46 965
上　海	114 665	281 075	-	214 252
南　京	44 615	103 478	-	64 745
杭　州	47 320	126 999	2 038	80 543
合　肥	18 245	62 461	-	22 250
福　州	21 534	67 263	7 720	13 573
南　昌	29 056	59 248	40	12 696
济　南	19 402	84 578	35 399	14 376
郑　州	24 574	99 191	-	43 679
武　汉	67 239	147 295	1 188	95 339
长　沙	29 452	75 433	-	29 216
广　州	88 660	250 208	-	153 837
南　宁	17 877	61 031	807	6 658
海　口	18 553	26 253	-	37
重　庆	60 747	174 930	12 241	78 792
成　都	38 380	141 262	80 805	6 358
贵　阳	13 821	60 947	1 562	11 869
昆　明	24 203	86 543	1 055	44 424
拉　萨	2 328	6 890	-	492
西　安	48 281	173 727	-	87 273
兰　州	16 679	68 464	48	30 854
西　宁	11 532	38 572	-	26 100
银　川	6 662	19 921	-	1 348
乌鲁木齐	16 893	74 386	18 792	9 966
大　连	27 870	108 516	607	42 086
青　岛	25 669	89 614	-	40 612
宁　波	22 859	43 943	-	32 854
深　圳	103 647	207 320	-	113 490
厦　门	26 294	80 238	-	42 117

4-44 中心城市出租汽车车辆数

单位：辆

地区	运营车数 合计	汽油车	乙醇汽油车	柴油车	液化石油气车	天然气车	双燃料车	纯电动车	其他
北京	66 646	66 646	-	-	-	-	-	-	-
天津	31 940	31 939	-	1	-	-	-	-	-
石家庄	6 826	116	-	-	-	-	6 710	-	-
太原	8 292	5 933	-	3	-	983	1 373	-	-
呼和浩特	5 642	71	-	-	-	-	5 571	-	-
沈阳	19 640	15 259	-	4 381	-	-	-	-	-
长春	16 967	-	9 883	7 084	-	-	-	-	-
哈尔滨	15 435	-	10 643	4 792	-	-	-	-	-
上海	50 438	47 102	-	1 052	-	-	2 284	-	-
南京	10 195	5 048	-	54	-	-	5 093	-	-
杭州	10 048	8 969	-	733	250	-	-	96	-
合肥	8 395	-	-	70	-	8 325	-	-	-
福州	5 245	3 315	-	1 487	-	-	443	-	-
南昌	4 345	1 074	-	3 271	-	-	-	-	-
济南	8 357	314	401	221	-	-	7 421	-	-
郑州	10 607	-	1 190	-	-	-	9 417	-	-
武汉	14 120	233	-	-	-	-	13 887	-	-
长沙	6 280	526	-	3 455	-	498	1 801	-	-
广州	18 852	51	-	-	4 037	-	14 764	-	-
南宁	5 140	-	5 040	100	-	-	-	-	-
海口	2 352	-	-	25	-	-	2 300	27	-
重庆	15 004	-	-	-	-	292	14 712	-	-
成都	13 270	2 200	-	-	-	-	11 070	-	-
贵阳	4 401	3 555	-	846	-	-	-	-	-
昆明	7 353	7 206	-	147	-	-	-	-	-
拉萨	1 160	-	-	-	1 160	-	-	-	-
西安	12 932	10	-	-	-	-	12 922	-	-
兰州	6 995	38	-	-	-	6 957	-	-	-
西宁	5 516	-	-	-	-	-	5 516	-	-
银川	5 006	1 411	-	-	-	2 608	987	-	-
乌鲁木齐	9 963	-	-	-	-	9 963	-	-	-
大连	10 242	10 242	-	-	-	-	-	-	-
青岛	9 697	8 600	-	2	-	1 095	-	-	-
宁波	3 851	196	-	3 633	-	-	22	-	-
深圳	14 735	14 435	-	-	-	-	-	300	-
厦门	4 825	849	-	-	-	-	3 976	-	-

4-45　中心城市出租汽车运量

地　区	载客车次总数 （万车次）	运营里程（万公里）	载客里程	客 运 量 （万人次）
北　京	51 210	552 659	376 162	69 600
天　津	17 500	385 686	244 196	35 000
石家庄	10 397	84 418	59 089	21 878
太　原	10 789	108 414	74 529	21 264
呼和浩特	8 000	66 062	49 280	8 018
沈　阳	27 038	277 317	191 349	54 077
长　春	23 868	234 872	191 923	69 335
哈尔滨	23 464	174 616	119 297	48 664
上　海	60 859	642 922	395 381	110 003
南　京	14 321	128 146	81 446	28 992
杭　州	15 871	139 442	96 117	35 099
合　肥	16 989	142 790	99 953	33 999
福　州	9 279	66 497	46 393	18 557
南　昌	7 859	59 915	37 625	18 135
济　南	7 724	90 929	54 203	20 417
郑　州	15 425	89 913	65 637	30 851
武　汉	25 435	207 665	143 853	38 152
长　沙	14 160	103 890	73 334	29 500
广　州	30 261	266 444	184 546	66 611
南　宁	6 549	53 095	35 042	12 898
海　口	2 860	26 527	19 298	6 804
重　庆	33 815	244 137	170 877	73 855
成　都	20 620	180 353	115 908	31 068
贵　阳	10 352	61 350	56 158	29 215
昆　明	8 306	68 054	49 391	21 779
拉　萨	3 286	24 858	18 682	6 579
西　安	22 926	206 886	143 875	46 677
兰　州	12 112	82 604	73 994	21 854
西　宁	9 009	58 881	50 584	18 378
银　川	9 755	64 313	47 501	18 761
乌鲁木齐	14 638	113 645	81 417	22 481
大　连	21 754	146 973	132 275	43 508
青　岛	11 867	154 086	95 988	23 055
宁　波	5 781	61 061	34 912	14 453
深　圳	23 691	226 105	139 514	35 537
厦　门	11 097	82 017	57 526	22 194

4-46 中心城市轨道交通运营车辆数

地区	运营车数（辆）						标准运营车数（标台）	编组列数（列）
	合计	地铁	轻轨	单轨	有轨电车	磁悬浮		
北京	2 850	2 850	–	–	–	–	7 125	478
天津	326	150	152	–	24	–	777	52
石家庄	–	–	–	–	–	–	–	–
太原	–	–	–	–	–	–	–	–
呼和浩特	–	–	–	–	–	–	–	–
沈阳	138	138	–	–	–	–	345	23
长春	248	–	219	–	29	–	298	84
哈尔滨	–	–	–	–	–	–	–	–
上海	2 899	2 885	–	–	–	14	7 248	466
南京	450	450	–	–	–	–	1 125	75
杭州	–	–	–	–	–	–	–	–
合肥	–	–	–	–	–	–	–	–
福州	–	–	–	–	–	–	–	–
南昌	–	–	–	–	–	–	–	–
济南	–	–	–	–	–	–	–	–
郑州	–	–	–	–	–	–	–	–
武汉	132	–	132	–	–	–	330	33
长沙	–	–	–	–	–	–	–	–
广州	1 292	1 292	–	–	–	–	3 230	239
南宁	–	–	–	–	–	–	–	–
海口	–	–	–	–	–	–	–	–
重庆	296	84	–	212	–	–	570	52
成都	102	102	–	–	–	–	312	17
贵阳	–	–	–	–	–	–	–	–
昆明	–	–	–	–	–	–	–	–
拉萨	–	–	–	–	–	–	–	–
西安	84	84	–	–	–	–	210	14
兰州	–	–	–	–	–	–	–	–
西宁	–	–	–	–	–	–	–	–
银川	–	–	–	–	–	–	–	–
乌鲁木齐	–	–	–	–	–	–	–	–
大连	216	–	144	–	72	–	480	108
青岛	–	–	–	–	–	–	–	–
宁波	–	–	–	–	–	–	–	–
深圳	912	912	–	–	–	–	2 280	158
厦门	–	–	–	–	–	–	–	–

4-47 中心城市轨道交通运营线路条数

单位：条

地 区	运营线路条数					
	合计	地铁	轻轨	单轨	有轨电车	磁悬浮
北 京	15	15	-	-	-	-
天 津	3	1	1	-	1	-
石家庄	-	-	-	-	-	-
太 原	-	-	-	-	-	-
呼和浩特	-	-	-	-	-	-
沈 阳	1	1	-	-	-	-
长 春	2	-	1	-	1	-
哈尔滨	-	-	-	-	-	-
上 海	12	11	-	-	-	1
南 京	2	2	-	-	-	-
杭 州	-	-	-	-	-	-
合 肥	-	-	-	-	-	-
福 州	-	-	-	-	-	-
南 昌	-	-	-	-	-	-
济 南	-	-	-	-	-	-
郑 州	-	-	-	-	-	-
武 汉	1	-	1	-	-	-
长 沙	-	-	-	-	-	-
广 州	8	8	-	-	-	-
南 宁	-	-	-	-	-	-
海 口	-	-	-	-	-	-
重 庆	3	1	-	2	-	-
成 都	1	1	-	-	-	-
贵 阳	-	-	-	-	-	-
昆 明	-	-	-	-	-	-
拉 萨	-	-	-	-	-	-
西 安	1	1	-	-	-	-
兰 州	-	-	-	-	-	-
西 宁	-	-	-	-	-	-
银 川	-	-	-	-	-	-
乌鲁木齐	-	-	-	-	-	-
大 连	4	-	2	-	2	-
青 岛	-	-	-	-	-	-
宁 波	-	-	-	-	-	-
深 圳	5	5	-	-	-	-
厦 门	-	-	-	-	-	-

4-48 中心城市轨道交通运营线路里程

单位：公里

地区	运营线路总长度					
	合计	地铁	轻轨	单轨	有轨电车	磁悬浮
北京	372.0	372.0	-	-	-	-
天津	83.7	26.6	49.2	-	7.9	-
石家庄	-	-	-	-	-	-
太原	-	-	-	-	-	-
呼和浩特	-	-	-	-	-	-
沈阳	27.9	27.9	-	-	-	-
长春	38.7	-	31.1	-	7.6	-
哈尔滨	-	-	-	-	-	-
上海	454.1	425.0	-	-	-	29.1
南京	85.0	85.0	-	-	-	-
杭州	-	-	-	-	-	-
合肥	-	-	-	-	-	-
福州	-	-	-	-	-	-
南昌	-	-	-	-	-	-
济南	-	-	-	-	-	-
郑州	-	-	-	-	-	-
武汉	28.9	-	28.9	-	-	-
长沙	-	-	-	-	-	-
广州	236.0	236.0	-	-	-	-
南宁	-	-	-	-	-	-
海口	-	-	-	-	-	-
重庆	70.0	15.2	-	54.8	-	-
成都	18.5	18.5	-	-	-	-
贵阳	-	-	-	-	-	-
昆明	-	-	-	-	-	-
拉萨	-	-	-	-	-	-
西安	19.9	19.9	-	-	-	-
兰州	-	-	-	-	-	-
西宁	-	-	-	-	-	-
银川	-	-	-	-	-	-
乌鲁木齐	-	-	-	-	-	-
大连	87.0	-	63.0	-	24.0	-
青岛	-	-	-	-	-	-
宁波	-	-	-	-	-	-
深圳	177.0	177.0	-	-	-	-
厦门	-	-	-	-	-	-

4-49 中心城市轨道交通运量

地 区	运营里程（万列公里）	客运量（万人次）
北　京	4 817	219 280
天　津	600	7 565
石家庄	–	–
太　原	–	–
呼和浩特	–	–
沈　阳	213	7 268
长　春	473	4 495
哈尔滨	–	–
上　海	5 406	210 105
南　京	5 964	34 370
杭　州	–	–
合　肥	–	–
福　州	–	–
南　昌	–	–
济　南	–	–
郑　州	–	–
武　汉	373	7 737
长　沙	–	–
广　州	3 532	164 466
南　宁	–	–
海　口	–	–
重　庆	305	8 332
成　都	167	5 528
贵　阳	–	–
昆　明	–	–
拉　萨	–	–
西　安	50	1 618
兰　州	–	–
西　宁	–	–
银　川	–	–
乌鲁木齐	–	–
大　连	633	8 171
青　岛	–	–
宁　波	–	–
深　圳	1 386	34 464
厦　门	–	–

4-50 中心城市客运轮渡船舶及航线数

地区	运营船数（艘）	运营航线条数（条）	运营航线总长度（公里）
北　京	-	-	-
天　津	-	-	-
石家庄	-	-	-
太　原	-	-	-
呼和浩特	-	-	-
沈　阳	-	-	-
长　春	-	-	-
哈尔滨	69	12	45.5
上　海	58	18	11.3
南　京	19	7	31.4
杭　州	58	13	87.7
合　肥	-	-	-
福　州	5	3	33.5
南　昌			
济　南	-	-	-
郑　州	-	-	-
武　汉	34	11	53.2
长　沙	-	-	-
广　州	24	18	112.7
南　宁	-	-	-
海　口	16	11	20.1
重　庆	16	6	11.3
成　都	-	-	-
贵　阳	-	-	-
昆　明	-	-	-
拉　萨	-	-	-
西　安	-	-	-
兰　州	-	-	-
西　宁	-	-	-
银　川	-	-	-
乌鲁木齐	-	-	-
大　连	-	-	-
青　岛	38	15	208.0
宁　波	3	1	0.3
深　圳	-	-	-
厦　门	20	7	62.5

4-51 中心城市客运轮渡运量

地 区	运 量		
	客运量（万人次）	机动车运量（辆）	非机动车运量（辆）
北　京	-	-	-
天　津	-	-	-
石家庄	-	-	-
太　原	-	-	-
呼和浩特	-	-	-
沈　阳	-	-	-
长　春	-	-	-
哈尔滨	398	-	-
上　海	2 010	1 325 230	28 939 948
南　京	1 022	74 900	748 800
杭　州	56	-	-
合　肥	-	-	-
福　州	29	-	-
南　昌	-	-	-
济　南	-	-	-
郑　州	-	-	-
武　汉	1 116	1 322 500	264 900
长　沙	-	-	-
广　州	1 771	-	-
南　宁	-	-	-
海　口	55	-	-
重　庆	108	-	-
成　都	-	-	-
贵　阳	-	-	-
昆　明	-	-	-
拉　萨	-	-	-
西　安	-	-	-
兰　州	-	-	-
西　宁	-	-	-
银　川	-	-	-
乌鲁木齐	-	-	-
大　连	-	-	-
青　岛	791	812 565	-
宁　波	320	-	-
深　圳	-	-	-
厦　门	2 500	-	-

城市客运主要统计指标解释

经营业户 指截至报告期末持有主管部门核发的有效运营资质证件，从事城市客运交通经营活动的业户。按经营类别分为公共汽电车、出租汽车、轨道交通和城市客运轮渡经营业户。计算单位：户。

从业人员数 指在本单位工作并取得劳动报酬的期末实有人员数。从业人员包括在各单位工作的外方人员和港澳台方人员、兼职人员、再就业的离退休人员、借用的外单位人员和第二职业者，但不包括离开本单位仍保留劳动关系的职工。包括公共汽电车、出租汽车、轨道交通和城市客运轮渡从业人员数。计算单位：人。

公交专用车道 指为了调整公共交通车辆与其他社会车辆的路权使用分配关系，提高公共交通车辆运营速度和道路资源利用率而科学、合理设置的公共交通优先车道、专用车道（路）、路口专用线（道）、专用街道、单向优先专用线（道）等。计算单位：公里。

轨道交通车站数 指轨道交通运营线路上供乘客候车和上下车的场所个数。包括地面、地下、高架车站。如同一个车站被多条线路共用，同站台换乘站计为一站；非同站台换乘站，按累计计算。计算单位：个。

城市客运轮渡在用码头数 指报告期末在用的、供城市客运轮渡停靠和乘客购票、候船和乘降的场所个数。计算单位：个。

公交 IC 卡售卡量 指截至报告期末，累计发售的主要用于乘坐城市公共交通车辆的公交 IC 卡总量。计算单位：张。

公共汽电车运营车数 指城市（县城）用于公共客运交通运营业务的全部公共汽电车车辆数。新购、新制和调入的运营车辆，自投入之日起开始计算；调出、报废和调作他用的运营车辆，自上级主管机关批准之日起不再计入。可按不同车长、不同燃料类型、不同排放标准和是否配备空调等分别统计。计算单位：辆。

公共汽电车标准运营车数 指不同类型的运营车辆按统一的标准当量折算合成的运营车数。计算单位：标台。计算公式：标准运营车数 = Σ（每类型车辆数 × 相应换算系数）。

各类型车辆换算系数标准表

类别	车长范围	换算系数
1	5 米以下（含）	0.5
2	5 ~ 7 米（含）	0.7
3	7 ~ 10 米（含）	1.0
4	10 ~ 13 米（含）	1.3
5	13 ~ 16 米（含）	1.7
6	16 ~ 18 米（含）	2.0
7	18 米以上	2.5
8	双层	1.9

保养场 指主要为公共汽电车提供车辆养护、保修的场所。计算单位：平方米。

停车场 指公交企业所属或租赁的运营车辆停车场地，其中租赁的停车场是指截至报告期末，公交企业仍在正常租用的社会停车场。计算单位：平方米。

公共汽电车运营线路条数 指为运营车辆设置的固定运营线路条数。包括干线、支线、专线和高峰时间行驶的固定线路。不包括临时行驶和联营线路。计算单位：条。

运营线路总长度 指全部运营线路长度之和。单向行驶的环行线路长度等于起点至终点里程与终点下客站至起点里程之和的一半。运营线路长度不包括折返、试车、联络线等非运营线路。计算单位：公里。

公共汽电车运营里程 指报告期内运营车辆为运营而出车行驶的全部里程。包括载客里程和空驶里程。计算单位：公里。

公共汽电车客运量 指报告期内公共汽电车运送乘客的总人次，包括付费乘客和不付费乘客人次，包括在城市道路和公路完成的客运量。计算单位：人次。

载客车次总数 指企业所有出租汽车年载客运行的总次数，数据可通过计价器、车载 GPS 等车载设备采集获得。计算单位：车次。

出租车客运量 指报告期内出租汽车运送乘客的总人次。计算单位：人次。

轨道交通运营车数 指城市用于轨道交通运营业务的全部车辆数。以企业（单位）固定资产台账中已投入运营的车辆数为准；新购、新制和调入的运营车辆，自投入之日起开始计算；调出、报废和调作他用的运营车辆，自上级主管机关批准之日起不再计入。计算单位：辆。

轨道交通标准运营车数 指不同类型的运营车辆按统一的标准当量折算合成的运营车数。计算单位：标台。计算公式：标准运营车数 = Σ（每类型车辆数 × 相应换算系数）。

各类型车辆换算系数标准表

类别	车长范围	换算系数
1	7以下（含）	0.7
2	7～10米（含）	1.0
3	10～13米（含）	1.3
4	13～16米（含）	1.7
5	16～18米（含）	2.0
6	18米以上	2.5

编组列数 指某一城市各条轨道交通运营线路列车日均编组的数量合计数。计算单位：列。

轨道交通运营线路条数 指为运营列车设置的固定线路总条数。按规划设计为同一条线路但分期建成的线路，统计时仍按一条线路计算。计算单位：条。

轨道交通客运量 指报告期内轨道交通运送乘客的总人次，包括付费乘客和不付费乘客人次。计算单位：人次。

轨道交通运营里程 指轨道交通车辆在运营中运行的全部里程，包括载客里程和调度空驶里程。计算单位：万列公里。

运营船数 指用于城市客渡运营业务的全部船舶数，不含旅游客轮（长途旅游和市内供游人游览江、河、湖泊的船舶）。计算单位：艘。

运营航线条数 指为运营船舶设置的固定航线的总条数，包括对江航线和顺江航线。计算单位：条。

运营航线总长度 指全部运营航线长度之和。测定运营航线的长度，应按实际航程的曲线长度计算。水位变化大的对江河客渡航线长度，可通过实测计算出一个平均长度，作为常数值使用。计算单位：公里。

轮渡客运量 指报告期内城市客运轮渡运输经营业户运送乘客的总人次。计算单位：人次。

轮渡机动车运量 指报告期内城市客运轮渡运输经营业户运送机动车（如电瓶车、摩托车等）的总量。计算单位：辆。

轮渡非机动车运量 指报告期内城市客运轮渡运输经营业户运送非机动车（如自行车、三轮车等）的总量。计算单位：辆。

五、港口吞吐量

简 要 说 明

一、本篇资料反映我国港口发展的基本情况。主要包括：全国港口码头泊位拥有量、全国港口吞吐量、规模以上港口旅客吞吐量、货物吞吐量和集装箱吞吐量。

二、全国港口统计范围是在各地港口行政管理部门注册的全部港口企业和从事港口生产活动的单位。规模以上港口的统计范围为年货物吞吐量在 1000 万吨以上的沿海港口和 200 万吨以上的内河港口，其范围由交通运输部划定。2011 年规模以上港口的数量为 96 个，其中沿海港口的数量 39 个，内河港口的数量 57 个。

三、全国港口的码头泊位拥有量为年末生产用码头泊位数，全国港口吞吐量为全年累计数，根据各港口企业和生产活动单位的资料整理，由各省（区、市）交通运输厅（局、委）提供。

四、港口吞吐量资料由各港口行政管理机构提供。

5-1 全国港口生产用码头泊位拥有量

地区	泊位长度（米）		生产用码头泊位（个）		#万吨级泊位（个）	
	总长	公用	总数	公用	总数	公用
总 计	2 105 655	934 300	31 968	11 266	1 762	1 345
沿海合计	684 865	422 054	5 532	2 436	1 422	1 138
天 津	31 366	31 366	143	143	98	98
河 北	33 769	28 916	144	120	111	104
辽 宁	62 242	51 775	345	280	161	141
上 海	72 742	35 055	606	216	150	89
江 苏	15 743	11 058	125	69	43	35
浙 江	107 908	33 946	1 082	171	173	98
福 建	62 573	40 827	454	239	129	107
山 东	82 660	64 074	485	321	207	184
广 东	173 713	98 800	1 783	711	260	210
广 西	27 136	18 083	227	109	56	48
海 南	15 013	8 154	138	57	34	24
内河合计	1 420 790	512 246	26 436	8 830	340	207
山 西	180	–	6	–	–	–
辽 宁	345	345	6	6	–	–
吉 林	1 726	1 238	31	19	–	–
黑龙江	11 725	10 071	135	116	–	–
上 海	91 661	8 175	1 906	177	–	–
江 苏	415 508	106 654	7 115	1 097	337	207
浙 江	206 029	19 456	4 527	573	–	–
安 徽	79 768	49 567	1 334	890	3	–
福 建	4 132	2 538	86	44	–	–
江 西	63 315	10 091	1 728	145	–	–
山 东	19 759	18 299	276	257	–	–
河 南	3 213	360	71	6	–	–
湖 北	149 337	63 986	1 871	634	–	–
湖 南	84 979	61 240	1 892	1 486	–	–
广 东	73 534	16 404	1 140	247	–	–
广 西	24 686	8 548	436	146	–	–
重 庆	73 938	46 788	880	522	–	–
四 川	74 336	68 672	2 003	1 920	–	–
贵 州	20 357	2 437	372	34	–	–
云 南	8 840	4 206	190	86	–	–
陕 西	10 777	10 777	255	255	–	–
甘 肃	2 645	2 394	176	170	–	–

5-2 全国港口吞吐量

地 区	旅客吞吐量（万人次）	货物吞吐量（万吨）		集装箱吞吐量	
			外贸	箱量（万 TEU）	重量（万吨）
总 计	**19 429**	**1 004 113**	**278 585**	**16 367**	**177 454**
沿海合计	**7 999**	**636 024**	**254 402**	**14 632**	**157 969**
天 津	25	45 338	22 162	1 159	11 929
河 北	6	71 300	16 354	77	1 251
辽 宁	704	78 344	17 369	1 200	19 115
上 海	154	62 432	33 778	3 174	31 220
江 苏	14	17 752	9 356	488	4 626
浙 江	1 062	86 700	33 613	1 584	15 747
福 建	1 113	37 279	15 171	970	12 099
山 东	1 237	96 188	53 449	1 691	17 738
广 东	2 358	114 455	42 238	4 103	41 315
广 西	30	15 331	8 906	74	1 165
海 南	1 297	10 905	2 008	112	1 764
内河合计	**11 430**	**368 089**	**24 183**	**1 736**	**19 485**
山 西	15	17	–	–	–
辽 宁	–	30	–	–	–
吉 林	–	69	–	–	–
黑龙江	293	458	112	…	1
上 海	–	10 326	–	–	–
江 苏	–	162 932	18 951	930	10 607
浙 江	51	35 673	4	5	43
安 徽	105	37 419	277	39	343
福 建	342	417	–	–	–
江 西	476	23 557	179	20	238
山 东	–	6 438	–	–	–
河 南	46	202	–	–	–
湖 北	304	21 663	721	86	1 178
湖 南	1 277	21 064	245	23	318
广 东	387	19 249	3 165	512	5 227
广 西	–	8 028	122	41	610
重 庆	1 309	11 606	350	68	789
四 川	1 545	7 075	30	11	132
贵 州	3 742	1 092	–	–	–
云 南	1 012	461	26	–	–
陕 西	526	315	–	–	–
甘 肃	–	–	–	–	–

5-3　全国港口货物吞吐量

单位：万吨

地　区	合计	液体散货	干散货	件杂货	集装箱		滚装汽车	
					（万 TEU）	重量	（万辆）	重量
总　计	**1 004 113**	**91 078**	**585 488**	**101 750**	**16 367**	**177 454**	**1 464**	**48 343**
沿海合计	**636 024**	**72 628**	**307 552**	**53 000**	**14 632**	**157 969**	**1 337**	**44 875**
天　津	45 338	6 478	21 589	2 959	1 159	11 929	76	2 384
河　北	71 300	2 286	64 023	3 740	77	1 251	–	–
辽　宁	78 344	10 502	28 549	11 180	1 200	19 115	129	8 999
上　海	62 432	3 308	21 406	5 314	3 174	31 220	111	1 184
江　苏	17 752	241	10 653	2 232	488	4 626	–	–
浙　江	86 700	16 433	44 175	4 762	1 584	15 747	266	5 583
福　建	37 279	2 555	17 107	4 832	970	12 099	59	685
山　东	96 188	10 505	49 613	7 159	1 691	17 738	148	11 173
广　东	114 455	15 963	37 291	8 541	4 103	41 315	390	11 345
广　西	15 331	2 215	10 849	1 005	74	1 165	2	98
海　南	10 905	2 143	2 296	1 276	112	1 764	155	3 425
内河合计	**368 089**	**18 450**	**277 937**	**48 750**	**1 736**	**19 485**	**127**	**3 468**
山　西	17	–	9	9	–	–	–	–
辽　宁	30	–	22	8	–	–	–	–
吉　林	69	–	69	–	–	–	–	–
黑龙江	458	10	322	95	…	1	1	31
上　海	10 326	133	8 807	1 386	–	–	–	–
江　苏	162 932	13 581	111 186	27 547	930	10 607	1	11
浙　江	35 673	621	31 267	3 742	5	43	–	–
安　徽	37 419	555	32 615	3 815	39	343	9	91
福　建	417	–	308	109	–	–	–	–
江　西	23 557	205	22 127	987	20	238	–	–
山　东	6 438	–	6 046	392	–	–	–	–
河　南	202	–	184	17	–	–	–	–
湖　北	21 663	574	15 650	2 680	86	1 178	54	1 580
湖　南	21 064	429	18 896	1 421	23	318	–	–
广　东	19 249	1 722	9 680	2 619	512	5 227	–	–
广　西	8 028	82	6 016	1 320	41	610	–	–
重　庆	11 606	354	7 142	1 566	68	789	61	1 755
四　川	7 075	96	6 400	447	11	132	–	–
贵　州	1 092	87	525	480	–	–	–	–
云　南	461	–	381	80	–	–	–	–
陕　西	315	–	285	30	–	–	–	–
甘　肃	–	–	–	–	–	–	–	–

5-4 规模以上港口旅客吞吐量

单位：万人次

港 口	总计	到达量	国际航线	发送量	国际航线
总　计	9 206	4 539	504	4 666	555
沿海合计	7 325	3 613	454	3 713	505
丹　东	18	9	9	9	9
大　连	680	342	7	338	5
营　口	5	2	2	3	3
锦　州	–	–	–	–	–
秦皇岛	6	3	3	3	3
黄　骅	–	–	–	–	–
唐　山	–	–	–	–	–
#京　唐	–	–	–	–	–
曹妃甸	–	–	–	–	–
天　津	25	13	9	12	9
烟　台	444	222	5	222	5
#龙　口	–	–	–	–	–
威　海	124	59	13	65	13
青　岛	17	9	9	8	8
日　照	11	5	5	5	5
#石臼	11	5	5	5	5
岚山	–	–	–	–	–
上　海	154	76	11	78	11
连云港	14	7	7	7	7
嘉　兴	–	–	–	–	–
宁波－舟山	651	330	–	321	–
#宁　波	244	118	–	125	–
舟　山	407	212	–	195	–
台　州	207	104	2	103	2
温　州	204	102	–	102	–
宁　德	–	–	–	–	–
福　州	4	2	2	2	2
莆　田	–	–	–	–	–
泉　州	9	5	5	4	4
厦　门	1 099	550	72	550	72
#原厦门	1 099	550	72	550	72

5-4 （续表一）

单位：万人次

港口	总计	到达量	到达量：国际航线	发送量	发送量：国际航线
漳州	–	–	–	–	–
汕头	–	–	–	–	–
汕尾	–	–	–	–	–
惠州	–	–	–	–	–
深圳	384	172	92	211	133
#蛇口	336	150	70	186	107
赤湾	–	–	–	–	–
妈湾	–	–	–	–	–
东角头	–	–	–	–	–
盐田	–	–	–	–	–
下洞	–	–	–	–	–
虎门	31	10	10	21	21
#太平	31	10	10	21	21
麻涌	–	–	–	–	–
沙田	–	–	–	–	–
广州	80	39	38	42	41
中山	115	58	58	57	57
珠海	551	274	94	278	94
江门	–	–	–	–	–
阳江	–	–	–	–	–
茂名	–	–	–	–	–
湛江	1 196	579	–	617	–
#原湛江	–	–	–	–	–
海安	1 196	579	–	617	–
北部湾港	30	15	1	15	1
#北海	30	15	1	15	1
钦州	–	–	–	–	–
防城	–	–	–	–	–
海口	1 266	627	–	639	–
洋浦	–	–	–	–	–
八所	–	–	–	–	–
内河合计	**1 880**	**927**	**50**	**954**	**49**
哈尔滨	–	–	–	–	–

5-4 （续表二）

单位：万人次

港　口	总计	到达量	国际航线	发送量	国际航线
佳木斯	-	-	-	-	-
上　海	-	-	-	-	-
南　京	-	-	-	-	-
镇　江	-	-	-	-	-
苏　州	-	-	-	-	-
#常　熟	-	-	-	-	-
太　仓	-	-	-	-	-
张家港	-	-	-	-	-
南　通	-	-	-	-	-
常　州	-	-	-	-	-
江　阴	-	-	-	-	-
扬　州	-	-	-	-	-
泰　州	-	-	-	-	-
徐　州	-	-	-	-	-
连云港	-	-	-	-	-
无　锡	-	-	-	-	-
宿　迁	-	-	-	-	-
淮　安	-	-	-	-	-
扬州内河	-	-	-	-	-
镇江内河	-	-	-	-	-
杭　州	-	-	-	-	-
嘉兴内河	-	-	-	-	-
湖　州	-	-	-	-	-
合　肥	…	…	-	…	-
亳　州	-	-	-	-	-
阜　阳	-	-	-	-	-
淮　南	-	-	-	-	-
滁　州	-	-	-	-	-
马鞍山	-	-	-	-	-
巢　湖	5	3	-	3	-
芜　湖	5	2	-	3	-
铜　陵	-	-	-	-	-
池　州	-	-	-	-	-
安　庆	-	-	-	-	-

5-4（续表三）

单位：万人次

港口	总计	到达量	国际航线	发送量	国际航线
南　昌	-	-	-	-	-
九　江	94	45	-	49	-
武　汉	-	-	-	-	-
黄　石	-	-	-	-	-
荆　州	-	-	-	-	-
宜　昌	70	22	-	49	-
长　沙	-	-	-	-	-
湘　潭	-	-	-	-	-
株　洲	-	-	-	-	-
岳　阳	9	5	-	5	-
番　禺	-	-	-	-	-
新　塘	-	-	-	-	-
五　和	-	-	-	-	-
中　山	-	-	-	-	-
佛　山	79	39	39	40	40
江　门	20	11	11	9	9
虎　门	-	-	-	-	-
肇　庆	-	-	-	-	-
惠　州	-	-	-	-	-
南　宁	-	-	-	-	-
柳　州	-	-	-	-	-
贵　港	-	-	-	-	-
梧　州	-	-	-	-	-
来　宾	-	-	-	-	-
重　庆	1 309	651	-	658	-
#原重庆	64	23	-	40	-
涪　陵	5	2	-	3	-
万　州	233	115	-	118	-
重庆航管处	102	51	-	51	-
泸　州	2	1	-	1	-
宜　宾	67	35	-	32	-
乐　山	10	5	-	5	-
南　充	46	25	-	21	-
广　安	99	51	-	48	-
达　州	64	34	-	30	-

5-5　规模以上港口货物吞吐量

单位：万吨

港口	总计	外贸	出港	外贸	进港	外贸
总　计	911 814	276 284	395 543	76 649	516 271	199 636
沿海合计	616 292	252 318	270 162	69 126	346 131	183 192
丹　东	7 636	581	3 074	206	4 563	375
大　连	33 691	10 672	17 125	3 848	16 566	6 824
营　口	26 085	5 415	12 328	1 079	13 757	4 336
锦　州	7 582	693	5 929	191	1 653	502
秦皇岛	28 770	1 244	27 256	370	1 514	874
黄　骅	11 267	781	9 692	299	1 576	483
唐　山	31 263	14 329	15 869	440	15 394	13 889
#京　唐	13 757	4 189	8 798	403	4 958	3 786
曹妃甸	17 506	10 140	7 071	37	10 435	10 103
天　津	45 338	22 162	22 665	6 628	22 673	15 534
烟　台	18 029	7 421	6 414	1 266	11 615	6 155
#龙　口	6 034	3 726	1 251	450	4 782	3 276
威　海	3 002	1 591	1 473	775	1 529	816
青　岛	37 230	26 394	13 697	7 027	23 532	19 367
日　照	25 260	16 690	6 082	542	19 178	16 147
#石　臼	18 777	12 289	4 766	437	14 011	11 852
岚　山	6 484	4 400	1 317	105	5 167	4 295
上　海	62 432	33 778	25 717	15 426	36 715	18 352
连云港	15 627	9 158	5 688	1 666	9 939	7 492
嘉　兴	5 258	594	1 130	110	4 128	484
宁波－舟山	69 393	31 611	29 682	8 406	39 711	23 205
#宁　波	43 339	23 034	15 984	8 153	27 354	14 881
舟　山	26 054	8 577	13 697	253	12 357	8 324
台　州	5 099	982	753	6	4 346	976
温　州	6 950	425	1 288	56	5 662	369
宁　德	2 003	1 137	723	401	1 280	736
福　州	8 218	3 319	1 860	826	6 358	2 493
莆　田	2 074	740	86	9	1 988	731
泉　州	9 330	1 941	2 417	94	6 914	1 847
厦　门	15 654	8 035	7 355	3 770	8 299	4 264
#原厦门	14 153	7 963	5 983	3 736	8 170	4 227

5-5 （续表一）

单位：万吨

港口	总计	外贸	出港	外贸	进港	外贸
漳 州	1 501	71	1 372	34	129	37
汕 头	4 005	1 035	485	239	3 520	797
汕 尾	564	22	39	2	525	19
惠 州	5 014	2 138	963	36	4 052	2 102
深 圳	22 325	17 503	11 344	9 478	10 981	8 025
#蛇 口	6 591	4 172	3 394	2 257	3 197	1 915
赤 湾	6 112	5 755	3 131	2 878	2 981	2 878
妈 湾	1 845	472	386	…	1 459	472
东角头	80	-	33	-	47	-
盐 田	5 555	5 502	3 885	3 872	1 669	1 630
下 洞	558	397	184	183	373	214
虎 门	6 068	1 734	1 689	84	4 379	1 650
#太 平	1 223	402	14	5	1 210	397
麻 涌	2 422	655	930	5	1 492	651
沙 田	2 419	677	745	74	1 675	602
广 州	43 149	9 914	17 384	3 233	25 765	6 680
中 山	2 236	490	722	278	1 514	212
珠 海	7 170	1 699	2 387	602	4 783	1 098
江 门	3 625	212	1 393	103	2 232	109
阳 江	1 121	379	6	…	1 115	379
茂 名	2 307	1 134	398	59	1 909	1 075
湛 江	15 539	5 464	5 876	384	9 664	5 080
#原湛江	8 889	5 464	2 470	384	6 419	5 080
海 安	6 535	-	3 359	-	3 176	-
北部湾港	15 331	8 906	4 602	1 046	10 728	7 860
#北 海	1 591	635	794	268	797	368
钦 州	4 716	1 660	1 153	88	3 563	1 571
防 城	9 024	6 611	2 656	690	6 368	5 921
海 口	6 549	285	2 696	34	3 853	251
洋 浦	3 101	1 513	1 266	82	1 835	1 431
八 所	997	200	609	25	388	175
内河合计	295 522	23 967	125 381	7 523	170 141	16 444
哈尔滨	72	-	5	-	67	-

5-5 （续表二）

单位：万吨

港 口	总计	外贸	出港	外贸	进港	外贸
佳木斯	78	–	8	–	69	–
上 海	10 326	–	1 516	–	8 810	–
南 京	17 333	1 062	6 891	576	10 442	486
镇 江	11 806	1 841	5 031	479	6 775	1 361
苏 州	38 006	9 846	14 199	2 581	23 807	7 265
＃常 熟	5 702	1 036	2 004	316	3 698	720
太 仓	10 254	3 573	3 834	623	6 420	2 950
张家港	22 051	5 237	8 362	1 642	13 689	3 595
南 通	17 331	3 114	6 770	412	10 560	2 702
常 州	2 769	391	807	99	1 962	292
江 阴	12 934	1 353	4 115	221	8 819	1 132
扬 州	4 370	353	1 515	124	2 856	229
泰 州	12 038	983	4 896	252	7 142	731
徐 州	6 662	–	3 867	–	2 795	–
连云港	1 001	–	271	–	730	–
无 锡	8 081	9	1 382	7	6 698	2
宿 迁	1 728	–	631	–	1 096	–
淮 安	5 029	–	1 726	–	3 303	–
扬州内河	2 945	–	203	–	2 742	–
镇江内河	540	–	162	–	379	–
杭 州	8 929	–	3 129	–	5 800	–
嘉兴内河	10 690	–	3 168	–	7 522	–
湖 州	14 668	4	11 244	3	3 424	1
合 肥	3 225	…	123	…	3 101	–
亳 州	686	–	187	–	500	–
阜 阳	509	–	124	–	384	–
淮 南	1 244	–	1 110	–	133	–
滁 州	2 231	–	2 023	–	207	–
马鞍山	5 306	62	979	15	4 327	47
巢 湖	4 895	–	4 442	–	453	–
芜 湖	7 473	163	4 892	95	2 581	68
铜 陵	4 729	20	3 659	13	1 069	6
池 州	3 137	20	2 693	20	444	…
安 庆	3 010	12	2 319	7	691	5

5-5 （续表三）

单位：万吨

港口	总计	外贸	出港	外贸	进港	外贸
南　昌	1 816	45	784	33	1 032	12
九　江	3 907	134	2 253	92	1 654	42
武　汉	7 602	417	2 067	256	5 535	161
黄　石	1 781	245	889	12	892	232
荆　州	501	28	84	21	417	6
宜　昌	770	32	487	25	283	6
长　沙	4 258	78	57	55	4 201	23
湘　潭	1 115	-	314	-	800	-
株　洲	556	-	6	-	550	-
岳　阳	9 037	167	7 012	98	2 025	70
番　禺	520	-	65	-	455	-
新　塘	528	51	82	2	446	49
五　和	495	57	265	42	230	15
中　山	3 249	203	420	113	2 830	89
佛　山	5 423	2 206	2 355	1 284	3 068	922
江　门	2 289	338	539	195	1 751	143
虎　门	781	10	152	2	628	8
肇　庆	2 489	199	1 189	79	1 300	120
惠　州	155	24	62	…	93	24
南　宁	777	-	356	-	421	-
柳　州	124	-	122	-	2	-
贵　港	4 108	18	2 577	11	1 530	7
梧　州	2 071	103	1 768	53	303	50
来　宾	924	-	919	-	5	-
重　庆	11 606	350	4 267	230	7 339	120
#原重庆	2 049	296	976	215	1 073	82
涪　陵	290	15	62	9	228	6
万　州	1 168	6	598	5	570	1
重庆航管处	4 702	3	1 365	1	3 337	2
泸　州	2 146	30	844	14	1 303	16
宜　宾	1 176	-	814	-	362	-
乐　山	320	-	315	-	5	-
南　充	419	-	59	-	360	-
广　安	407	-	16	-	391	-
达　州	393	-	153	-	240	-

5-6 规模以上港口分货类吞吐量

单位：万吨

货物种类	总计	外贸	出港	外贸	进港	外贸
总计	**911 814**	**276 284**	**395 543**	**76 649**	**516 271**	**199 636**
煤炭及制品	194 349	21 344	94 132	1 963	100 217	19 380
石油、天然气及制品	74 798	31 614	25 427	2 384	49 371	29 231
#原油	40 954	24 128	9 199	369	31 754	23 760
金属矿石	138 504	81 900	29 704	69	108 800	81 832
钢铁	41 871	6 702	23 732	4 346	18 139	2 355
矿建材料	135 657	2 775	56 154	2 301	79 503	474
水泥	22 106	885	14 482	744	7 624	141
木材	6 325	4 691	1 092	320	5 233	4 370
非金属矿石	21 353	5 212	10 864	1 422	10 489	3 791
化学肥料及农药	3 796	1 899	2 238	1 368	1 558	531
盐	1 256	398	274	26	982	371
粮食	16 642	5 772	5 582	142	11 060	5 630
机械、设备、电器	17 136	10 867	9 580	6 270	7 555	4 597
化工原料及制品	17 421	7 199	6 745	1 728	10 677	5 471
有色金属	892	776	281	217	610	559
轻工、医药产品	9 100	4 767	4 678	2 504	4 421	2 263
农林牧渔业产品	3 313	1 608	1 073	283	2 241	1 325
其他	207 296	87 876	109 505	50 561	97 791	37 315

5-7 沿海规模以上港口分货类吞吐量

单位：万吨

货物种类	总计	外贸	出港	外贸	进港	外贸
总　计	616 292	252 318	270 162	69 126	346 131	183 192
煤炭及制品	136 949	20 692	75 729	1 910	61 221	18 782
石油、天然气及制品	63 982	30 813	21 200	2 120	42 782	28 692
#原油	38 080	24 107	8 377	369	29 703	23 738
金属矿石	101 537	76 045	19 508	55	82 029	75 990
钢铁	22 481	4 701	13 647	3 385	8 834	1 317
矿建材料	38 114	2 331	13 724	1 878	24 390	453
水泥	4 521	529	1 242	389	3 279	139
木材	4 347	3 379	661	287	3 686	3 092
非金属矿石	9 272	4 691	3 314	1 224	5 958	3 467
化学肥料及农药	2 063	1 618	1 281	1 104	782	514
盐	708	324	73	14	635	310
粮食	12 176	5 179	4 258	129	7 918	5 050
机械、设备、电器	16 333	10 446	8 979	5 940	7 353	4 506
化工原料及制品	9 075	4 433	3 557	1 226	5 518	3 207
有色金属	721	658	193	165	528	493
轻工、医药产品	7 509	4 156	3 891	2 270	3 618	1 886
农林牧渔业产品	2 287	1 318	722	253	1 566	1 065
其他	184 215	81 006	98 182	46 776	86 033	34 230

5-8　内河规模以上港口分货类吞吐量

单位：万吨

货物种类	总计	外贸	出港	外贸	进港	外贸
总　计	295 522	23 967	125 381	7 523	170 141	16 444
煤炭及制品	57 399	651	18 403	53	38 997	598
石油、天然气及制品	10 815	802	4 226	264	6 589	538
＃原油	2 874	21	822	-	2 051	21
金属矿石	36 967	5 855	10 196	14	26 771	5 841
钢铁	19 390	2 000	10 085	962	9 305	1 039
矿建材料	97 543	444	42 430	423	55 113	21
水泥	17 585	356	13 240	355	4 345	1
木材	1 977	1 311	430	33	1 547	1 279
非金属矿石	12 081	522	7 550	198	4 532	324
化学肥料及农药	1 733	281	957	263	775	17
盐	547	74	201	12	346	62
粮食	4 466	593	1 324	13	3 142	580
机械、设备、电器	803	422	601	331	202	91
化工原料及制品	8 346	2 765	3 188	501	5 159	2 264
有色金属	171	119	88	52	83	67
轻工、医药产品	1 590	611	787	234	803	377
农林牧渔业产品	1 026	291	351	30	675	261
其他	23 082	6 870	11 323	3 785	11 759	3 085

5-9 规模以上港口煤炭及制品吞吐量

单位：千吨

港 口	总计	外贸	出港	外贸	进港	外贸
总 计	1 943 487	213 435	941 316	19 634	1 002 171	193 801
沿海合计	1 369 494	206 921	757 288	19 103	612 206	187 818
丹 东	11 714	1 981	5 237	290	6 476	1 691
大 连	13 456	221	5 646	61	7 811	160
营 口	39 726	5 058	16 798	891	22 927	4 167
锦 州	22 965	96	22 070	7	895	89
秦皇岛	254 004	1 094	253 287	467	718	627
黄 骅	97 393	3 120	96 394	2 963	999	158
唐 山	134 340	14 153	118 256	1 896	16 084	12 257
#京 唐	78 991	11 663	66 282	1 896	12 709	9 766
曹妃甸	55 349	2 490	51 974	-	3 375	2 490
天 津	103 935	8 853	102 141	7 290	1 794	1 563
烟 台	20 341	5 655	2 483	175	17 858	5 480
#龙 口	15 098	4 272	1 915	138	13 183	4 134
威 海	2 225	331	286	21	1 939	311
青 岛	15 933	4 931	9 449	1 897	6 485	3 034
日 照	29 786	11 454	14 894	1 331	14 892	10 123
#石 臼	27 506	9 748	14 495	1 331	13 011	8 418
岚 山	2 280	1 705	399	-	1 881	1 705
上 海	109 343	6 922	25 991	350	83 352	6 572
连云港	22 695	8 057	11 164	942	11 531	7 115
嘉 兴	32 428	665	7 781	-	24 647	665
宁波-舟山	89 757	8 813	12 864	-	76 893	8 813
#宁 波	65 600	2 578	2 384	-	63 216	2 578
舟 山	24 157	6 236	10 480	-	13 677	6 236
台 州	17 665	7 749	…	-	17 665	7 749
温 州	20 837	2 098	147	-	20 690	2 098
宁 德	7 228	4 983	-	-	7 228	4 983
福 州	27 105	9 286	709	-	26 396	9 286
莆 田	4 540	3 573	-	-	4 540	3 573
泉 州	12 156	3 958	43	-	12 113	3 958
厦 门	19 269	10 788	798	-	18 471	10 788
#原厦门	19 269	10 788	798	-	18 471	10 788

5-9 （续表一）

单位：千吨

港 口	总计	外贸	出港	外贸	进港	外贸
漳 州	–	–	–	–	–	–
汕 头	15 615	6 185	–	–	15 615	6 185
汕 尾	4 494	–	–	–	4 494	–
惠 州	7 438	533	–	–	7 438	533
深 圳	5 178	1 072	10	–	5 168	1 072
#蛇 口	–	–	–	–	–	–
赤 湾	–	–	–	–	–	–
妈 湾	5 178	1 072	10	–	5 168	1 072
东角头	–	–	–	–	–	–
盐 田	–	–	–	–	–	–
下 洞	–	–	–	–	–	–
虎 门	33 049	11 070	7 750	–	25 299	11 070
#太 平	11 184	3 541	–	–	11 184	3 541
麻 涌	18 524	5 276	7 520	–	11 004	5 276
沙 田	3 341	2 253	230	–	3 111	2 253
广 州	82 839	18 603	25 646	29	57 192	18 574
中 山	483	…	31	–	453	…
珠 海	14 834	2 863	3 110	–	11 724	2 863
江 门	15 170	174	231	–	14 939	174
阳 江	6 518	939	–	–	6 518	939
茂 名	2 247	119	–	–	2 247	119
湛 江	9 463	3 677	311	–	9 152	3 677
#原湛江	8 733	3 677	311	–	8 422	3 677
海 安	42	–	–	–	42	–
北部湾港	54 204	33 988	13 688	494	40 515	33 494
#北 海	2 468	1 053	17	–	2 450	1 053
钦 州	9 108	5 757	287	–	8 822	5 757
防 城	42 627	27 179	13 385	494	29 243	26 685
海 口	4 130	1 350	49	–	4 081	1 350
洋 浦	1 418	789	23	–	1 395	789
八 所	3 571	1 718	–	–	3 571	1 718
内河合计	573 993	6 514	184 028	531	389 965	5 984
哈尔滨	182	–	–	–	182	–

5-9 （续表二）

单位：千吨

港 口	总计	外贸	出港	外贸	进港	外贸
佳木斯	84	–	84	–	–	–
上　海	2 040	–	628	–	1 413	–
南　京	49 110	–	13 909	–	35 201	–
镇　江	36 382	2 157	9 956	430	26 426	1 727
苏　州	86 581	1 185	17 289	98	69 292	1 088
＃常 熟	12 231	291	667	–	11 563	291
太　仓	16 993	525	414	79	16 580	446
张家港	57 357	369	16 208	19	41 149	351
南　通	42 770	1 678	12 256	–	30 514	1 678
常　州	8 180	45	1 426	–	6 754	45
江　阴	43 013	352	11 195	…	31 819	352
扬　州	28 400	504	9 895	–	18 505	504
泰　州	46 795	576	19 141	–	27 654	576
徐　州	25 731	–	24 437	–	1 294	–
连云港	556	–	–	–	556	–
无　锡	17 767	–	801	–	16 966	–
宿　迁	2 395	–	–	–	2 395	–
淮　安	8 104	–	28	–	8 076	–
扬州内河	4 954	–	4	–	4 950	–
镇江内河	830	–	–	–	830	–
杭　州	8 496	–	469	–	8 027	–
嘉兴内河	13 800	–	6 640	–	7 160	–
湖　州	8 412	–	447	–	7 966	–
合　肥	87	–	3	–	84	–
亳　州	1 117	–	1 110	–	7	–
阜　阳	838	–	838	–	…	–
淮　南	7 300	–	7 083	–	218	–
滁　州	168	–	63	–	106	–
马鞍山	4 178	–	143	–	4 035	–
巢　湖	1 197	–	34	–	1 163	–
芜　湖	13 234	–	5 941	–	7 294	–
铜　陵	6 465	–	992	–	5 472	–
池　州	2 928	–	27	–	2 900	–
安　庆	4 363	–	86	–	4 277	–

5-9 （续表三）

单位：千吨

港口	总计	外贸	出港	外贸	进港	外贸
南 昌	1 605	–	31	–	1 573	–
九 江	6 499	–	113	–	6 387	–
武 汉	5 727	–	2 607	–	3 121	–
黄 石	2 701	8	340	–	2 360	8
荆 州	2 099	–	28	–	2 071	–
宜 昌	3 419	–	1 815	–	1 604	–
长 沙	663	–	–	–	663	–
湘 潭	633	–	33	–	600	–
株 洲	22	–	–	–	22	–
岳 阳	5 095	–	877	–	4 218	–
番 禺	585	–	9	–	577	–
新 塘	1 417	–	–	–	1 417	–
五 和	557	–	...	–	557	–
中 山	2 124	–	159	–	1 965	–
佛 山	7 610	6	571	–	7 039	6
江 门	3 523	–	381	–	3 142	–
虎 门	2 445	–	...	–	2 444	–
肇 庆	4 925	–	170	–	4 755	–
惠 州	47	–	–	–	47	–
南 宁	42	–	34	–	8	–
柳 州	2	–	1	–	...	–
贵 港	5 479	–	2 369	–	3 110	–
梧 州	455	–	–	–	455	–
来 宾	2 095	–	2 095	–	–	–
重 庆	25 276	–	16 975	–	8 301	–
#原重庆	2 885	–	2 009	–	876	–
涪 陵	657	–	87	–	570	–
万 州	3 883	–	3 351	–	532	–
重庆航管处	4 386	–	2 790	–	1 597	–
泸 州	7 535	3	6 591	3	945	...
宜 宾	3 912	–	3 365	–	547	–
乐 山	186	–	176	–	11	–
南 充	15	–	–	–	15	–
广 安	6	–	3	–	3	–
达 州	836	–	361	–	475	–

5-10 规模以上港口石油、天然气及制品吞吐量

单位：千吨

港 口	总计	外贸	出港	外贸	进港	外贸
总　计	747 977	316 142	254 267	23 836	493 710	292 305
沿海合计	639 825	308 125	212 003	21 201	427 822	286 924
丹　东	135	…	135	…	-	-
大　连	57 649	25 906	28 709	3 607	28 940	22 298
营　口	25 080	7 853	10 358	393	14 722	7 460
锦　州	8 812	2 287	4 192	725	4 620	1 562
秦皇岛	9 767	406	6 167	236	3 600	169
黄　骅	26	10	21	10	5	-
唐　山	12 860	12 306	148	137	12 712	12 168
#京　唐	691	137	148	137	543	-
曹妃甸	12 168	12 168	-	-	12 168	12 168
天　津	59 343	19 719	31 410	1 614	27 933	18 106
烟　台	10 336	5 784	1 556	646	8 779	5 138
#龙　口	9 126	4 920	1 128	225	7 998	4 695
威　海	373	220	31	15	342	205
青　岛	62 955	43 187	18 846	2 065	44 109	41 122
日　照	11 392	4 922	2 970	79	8 422	4 842
#石　臼	2 252	1 605	226	45	2 026	1 560
岚　山	9 140	3 316	2 744	34	6 396	3 283
上　海	25 615	8 426	8 139	851	17 476	7 575
连云港	1 638	257	527	64	1 111	192
嘉　兴	7 704	755	964	-	6 741	755
宁波-舟山	138 035	81 933	40 257	3 200	97 778	78 732
#宁　波	85 879	49 637	25 289	1 500	60 590	48 137
舟　山	52 156	32 296	14 968	1 700	37 188	30 595
台　州	2 038	-	221	-	1 816	-
温　州	4 179	2	912	-	3 267	2
宁　德	355	-	-	-	355	-
福　州	1 858	75	53	-	1 805	75
莆　田	2 889	2 880	-	-	2 889	2 880
泉　州	14 194	10 079	2 637	-	11 557	10 079
厦　门	3 978	726	608	341	3 371	385
#原厦门	2 859	65	267	-	2 593	65

5-10 （续表一）

单位：千吨

港 口	总计		出港		进港	
		外贸		外贸		外贸
漳 州	1 119	661	341	341	778	320
汕 头	858	41	5	–	853	41
汕 尾	94	–	–	–	94	–
惠 州	34 588	16 845	6 870	–	27 718	16 845
深 圳	15 016	10 689	2 148	1 828	12 868	8 861
#蛇 口	423	–	41	–	382	–
赤 湾	–	–	–	–	–	–
妈 湾	1 164	65	210	–	954	65
东角头	257	–	54	–	203	–
盐 田	–	–	–	–	–	–
下 洞	5 576	3 970	1 842	1 828	3 734	2 143
虎 门	5 825	570	2 427	14	3 398	556
#太 平	186	…	70	–	117	…
麻 涌	730	–	372	–	358	–
沙 田	4 880	570	1 975	14	2 905	555
广 州	24 566	3 739	11 753	569	12 813	3 170
中 山	879	1	90	…	789	1
珠 海	12 267	7 259	5 520	3 100	6 747	4 160
江 门	855	32	474	13	381	19
阳 江	262	–	28	–	233	–
茂 名	13 918	10 767	1 158	462	12 761	10 306
湛 江	29 291	15 800	8 539	81	20 751	15 719
#原湛江	29 290	15 800	8 539	81	20 750	15 719
海 安	1	–	–	–	1	–
北部湾港	21 409	5 124	5 926	598	15 482	4 526
#北 海	2 087	107	1 769	–	318	107
钦 州	18 757	4 646	3 950	446	14 806	4 200
防 城	565	371	207	152	358	219
海 口	1 764	82	308	–	1 456	82
洋 浦	16 960	9 446	7 890	553	9 070	8 893
八 所	65	–	5	–	60	–
内河合计	**108 152**	**8 016**	**42 265**	**2 635**	**65 888**	**5 381**
哈尔滨	48	–	48	–	–	–

5-10 （续表二）

单位：千吨

港 口	总计	外贸	出港	外贸	进港	外贸
佳木斯	41	-	-	-	41	-
上 海	1 326	-	598	-	727	-
南 京	33 700	1 296	16 170	952	17 530	344
镇 江	3 816	983	1 402	441	2 414	541
苏 州	3 691	1 019	1 594	129	2 097	890
#常 熟	614	22	321	-	293	22
太 仓	1 990	549	763	129	1 227	420
张家港	1 087	448	510	-	577	448
南 通	10 949	2 675	3 767	232	7 182	2 443
常 州	-	-	-	-	-	-
江 阴	7 326	965	2 544	414	4 783	551
扬 州	701	3	362	-	339	3
泰 州	6 097	1 066	3 007	466	3 090	600
徐 州	199	-	199	-	-	-
连云港	-	-	-	-	-	-
无 锡	1 758	-	-	-	1 758	-
宿 迁	1 023	-	618	-	405	-
淮 安	2 042	-	810	-	1 231	-
扬州内河	2 464	-	1 552	-	911	-
镇江内河	-	-	-	-	-	-
杭 州	2 531	-	448	-	2 084	-
嘉兴内河	419	-	51	-	368	-
湖 州	653	-	15	-	639	-
合 肥	269	-	-	-	269	-
亳 州	-	-	-	-	-	-
阜 阳	45	-	-	-	45	-
淮 南	23	-	-	-	23	-
滁 州	222	-	-	-	222	-
马鞍山	272	-	14	-	258	-
巢 湖	-	-	-	-	-	-
芜 湖	1 373	-	306	-	1 067	-
铜 陵	147	-	-	-	147	-
池 州	318	4	26	-	293	4
安 庆	2 406	…	1 814	-	592	…

5-10 （续表三）

单位：千吨

港口	总计	外贸	出港	外贸	进港	外贸
南　昌	204	-	-	-	204	-
九　江	1 477	-	571	-	905	-
武　汉	2 753	-	1 920	-	832	-
黄　石	258	1	…	-	258	1
荆　州	168	-	24	-	144	-
宜　昌	-	-	-	-	-	-
长　沙	201	3	-	-	201	3
湘　潭	-	-	-	-	-	-
株　洲	-	-	-	-	-	-
岳　阳	2 789	-	597	-	2 192	-
番　禺	1 245	-	510	-	735	-
新　塘	758	-	239	-	519	-
五　和	5	-	-	-	5	-
中　山	916	…	446	-	470	…
佛　山	6 178	1	1 574	…	4 604	1
江　门	1 253	-	300	-	952	-
虎　门	636	…	276	-	360	…
肇　庆	889	…	35	-	854	…
惠　州	-	-	-	-	-	-
南　宁	-	-	-	-	-	-
柳　州	-	-	-	-	-	-
贵　港	36	-	6	-	30	-
梧　州	411	-	1	-	410	-
来　宾	-	-	-	-	-	-
重　庆	3 169	-	240	-	2 929	-
#原重庆	420	-	5	-	415	-
涪　陵	-	-	-	-	-	-
万　州	11	-	-	-	11	-
重庆航管处	2 354	-	215	-	2 139	-
泸　州	672	…	21	-	651	…
宜　宾	275	-	159	-	116	-
乐　山	-	-	-	-	-	-
南　充	-	-	-	-	-	-
广　安	1	-	…	-	1	-
达　州	-	-	-	-	-	-

5-11 规模以上港口原油吞吐量

单位：千吨

港　口	总计	外贸	出港	外贸	进港	外贸
总　计	409 535	241 284	91 994	3 689	317 541	237 595
沿海合计	380 798	241 073	83 770	3 689	297 028	237 385
丹　东	-	-	-	-	-	-
大　连	33 087	22 033	5 957	85	27 130	21 948
营　口	8 749	7 301	353	90	8 397	7 212
锦　州	4 489	1 562	-	-	4 489	1 562
秦皇岛	8 144	30	5 656	30	2 488	-
黄　骅	-	-	-	-	-	-
唐　山	12 168	12 168	-	-	12 168	12 168
#京　唐	-	-	-	-	-	-
曹妃甸	12 168	12 168	-	-	12 168	12 168
天　津	49 333	14 806	27 900	436	21 433	14 369
烟　台	2 599	-	25	-	2 573	-
#龙　口	2 599	-	25	-	2 573	-
威　海	211	65	16	-	195	65
青　岛	53 995	42 098	12 731	1 677	41 264	40 421
日　照	3 729	1 503	-	-	3 729	1 503
#石　臼	-	-	-	-	-	-
岚　山	3 729	1 503	-	-	3 729	1 503
上　海	4 589	-	-	-	4 589	-
连云港	-	-	-	-	-	-
嘉　兴	3 231	64	-	-	3 231	64
宁波-舟山	98 330	73 327	18 243	1 030	80 087	72 297
#宁　波	64 706	46 772	10 928	80	53 778	46 692
舟　山	33 624	26 555	7 315	950	26 309	25 605
台　州	-	-	-	-	-	-
温　州	436	-	-	-	436	-
宁　德	-	-	-	-	-	-
福　州	-	-	-	-	-	-
莆　田	-	-	-	-	-	-
泉　州	10 012	10 012	-	-	10 012	10 012
厦　门	661	661	341	341	320	320
#原厦门	-	-	-	-	-	-

5-11 （续表一）

单位：千吨

港口	总计	外贸	出港	外贸	进港	外贸
漳 州	661	661	341	341	320	320
汕 头	-	-	-	-	-	-
汕 尾	-	-	-	-	-	-
惠 州	22 442	14 906	-	-	22 442	14 906
深 圳	-	-	-	-	-	-
#蛇 口	-	-	-	-	-	-
赤 湾	-	-	-	-	-	-
妈 湾	-	-	-	-	-	-
东角头	-	-	-	-	-	-
盐 田	-	-	-	-	-	-
下 洞	-	-	-	-	-	-
虎 门	-	-	-	-	-	-
#太 平	-	-	-	-	-	-
麻 涌	-	-	-	-	-	-
沙 田	-	-	-	-	-	-
广 州	7 493	2 057	3 746	-	3 746	2 057
中 山	-	-	-	-	-	-
珠 海	-	-	-	-	-	-
江 门	-	-	-	-	-	-
阳 江	-	-	-	-	-	-
茂 名	10 200	10 200	-	-	10 200	10 200
湛 江	24 535	15 582	7 062	-	17 473	15 582
#原湛江	24 535	15 582	7 062	-	17 473	15 582
海 安	-	-	-	-	-	-
北部湾港	13 217	3 805	1 654	-	11 563	3 805
#北 海	1 654	-	1 654	-	-	-
钦 州	11 563	3 805	-	-	11 563	3 805
防 城	-	-	-	-	-	-
海 口	98	-	87	-	11	-
洋 浦	9 050	8 893	-	-	9 050	8 893
八 所	-	-	-	-	-	-
内河合计	28 737	210	8 224	-	20 513	210
哈尔滨	-	-	-	-	-	-

5-11 （续表二）

单位：千吨

港口	总计	外贸	出港	外贸	进港	外贸
佳木斯	-	-	-	-	-	-
上海	-	-	-	-	-	-
南京	14 965	60	4 180	-	10 785	60
镇江	-	-	-	-	-	-
苏州	3	3	-	-	3	3
#常熟	-	-	-	-	-	-
太仓	-	-	-	-	-	-
张家港	3	3	-	-	3	3
南通	615	137	274	-	341	137
常州	-	-	-	-	-	-
江阴	901	11	193	-	708	11
扬州	-	-	-	-	-	-
泰州	3 718	-	1 869	-	1 848	-
徐州	-	-	-	-	-	-
连云港	-	-	-	-	-	-
无锡	-	-	-	-	-	-
宿迁	2	-	-	-	2	-
淮安	1 096	-	207	-	890	-
扬州内河	1 544	-	1 241	-	303	-
镇江内河	-	-	-	-	-	-
杭州	619	-	-	-	619	-
嘉兴内河	1	-	-	-	1	-
湖州	-	-	-	-	-	-
合肥	-	-	-	-	-	-
亳州	-	-	-	-	-	-
阜阳	-	-	-	-	-	-
淮南	-	-	-	-	-	-
滁州	-	-	-	-	-	-
马鞍山	-	-	-	-	-	-
巢湖	-	-	-	-	-	-
芜湖	-	-	-	-	-	-
铜陵	-	-	-	-	-	-
池州	-	-	-	-	-	-
安庆	440	-	-	-	440	-

5-11 （续表三）

单位：千吨

港口	总计	外贸	出港	外贸	进港	外贸
南　昌	-	-	-	-	-	-
九　江	114	-	-	-	114	-
武　汉	19	-	-	-	19	-
黄　石	-	-	-	-	-	-
荆　州	-	-	-	-	-	-
宜　昌	-	-	-	-	-	-
长　沙	-	-	-	-	-	-
湘　潭	-	-	-	-	-	-
株　洲	-	-	-	-	-	-
岳　阳	1 538	-	-	-	1 538	-
番　禺	-	-	-	-	-	-
新　塘	519	-	239	-	281	-
五　和	-	-	-	-	-	-
中　山	1	-	-	-	1	-
佛　山	1 495	-	-	-	1 495	-
江　门	-	-	-	-	-	-
虎　门	-	-	-	-	-	-
肇　庆	498	-	21	-	477	-
惠　州	-	-	-	-	-	-
南　宁	-	-	-	-	-	-
柳　州	-	-	-	-	-	-
贵　港	-	-	-	-	-	-
梧　州	-	-	-	-	-	-
来　宾	-	-	-	-	-	-
重　庆	-	-	-	-	-	-
#原重庆	-	-	-	-	-	-
涪　陵	-	-	-	-	-	-
万　州	-	-	-	-	-	-
重庆航管处	-	-	-	-	-	-
泸　州	650	-	-	-	650	-
宜　宾	-	-	-	-	-	-
乐　山	-	-	-	-	-	-
南　充	-	-	-	-	-	-
广　安	-	-	-	-	-	-
达　州	-	-	-	-	-	-

5-12 规模以上港口金属矿石吞吐量

单位：千吨

港 口	总计	外贸	出港	外贸	进港	外贸
总 计	1 385 040	819 005	297 043	687	1 087 997	818 317
沿海合计	1 015 368	760 452	195 079	548	820 288	759 904
丹 东	10 838	1 432	4 918	…	5 919	1 431
大 连	28 373	16 554	11 347	-	17 026	16 554
营 口	39 163	29 690	4 472	3	34 691	29 686
锦 州	4 711	2 651	1 045	-	3 666	2 651
秦皇岛	7 329	5 781	571	6	6 759	5 776
黄 骅	13 766	4 665	4	-	13 761	4 665
唐 山	120 079	112 997	257	-	119 822	112 997
#京 唐	32 614	27 483	144	-	32 470	27 483
曹妃甸	87 465	85 514	113	-	87 352	85 514
天 津	87 302	86 606	268	136	87 034	86 471
烟 台	25 685	19 047	6 132	11	19 554	19 036
#龙 口	6 383	4 895	1 459	10	4 924	4 885
威 海	1 822	993	779	52	1 043	940
青 岛	113 812	97 024	16 615	105	97 198	96 919
日 照	132 803	117 687	14 870	-	117 932	117 687
#石 臼	103 783	89 898	13 797	-	89 986	89 898
岚 山	29 020	27 789	1 073	-	27 947	27 789
上 海	85 195	39 293	26 846	8	58 350	39 284
连云港	60 596	48 262	11 608	21	48 988	48 241
嘉 兴	387	-	25	-	362	-
宁波-舟山	162 164	88 188	73 425	-	88 739	88 188
#宁 波	72 623	44 289	28 037	-	44 585	44 289
舟 山	89 541	43 899	45 388	-	44 153	43 899
台 州	-	-	-	-	-	-
温 州	1 490	881	121	-	1 369	881
宁 德	2 350	2 300	13	-	2 337	2 300
福 州	12 763	10 407	1 624	-	11 139	10 407
莆 田	3	-	-	-	3	-
泉 州	1 215	1 165	28	-	1 187	1 165
厦 门	8 196	6 916	843	-	7 353	6 916
#原厦门	8 196	6 916	843	-	7 353	6 916

5-12 （续表一）

单位：千吨

港 口	总计	外贸	出港	外贸	进港	外贸
漳 州	–	–	–	–	–	–
汕 头	41	–	1	–	40	–
汕 尾	–	–	–	–	–	–
惠 州	35	–	35	–	–	–
深 圳	11 190	7 103	4 086	–	7 103	7 103
#蛇 口	6 594	3 939	2 655	–	3 939	3 939
赤 湾	–	–	–	–	–	–
妈 湾	4 596	3 164	1 432	–	3 164	3 164
东角头	–	–	–	–	–	–
盐 田	–	–	–	–	–	–
下 洞	–	–	–	–	–	–
虎 门	78	…	39	…	39	…
#太 平	–	–	–	–	–	–
麻 涌	–	–	–	–	–	–
沙 田	78	…	39	…	39	…
广 州	6 634	3 838	250	…	6 384	3 838
中 山	3	–	1	–	2	–
珠 海	1 704	85	25	–	1 679	85
江 门	–	–	–	–	–	–
阳 江	3 299	1 840	–	–	3 299	1 840
茂 名	7	–	5	–	1	–
湛 江	33 806	25 895	7 167	130	26 639	25 765
#原湛江	33 806	25 895	7 167	130	26 639	25 765
海 安	–	–	–	–	–	–
北部湾港	33 332	29 033	2 724	68	30 608	28 965
#北 海	2 790	2 068	135	45	2 655	2 022
钦 州	5 438	4 560	344	2	5 095	4 558
防 城	25 104	22 405	2 246	21	22 858	22 385
海 口	665	118	474	8	190	111
洋 浦	1 100	–	1 029	–	71	–
八 所	3 432	–	3 432	–	–	–
内河合计	**369 672**	**58 553**	**101 963**	**140**	**267 709**	**58 413**
哈尔滨	–	–	–	–	–	–

5-12 （续表二）

单位：千吨

港口	总计	外贸	出港	外贸	进港	外贸
佳木斯	–	–	–	–	–	–
上　海	3	–	–	–	3	–
南　京	29 197	1 327	6 315	–	22 882	1 327
镇　江	48 742	6 884	23 790	–	24 952	6 884
苏　州	89 533	26 338	24 046	14	65 486	26 324
#常　熟	2 222	–	1 111	–	1 111	–
太　仓	30 427	15 243	15 184	–	15 243	15 243
张家港	56 884	11 095	7 751	14	49 133	11 082
南　通	48 231	15 362	24 348	–	23 884	15 362
常　州	9 666	1 424	2 327	–	7 339	1 424
江　阴	23 508	4 161	6 735	–	16 773	4 161
扬　州	2 301	539	1 169	–	1 132	539
泰　州	10 042	142	3 676	–	6 366	142
徐　州	631	–	9	–	622	–
连云港	3 587	–	–	–	3 587	–
无　锡	153	–	27	–	127	–
宿　迁	30	–	–	–	30	–
淮　安	4 450	–	–	–	4 450	–
扬州内河	–	–	–	–	–	–
镇江内河	86	–	38	–	47	–
杭　州	1 544	–	47	–	1 497	–
嘉兴内河	291	–	248	–	43	–
湖　州	–	–	–	–	–	–
合　肥	1 530	–	52	–	1 478	–
亳　州	–	–	–	–	–	–
阜　阳	1	–	–	–	1	–
淮　南	2	–	2	–	–	–
滁　州	–	–	–	–	–	–
马鞍山	24 148	–	761	–	23 387	–
巢　湖	945	–	826	–	119	–
芜　湖	4 605	–	389	–	4 216	–
铜　陵	2 508	–	977	–	1 531	–
池　州	583	–	305	–	279	–
安　庆	643	–	466	–	177	–

5-12 （续表三）

单位：千吨

港口	总计	外贸	出港	外贸	进港	外贸
南昌	592	–	9	–	583	–
九江	6 474	–	304	–	6 170	–
武汉	23 375	–	290	–	23 085	–
黄石	5 743	2 237	1 506	2	4 237	2 235
荆州	33	–	–	–	33	–
宜昌	402	7	236	7	166	…
长沙	139	123	119	117	19	6
湘潭	5 489	–	37	–	5 452	–
株洲	3	–	–	–	3	–
岳阳	6 692	–	1 678	–	5 014	–
番禺	–	–	–	–	–	–
新塘	–	–	–	–	–	–
五和	–	–	–	–	–	–
中山	3	…	…	–	3	…
佛山	69	3	…	…	68	3
江门	6	–	5	–	1	–
虎门	8	–	–	–	8	–
肇庆	295	1	283	…	13	1
惠州	–	–	–	–	–	–
南宁	62	–	60	–	2	–
柳州	–	–	–	–	–	–
贵港	839	–	39	–	799	–
梧州	108	–	103	–	5	–
来宾	56	–	56	–	–	–
重庆	12 042	–	533	–	11 509	–
#原重庆	3 171	–	359	–	2 812	–
涪陵	250	–	36	–	214	–
万州	2 161	–	10	–	2 151	–
重庆航管处	2 528	–	117	–	2 411	–
泸州	120	4	4	–	116	4
宜宾	91	–	77	–	14	–
乐山	69	–	69	–	–	–
南充	–	–	–	–	–	–
广安	–	–	–	–	–	–
达州	–	–	–	–	–	–

5-13　规模以上港口钢铁吞吐量

单位：千吨

港　口	总计	外贸	出港	外贸	进港	外贸
总　计	418 714	67 016	237 323	43 464	181 390	23 552
沿海合计	224 813	47 014	136 471	33 849	88 342	13 166
丹　东	6 046	579	5 466	425	580	154
大　连	12 665	2 077	8 421	1 405	4 244	673
营　口	20 414	3 910	19 391	3 806	1 023	104
锦　州	2 802	32	2 473	31	329	1
秦皇岛	5 511	930	5 202	782	309	148
黄　骅	278	-	278	-	-	-
唐　山	29 605	2 136	29 411	1 956	194	179
#京　唐	14 537	1 771	14 343	1 592	194	179
曹妃甸	15 068	365	15 068	365	-	-
天　津	25 348	12 194	22 240	10 480	3 108	1 714
烟　台	3 258	2 112	1 289	971	1 970	1 140
#龙　口	285	37	112	29	172	7
威　海	35	12	13	2	23	11
青　岛	7 811	4 179	6 832	3 796	980	382
日　照	5 953	1 620	5 847	1 526	106	94
#石　臼	1 385	1 159	1 279	1 065	106	94
岚　山	4 568	461	4 568	461	-	-
上　海	41 856	8 172	15 729	5 957	26 127	2 215
连云港	1 992	1 340	1 702	1 191	290	148
嘉　兴	147	87	4	-	143	87
宁波-舟山	10 739	1 645	2 102	347	8 637	1 298
#宁　波	9 000	1 491	1 592	347	7 407	1 144
舟　山	1 739	155	510	-	1 229	155
台　州	2 579	-	223	-	2 356	-
温　州	2 456	2	104	-	2 352	2
宁　德	1 633	70	1 343	-	290	70
福　州	5 216	236	1 818	…	3 399	236
莆　田	80	-	34	-	46	-
泉　州	3 125	8	50	-	3 074	8
厦　门	2 628	460	426	85	2 202	375
#原厦门	2 628	460	426	85	2 202	375

5-13 （续表一）

单位：千吨

港 口	总计	外贸	出港	外贸	进港	外贸
漳 州	-	-	-	-	-	-
汕 头	652	63	168	56	484	6
汕 尾	3	-	-	-	3	-
惠 州	835	135	59	-	777	135
深 圳	2 662	511	281	…	2 381	511
#蛇 口	640	245	17	-	623	245
赤 湾	10	9	…	…	10	9
妈 湾	1 745	256	216	-	1 529	256
东角头	-	-	-	-	-	-
盐 田	-	-	-	-	-	-
下 洞	-	-	-	-	-	-
虎 门	1 043	802	74	39	969	763
#太 平	89	89	-	-	89	89
麻 涌	173	48	-	-	173	48
沙 田	781	665	74	39	706	626
广 州	19 089	2 488	3 173	506	15 915	1 982
中 山	638	159	111	47	527	111
珠 海	859	21	283	10	576	11
江 门	781	100	166	16	615	84
阳 江	55	-	-	-	55	-
茂 名	58	-	3	-	55	-
湛 江	484	267	331	267	153	-
#原湛江	480	267	331	267	149	-
海 安	4	-	-	-	4	-
北部湾港	2 628	422	998	133	1 630	289
#北 海	112	-	59	-	52	-
钦 州	1 413	2	273	-	1 141	2
防 城	1 104	420	666	133	437	287
海 口	2 768	248	418	14	2 350	235
洋 浦	43	-	9	-	34	-
八 所	36	-	-	-	36	-
内河合计	**193 901**	**20 001**	**100 853**	**9 615**	**93 048**	**10 386**
哈尔滨	-	-	-	-	-	-

5-13 （续表二）

单位：千吨

港口	总计	外贸	出港	外贸	进港	外贸
佳木斯	–	–	–	–	–	–
上海	7 998	–	2 629	–	5 369	–
南京	13 798	170	10 099	45	3 698	125
镇江	1 166	168	322	48	844	120
苏州	51 622	13 967	37 354	7 217	14 267	6 750
#常熟	4 966	2 028	2 112	1 911	2 854	117
太仓	1 046	534	150	16	896	518
张家港	45 609	11 405	35 092	5 290	10 518	6 115
南通	2 253	567	414	225	1 839	342
常州	1 039	482	475	157	564	324
江阴	16 708	2 251	6 476	965	10 232	1 286
扬州	1 477	1	102	1	1 375	–
泰州	5 501	710	2 692	336	2 809	374
徐州	2 775	–	2 592	–	183	–
连云港	2 917	–	2 097	–	820	–
无锡	18 574	–	2 376	–	16 198	–
宿迁	1 456	–	951	–	505	–
淮安	3 431	–	2 786	–	645	–
扬州内河	980	–	20	–	960	–
镇江内河	103	–	1	–	101	–
杭州	14 521	–	777	–	13 744	–
嘉兴内河	3 311	–	811	–	2 500	–
湖州	1 845	–	399	–	1 446	–
合肥	924	–	282	–	642	–
亳州	50	–	46	–	5	–
阜阳	12	–	12	–	–	–
淮南	21	–	21	–	–	–
滁州	20	–	16	–	4	–
马鞍山	4 867	156	4 273	151	594	6
巢湖	86	–	54	–	32	–
芜湖	1 918	135	857	–	1 061	135
铜陵	825	–	789	–	36	–
池州	213	–	15	–	198	–
安庆	210	…	83	…	127	–

5-13 （续表三）

单位：千吨

港口	总计	外贸	出港	外贸	进港	外贸
南　昌	2 507	13	1 306	13	1 201	…
九　江	2 874	8	2 845	8	28	–
武　汉	8 383	–	6 194	–	2 189	–
黄　石	1 258	136	635	69	623	67
荆　州	80	–	36	–	44	–
宜　昌	80	2	24	2	55	…
长　沙	442	24	14	14	429	10
湘　潭	2 833	–	2 825	–	8	–
株　洲	3	–	–	–	3	–
岳　阳	1 395	–	756	–	639	–
番　禺	34	–	11	–	23	–
新　塘	–	–	–	–	–	–
五　和	3	–	–	–	3	–
中　山	314	44	31	2	283	42
佛　山	2 517	1 109	935	325	1 582	784
江　门	370	16	160	2	210	14
虎　门	90	1	42	1	47	…
肇　庆	154	5	7	1	147	4
惠　州	39	–	–	–	39	–
南　宁	71	–	9	–	62	–
柳　州	824	–	824	–	–	–
贵　港	353	…	233	…	120	…
梧　州	342	31	327	31	15	–
来　宾	2 315	–	2 315	–	–	–
重　庆	5 898	1	1 472	1	4 426	–
#原重庆	1 816	–	620	–	1 195	–
涪　陵	216	1	104	1	112	–
万　州	183	–	6	–	177	–
重庆航管处	3 036	–	298	–	2 739	–
泸　州	26	3	3	2	23	1
宜　宾	15	–	–	–	15	–
乐　山	–	–	–	–	–	–
南　充	–	–	–	–	–	–
广　安	–	–	–	–	–	–
达　州	64	–	25	–	39	–

5-14 规模以上港口矿建材料吞吐量

单位：千吨

港口	总计	外贸	出港	外贸	进港	外贸
总 计	1 356 572	27 748	561 543	23 008	795 029	4 740
沿海合计	381 143	23 310	137 241	18 781	243 901	4 529
丹 东	24 279	2	1 733	2	22 546	—
大 连	5 359	57	2 910	57	2 449	—
营 口	9 396	350	2 919	350	6 477	—
锦 州	81	—	9	—	72	—
秦皇岛	1 060	—	1 009	—	51	—
黄 骅	922	—	—	—	922	—
唐 山	5 909	236	5 110	236	799	—
#京 唐	3 970	236	3 200	236	770	—
曹妃甸	1 939	—	1 909	—	30	—
天 津	38 746	2 270	1 801	1 027	36 945	1 243
烟 台	1 070	304	373	300	697	3
#龙 口	105	18	42	18	63	—
威 海	595	—	2	—	592	—
青 岛	12 959	28	28	27	12 931	1
日 照	13 445	173	3 505	173	9 939	—
#石 臼	7 123	131	1 758	131	5 365	—
岚 山	6 322	42	1 747	42	4 574	—
上 海	9 254	52	317	48	8 937	4
连云港	1 087	5	519	5	569	—
嘉 兴	1 237	—	68	—	1 169	—
宁波-舟山	65 014	—	48 711	—	16 303	—
#宁 波	14 744	—	3 227	—	11 517	—
舟 山	50 270	—	45 484	—	4 785	—
台 州	10 766	—	1 084	—	9 682	—
温 州	18 980	—	3 619	—	15 361	—
宁 德	6 861	3 998	5 596	3 998	1 266	—
福 州	3 469	368	1 870	358	1 600	11
莆 田	8 666	—	—	—	8 666	—
泉 州	18 381	1 593	2 466	648	15 915	945
厦 门	34 688	11 517	24 738	9 914	9 950	1 603
#原厦门	24 670	11 517	14 720	9 914	9 950	1 603

5-14 （续表一）

单位：千吨

港口	总计	外贸	出港	外贸	进港	外贸
漳 州	10 018	–	10 018	–	–	–
汕 头	6 075	59	98	20	5 977	39
汕 尾	430	–	–	–	430	–
惠 州	82	31	80	31	2	–
深 圳	1 617	–	276	–	1 341	–
#蛇 口	–	–	–	–	–	–
赤 湾	–	–	–	–	–	–
妈 湾	–	–	–	–	–	–
东角头	506	–	276	–	230	–
盐 田	–	–	–	–	–	–
下 洞	–	–	–	–	–	–
虎 门	7 100	93	2 280	91	4 820	2
#太 平	253	–	–	–	253	–
麻 涌	728	–	–	–	728	–
沙 田	6 119	93	2 280	91	3 838	2
广 州	19 621	1 314	2 315	1 308	17 305	6
中 山	9 145	7	2 435	7	6 710	…
珠 海	27 776	537	9 160	148	18 617	390
江 门	9 018	4	8 580	3	438	…
阳 江	11	–	–	–	11	–
茂 名	1 554	–	1 324	–	231	–
湛 江	1 551	–	934	–	617	–
#原湛江	781	–	735	–	45	–
海 安	572	–	–	–	572	–
北部湾港	2 233	231	675	28	1 558	203
#北 海	460	–	3	–	457	–
钦 州	891	2	171	–	719	2
防 城	882	229	500	28	382	201
海 口	2 660	80	699	3	1 962	77
洋 浦	2	2	…	–	2	2
八 所	44	–	–	–	44	–
内河合计	975 429	4 438	424 301	4 228	551 128	211
哈尔滨	491	–	–	–	491	–

5-14 （续表二）

单位：千吨

港 口	总计	外贸	出港	外贸	进港	外贸
佳木斯	650	–	–	–	650	–
上 海	76 601	–	8 495	–	68 105	–
南 京	6 724	–	1 119	–	5 606	–
镇 江	4 444	–	1 672	–	2 772	–
苏 州	30 287	47	13 487	–	16 800	47
#常 熟	25 230	47	12 667	–	12 563	47
太 仓	–	–	–	–	–	–
张家港	5 057	–	820	–	4 237	–
南 通	29 853	3	10 579	3	19 274	–
常 州	4 586	–	2 234	–	2 351	–
江 阴	18 869	20	8 022	2	10 848	18
扬 州	3 432	–	92	–	3 340	–
泰 州	26 310	22	9 374	7	16 936	15
徐 州	25 713	–	19	–	25 694	–
连云港	2 458	–	538	–	1 920	–
无 锡	24 666	–	1 880	–	22 786	–
宿 迁	10 827	–	4 124	–	6 703	–
淮 安	23 932	–	8 389	–	15 544	–
扬州内河	16 229	–	63	–	16 166	–
镇江内河	3 737	–	1 115	–	2 621	–
杭 州	48 451	–	23 933	–	24 518	–
嘉兴内河	69 703	–	17 510	–	52 193	–
湖 州	106 881	–	93 333	–	13 548	–
合 肥	26 690	–	2	–	26 688	–
亳 州	4 932	–	2	–	4 929	–
阜 阳	3 565	–	–	–	3 565	–
淮 南	4 332	–	3 787	–	545	–
滁 州	17 966	–	16 344	–	1 622	–
马鞍山	13 670	–	3 586	–	10 084	–
巢 湖	38 315	–	36 486	–	1 830	–
芜 湖	9 553	–	712	–	8 841	–
铜 陵	11 224	75	10 641	75	583	–
池 州	7 509	–	7 301	–	208	–
安 庆	8 944	5	8 233	2	711	3

5-14 （续表三）

单位：千吨

港口	总计	外贸	出港	外贸	进港	外贸
南　昌	7 877	3	5 566	…	2 311	2
九　江	11 687	–	10 991	–	696	–
武　汉	12 834	–	1 481	–	11 353	–
黄　石	4 862	…	3 724	…	1 138	…
荆　州	1 160	–	7	–	1 153	–
宜　昌	1 045	24	694	24	350	…
长　沙	39 700	45	31	29	39 669	16
湘　潭	1 876	–	–	–	1 876	–
株　洲	5 394	–	–	–	5 394	–
岳　阳	69 623	–	64 065	–	5 558	–
番　禺	1 615	–	–	–	1 615	–
新　塘	17	–	–	–	17	–
五　和	890	–	290	–	600	–
中　山	22 490	2	1 425	1	21 065	1
佛　山	10 582	3 873	6 696	3 812	3 886	60
江　门	9 346	31	1 873	30	7 473	…
虎　门	150	1	32	…	118	1
肇　庆	7 198	276	4 204	237	2 994	39
惠　州	318	–	318	–	…	–
南　宁	3 784	–	871	–	2 913	–
柳　州	282	–	282	–	–	–
贵　港	11 826	1	3 463	1	8 362	–
梧　州	13 783	–	13 178	–	605	–
来　宾	1 567	–	1 567	–	–	–
重　庆	26 758	–	3 795	–	22 963	–
#原重庆	1 959	–	971	–	988	–
涪　陵	416	–	26	–	391	–
万　州	848	–	48	–	799	–
重庆航管处	12 740	–	791	–	11 949	–
泸　州	10 941	11	756	4	10 185	7
宜　宾	3 860	–	2 154	–	1 706	–
乐　山	2 341	–	2 331	–	10	–
南　充	4 010	–	543	–	3 466	–
广　安	4 028	–	142	–	3 886	–
达　州	2 038	–	747	–	1 291	–

5-15 规模以上港口水泥吞吐量

单位：千吨

港口	总计	外贸	出港	外贸	进港	外贸
总 计	**221 060**	**8 851**	**144 821**	**7 445**	**76 239**	**1 406**
沿海合计	**45 211**	**5 287**	**12 419**	**3 894**	**32 792**	**1 394**
丹 东	777	21	529	21	247	-
大 连	376	-	348	-	28	-
营 口	404	36	341	36	63	-
锦 州	115	-	27	-	88	-
秦皇岛	77	-	77	-	-	-
黄 骅	-	-	-	-	-	-
唐 山	510	65	146	65	363	-
#京 唐	423	60	60	60	363	-
曹妃甸	86	4	86	4	-	-
天 津	337	33	105	32	232	…
烟 台	2 916	2 209	2 602	2 209	314	-
#龙 口	2 113	2 094	2 099	2 094	14	-
威 海	-	-	-	-	-	-
青 岛	420	288	124	27	296	261
日 照	3 088	428	2 964	420	124	8
#石 臼	2 976	350	2 884	350	93	-
岚 山	112	78	81	70	31	8
上 海	2 225	43	43	43	2 183	-
连云港	534	529	482	482	52	47
嘉 兴	-	-	-	-	-	-
宁波-舟山	6 782	23	331	23	6 451	-
#宁 波	5 024	-	208	-	4 816	-
舟 山	1 758	23	123	23	1 635	-
台 州	2 476	-	-	-	2 476	-
温 州	2 096	-	-	-	2 096	-
宁 德	1 092	-	…	-	1 092	-
福 州	4 447	151	-	-	4 447	151
莆 田	1 189	-	28	-	1 160	-
泉 州	902	-	-	-	902	-
厦 门	886	83	10	-	877	83
#原厦门	886	83	10	-	877	83

5-15 （续表一）

单位：千吨

港口	总计	外贸	出港	外贸	进港	外贸
漳 州	–	–	–	–	–	–
汕 头	1 372	–	1	–	1 370	–
汕 尾	–	–	–	–	–	–
惠 州	127	–	–	–	127	–
深 圳	622	59	–	–	622	59
#蛇 口	–	–	–	–	–	–
赤 湾	–	–	–	–	–	–
妈 湾	509	59	–	–	509	59
东角头	34	–	–	–	34	–
盐 田	–	–	–	–	–	–
下 洞	–	–	–	–	–	–
虎 门	1 914	394	1 551	361	363	33
#太 平	–	–	–	–	–	–
麻 涌	517	23	502	23	15	–
沙 田	1 397	371	1 049	338	348	33
广 州	1 079	19	121	18	958	1
中 山	2 011	…	75	–	1 936	…
珠 海	1 213	–	82	–	1 131	–
江 门	525	–	335	–	190	–
阳 江	176	168	8	–	168	168
茂 名	34	15	2	–	32	15
湛 江	498	–	498	–	–	–
#原湛江	…		…			
海 安	498	–	498	–	–	–
北部湾港	1 818	176	1 588	157	231	19
#北 海	214	–	2	–	211	–
钦 州	1 101	4	1 100	4	…	–
防 城	504	172	485	153	19	19
海 口	1 484	171	1	–	1 483	171
洋 浦	690	378	…	–	690	378
八 所	–	–	–	–	–	–
内河合计	175 848	3 564	132 402	3 551	43 447	13
哈尔滨	–	–	–	–	–	–

5-15 （续表二）

单位：千吨

港 口	总计	外贸	出港	外贸	进港	外贸
佳木斯	-	-	-	-	-	-
上 海	8 012	-	498	-	7 514	-
南 京	1 195	564	1 103	564	92	-
镇 江	3 302	32	3 171	20	131	13
苏 州	2 556	1 304	1 742	1 304	813	-
#常 熟	-	-	-	-	-	-
太 仓	20	-	12	-	9	-
张家港	2 535	1 304	1 731	1 304	805	-
南 通	5 567	908	912	908	4 654	-
常 州	-	-	-	-	-	-
江 阴	756	-	-	-	756	-
扬 州	227	2	225	2	2	-
泰 州	477	476	476	476	1	-
徐 州	955	-	952	-	3	-
连云港	381	-	-	-	381	-
无 锡	12 929	-	6 725	-	6 204	-
宿 迁	9	-	1	-	9	-
淮 安	666	-	178	-	489	-
扬州内河	2 224	-	-	-	2 224	-
镇江内河	35	-	33	-	2	-
杭 州	3 237	-	1 425	-	1 811	-
嘉兴内河	10 118	-	4 875	-	5 243	-
湖 州	13 985	-	12 793	-	1 192	-
合 肥	307	-	1	-	306	-
亳 州	-	-	-	-	-	-
阜 阳	38	-	-	-	38	-
淮 南	472	-	14	-	457	-
滁 州	…	-	-	-	…	-
马鞍山	709	-	706	-	3	-
巢 湖	4 945	-	4 730	-	215	-
芜 湖	15 991	-	15 960	-	32	-
铜 陵	15 989	-	15 864	-	125	-
池 州	10 745	-	10 380	-	364	-
安 庆	12 575	17	12 167	17	408	-

5-15 （续表三）

单位：千吨

港口	总计	外贸	出港	外贸	进港	外贸
南昌	2 212	–	20	–	2 191	–
九江	5 752	–	5 542	–	210	–
武汉	950	–	787	–	162	–
黄石	2 201	–	2 201	–	–	–
荆州	8	–	–	–	8	–
宜昌	100	–	99	–	1	–
长沙	2	–	–	–	2	–
湘潭	–	–	–	–	–	–
株洲	4	–	2	–	2	–
岳阳	509	–	193	–	316	–
番禺	79	–	–	–	79	–
新塘	6	–	–	–	6	–
五和	2 145	243	1 692	243	453	–
中山	2 330	–	28	–	2 301	–
佛山	2 091	2	1 848	2	243	–
江门	992	–	17	–	975	–
虎门	…	–	…	–	–	–
肇庆	4 948	14	4 948	14	–	–
惠州	–	–	–	–	–	–
南宁	1 007	–	994	–	13	–
柳州	–	–	–	–	–	–
贵港	16 969	…	16 730	…	239	–
梧州	592	–	378	–	213	–
来宾	548	–	548	–	–	–
重庆	3 090	–	1 210	–	1 880	–
#原重庆	59	–	47	–	12	–
涪陵	6	–	–	–	6	–
万州	286	–	–	–	286	–
重庆航管处	959	–	190	–	769	–
泸州	242	–	2	–	241	–
宜宾	87	–	–	–	87	–
乐山	–	–	–	–	–	–
南充	17	–	12	–	5	–
广安	4	–	1	–	3	–
达州	565	–	218	–	346	–

5-16 规模以上港口木材吞吐量

单位：千吨

港口	总计	外贸	出港	外贸	进港	外贸
总 计	**63 246**	**46 905**	**10 915**	**3 203**	**52 331**	**43 702**
沿海合计	**43 473**	**33 791**	**6 612**	**2 874**	**36 861**	**30 917**
丹 东	-	-	-	-	-	-
大 连	817	316	490	-	327	316
营 口	192	187	8	8	184	179
锦 州	-	-	-	-	-	-
秦皇岛	1	-	-	-	1	-
黄 骅	-	-	-	-	-	-
唐 山	146	146	-	-	146	146
#京 唐	146	146	-	-	146	146
曹妃甸	-	-	-	-	-	-
天 津	2 442	2 033	66	51	2 376	1 983
烟 台	3 449	2 155	1	-	3 448	2 155
#龙 口	2 400	1 455	-	-	2 400	1 455
威 海	-	-	-	-	-	-
青 岛	575	575	30	30	545	545
日 照	15 039	13 472	-	-	15 039	13 472
#石 臼	10 306	8 748	-	-	10 306	8 748
岚 山	4 733	4 723	-	-	4 733	4 723
上 海	2 218	1 921	172	7	2 046	1 914
连云港	3 587	3 561	2 571	2 571	1 016	990
嘉 兴	23	19	1	-	22	19
宁波-舟山	326	152	6	-	320	152
#宁 波	323	152	6	-	317	152
舟 山	3	-	-	-	3	-
台 州	23	-	-	-	23	-
温 州	30	6	-	-	30	6
宁 德	-	-	-	-	-	-
福 州	61	23	…	…	61	23
莆 田	577	512	55	-	522	512
泉 州	252	248	-	-	252	248
厦 门	1 606	1 480	27	7	1 579	1 473
#原厦门	1 606	1 480	27	7	1 579	1 473

5-16 (续表一)

单位：千吨

港口	总计	外贸	出港	外贸	进港	外贸
漳 州	–	–	–	–	–	–
汕 头	103	23	40	17	63	6
汕 尾	91	–	91	–	–	–
惠 州	3	–	3	–	–	–
深 圳	69	25	7	–	62	25
#蛇 口	–	–	–	–	–	–
赤 湾	–	–	–	–	–	–
妈 湾	69	25	7	–	62	25
东角头	–	–	–	–	–	–
盐 田	–	–	–	–	–	–
下 洞	–	–	–	–	–	–
虎 门	663	447	52	8	611	439
#太 平	5	5	1	1	4	4
麻 涌	52	24	2	–	50	24
沙 田	606	418	49	7	556	411
广 州	2 232	928	600	40	1 631	888
中 山	161	118	21	9	140	109
珠 海	6	–	1	–	5	–
江 门	38	10	25	1	12	9
阳 江	–	–	–	–	–	–
茂 名	16	–	16	–	1	–
湛 江	1 125	328	817	21	308	307
#原湛江	683	328	375	21	308	307
海 安	176	–	176	–	–	–
北部湾港	2 392	1 180	1 120	94	1 272	1 086
#北 海	126	–	114	–	12	–
钦 州	902	–	754	–	148	–
防 城	1 364	1 180	252	94	1 112	1 086
海 口	628	40	394	10	235	30
洋 浦	4 581	3 888	–	–	4 581	3 888
八 所	–	–	–	–	–	–
内河合计	**19 773**	**13 114**	**4 303**	**329**	**15 470**	**12 785**
哈尔滨	–	–	–	–	–	–

5-16（续表二）

单位：千吨

港　口	总计	外贸	出港	外贸	进港	外贸
佳木斯	2	–	–	–	2	–
上　海	11	–	2	–	9	–
南　京	8	–	1	–	7	–
镇　江	2	–	–	–	2	–
苏　州	10 848	9 223	1 692	124	9 155	9 099
#常　熟	2 244	1 978	266	–	1 978	1 978
太　仓	3 813	3 771	96	57	3 717	3 714
张家港	4 791	3 474	1 331	67	3 460	3 407
南　通	–	–	–	–	–	–
常　州	–	–	–	–	–	–
江　阴	101	54	22	3	79	51
扬　州	1 222	792	398	–	824	792
泰　州	3 165	2 187	971	2	2 194	2 185
徐　州	1	–	–	–	1	–
连云港	–	–	–	–	–	–
无　锡	…	–	–	–	…	–
宿　迁	–	–	–	–	–	–
淮　安	27	–	13	–	14	–
扬州内河	94	–	–	–	94	–
镇江内河	2	–	1	–	1	–
杭　州	57	–	–	–	57	–
嘉兴内河	118	–	68	–	50	–
湖　州	1 123	–	22	–	1 101	–
合　肥	9	–	–	–	9	–
亳　州	–	–	–	–	–	–
阜　阳	–	–	–	–	–	–
淮　南	4	–	–	–	4	–
滁　州	…	–	…	–	–	–
马鞍山	–	–	–	–	–	–
巢　湖	4	–	3	–	1	–
芜　湖	…	–	…	–	–	–
铜　陵	–	–	–	–	–	–
池　州	4	–	3	–	…	–
安　庆	12	8	9	8	3	–

5-16 （续表三）

单位：千吨

港 口	总计	外贸	出港	外贸	进港	外贸
南　昌	151	-	135	-	16	-
九　江	2	-	2	-	-	-
武　汉	6	-	1	-	5	-
黄　石	…	-	…	-	-	-
荆　州	64	-	62	-	2	-
宜　昌	2	1	1	…	1	…
长　沙	6	6	6	6	1	1
湘　潭	10	-	10	-	-	-
株　洲	4	-	-	-	4	-
岳　阳	345	-	…	-	344	-
番　禺	-	-	-	-	-	-
新　塘	-	-	-	-	-	-
五　和	-	-	-	-	-	-
中　山	311	26	4	3	307	23
佛　山	789	711	124	108	664	603
江　门	39	23	8	5	31	19
虎　门	81	-	12	-	69	-
肇　庆	47	2	45	1	2	1
惠　州	-	-	-	-	-	-
南　宁	192	-	192	-	-	-
柳　州	10	-	10	-	-	-
贵　港	317	64	277	64	39	…
梧　州	154	-	114	-	40	-
来　宾	53	-	53	-	-	-
重　庆	274	-	2	-	272	-
#原重庆	-	-	-	-	-	-
涪　陵	-	-	-	-	-	-
万　州	-	-	-	-	-	-
重庆航管处	222	-	1	-	221	-
泸　州	68	18	23	5	45	13
宜　宾	14	-	-	-	14	-
乐　山	23	-	16	-	7	-
南　充	-	-	-	-	-	-
广　安	-	-	-	-	-	-
达　州	-	-	-	-	-	-

5-17 规模以上港口非金属矿石吞吐量

单位：千吨

港口	总计	外贸	出港	外贸	进港	外贸
总 计	213 531	52 121	108 637	14 215	104 894	37 906
沿海合计	92 719	46 906	33 141	12 239	59 579	34 667
丹 东	507	446	490	441	17	5
大 连	1 555	265	396	247	1 159	18
营 口	3 533	2 556	3 323	2 416	210	140
锦 州	351	243	256	180	95	63
秦皇岛	369	37	89	37	281	–
黄 骅	41	–	–	–	41	–
唐 山	737	153	–	–	737	153
#京 唐	571	–	–	–	571	–
曹妃甸	165	153	–	–	165	153
天 津	2 359	1 946	1 577	1 510	782	436
烟 台	29 715	24 703	5 032	178	24 683	24 525
#龙 口	17 525	16 423	1 228	161	16 297	16 262
威 海	–	–	–	–	–	–
青 岛	395	346	165	159	230	188
日 照	9 946	5 760	2 947	289	6 999	5 471
#石 臼	6 524	4 267	1 413	232	5 112	4 035
岚 山	3 422	1 493	1 534	57	1 887	1 436
上 海	5 767	66	639	66	5 129	–
连云港	3 366	3 203	335	231	3 031	2 972
嘉 兴	163	–	–	–	163	–
宁波-舟山	3 901	161	165	125	3 736	36
#宁 波	3 901	161	165	125	3 736	36
舟 山	...	–	–	–	...	–
台 州	246	–	–	–	246	–
温 州	168	13	74	13	94	–
宁 德	201	8	142	8	59	–
福 州	2 876	104	192	104	2 685	–
莆 田	93	37	54	37	39	–
泉 州	738	27	23	2	715	25
厦 门	4 403	341	3 691	341	712	...
#原厦门	817	341	344	341	473	...

5-17 （续表一）

单位：千吨

港 口	总计	外贸	出港	外贸	进港	外贸
漳　州	3 586	–	3 347	–	239	–
汕　头	578	205	307	205	270	–
汕　尾	279	–	279	–	–	–
惠　州	–	–	–	–	–	–
深　圳	51	–	42	–	9	–
#蛇　口	–	–	–	–	–	–
赤　湾	–	–	–	–	–	–
妈　湾	51	–	42	–	9	–
东角头	–	–	–	–	–	–
盐　田	–	–	–	–	–	–
下　洞	–	–	–	–	–	–
虎　门	643	88	176	39	467	50
#太　平	90	4	4	4	86	–
麻　涌	109	–	–	–	109	–
沙　田	444	84	172	34	272	50
广　州	1 874	598	1 052	561	822	37
中　山	2 117	8	955	1	1 163	7
珠　海	1 509	133	212	133	1 297	–
江　门	3 979	138	1 596	137	2 384	1
阳　江	–	–	–	–	–	–
茂　名	94	–	77	–	17	–
湛　江	2 198	1 415	1 839	1 065	359	350
#原湛江	2 198	1 415	1 839	1 065	359	350
海　安	–	–	–	–	–	–
北部湾港	6 577	3 783	6 251	3 668	326	115
#北　海	4 128	1 910	3 960	1 910	167	–
钦　州	469	48	439	48	30	…
防　城	1 980	1 825	1 852	1 710	129	115
海　口	1 002	50	631	11	370	39
洋　浦	169	43	38	35	131	9
八　所	218	29	96	–	122	29
内河合计	120 812	5 215	75 496	1 977	45 316	3 239
哈尔滨	–	–	–	–	–	–

5-17 （续表二）

单位：千吨

港 口	总计	外贸	出港	外贸	进港	外贸
佳木斯	-	-	-	-	-	-
上 海	341	-	…	-	341	-
南 京	1 946	263	601	263	1 345	-
镇 江	5 410	1 712	3 160	1 000	2 250	713
苏 州	1 151	100	156	56	995	45
#常 熟	690	45	25	-	665	45
太 仓	370	16	86	16	284	-
张家港	91	40	46	40	46	-
南 通	6 448	2 839	3 282	390	3 166	2 449
常 州	433	-	204	-	229	-
江 阴	678	-	115	-	563	-
扬 州	123	-	60	-	62	-
泰 州	551	9	10	5	540	4
徐 州	10 273	-	10 177	-	96	-
连云港	-	-	-	-	-	-
无 锡	360	-	184	-	176	-
宿 迁	181	-	8	-	173	-
淮 安	1 769	-	-	-	1 769	-
扬州内河	48	-	1	-	47	-
镇江内河	420	-	389	-	31	-
杭 州	5 529	-	2 973	-	2 556	-
嘉兴内河	2 350	-	89	-	2 262	-
湖 州	10 804	-	5 056	-	5 748	-
合 肥	8	-	5	-	3	-
亳 州	-	-	-	-	-	-
阜 阳	-	-	-	-	-	-
淮 南	7	-	-	-	7	-
滁 州	3 645	-	3 633	-	12	-
马鞍山	3 995	-	11	-	3 984	-
巢 湖	2 792	-	2 074	-	718	-
芜 湖	24 777	7	22 397	7	2 380	-
铜 陵	4 862	36	3 147	36	1 715	-
池 州	8 614	193	8 580	193	34	-
安 庆	155	1	18	-	137	1

5-17 （续表三）

单位：千吨

港 口	总计	外贸	出港	外贸	进港	外贸
南 昌	874	13	273	9	601	4
九 江	619	-	360	-	260	-
武 汉	7 510	-	212	-	7 298	-
黄 石	176	1	37	…	139	1
荆 州	70	-	25	-	46	-
宜 昌	1 375	13	1 147	3	228	10
长 沙	170	23	13	13	156	10
湘 潭	-	-	-	-	-	-
株 洲	7	-	-	-	7	-
岳 阳	472	-	342	-	131	-
番 禺	7	-	-	-	7	-
新 塘	657	-	-	-	657	-
五 和	17	-	16	-	1	-
中 山	52	…	5	…	47	-
佛 山	17	1	5	1	12	…
江 门	626	-	75	-	551	-
虎 门	114	-	21	-	93	-
肇 庆	933	2	869	-	64	2
惠 州	-	-	-	-	-	-
南 宁	133	-	133	-	-	-
柳 州	77	-	77	-	-	-
贵 港	2 222	…	1 353	…	869	-
梧 州	402	-	336	-	66	-
来 宾	1 634	-	1 634	-	-	-
重 庆	3 232	-	955	-	2 276	-
#原重庆	788	-	759	-	29	-
涪 陵	774	-	36	-	737	-
万 州	-	-	-	-	-	-
重庆航管处	612	-	67	-	546	-
泸 州	308	…	28	…	281	-
宜 宾	1 412	-	1 226	-	186	-
乐 山	25	-	25	-	-	-
南 充	-	-	-	-	-	-
广 安	-	-	-	-	-	-
达 州	-	-	-	-	-	-

5-18　规模以上港口化学肥料及农药吞吐量

单位：千吨

港　口	总计	外贸	出港	外贸	进港	外贸
总　计	37 960	18 989	22 381	13 677	15 578	5 312
沿海合计	20 635	16 180	12 811	11 042	7 824	5 138
丹　东	37	33	37	33	—	—
大　连	971	252	359	251	612	2
营　口	1 902	1 796	1 348	1 348	554	448
锦　州	343	343	343	343	—	—
秦皇岛	879	874	622	622	257	252
黄　骅	—	—	—	—	—	—
唐　山	—	—	—	—	—	—
#京　唐	—	—	—	—	—	—
曹妃甸	—	—	—	—	—	—
天　津	195	183	102	91	93	92
烟　台	3 085	2 929	2 665	2 665	420	264
#龙　口	96	96	96	96	—	—
威　海	100	100	100	100	—	—
青　岛	1 047	1 042	207	201	841	841
日　照	198	189	189	189	9	—
#石　臼	198	189	189	189	9	—
岚　山	—	—	—	—	—	—
上　海	60	7	20	7	40	—
连云港	1 455	1 441	702	692	753	748
嘉　兴	—	—	—	—	—	—
宁波-舟山	121	44	37	32	84	12
#宁　波	121	44	37	32	84	12
舟　山	…	—	—	—	…	—
台　州	34	—	—	—	34	—
温　州	16	—	—	—	16	—
宁　德	9	—	—	—	9	—
福　州	18	5	5	5	13	—
莆　田	5	5	5	5	…	—
泉　州	6	—	—	—	6	—
厦　门	215	150	85	80	130	70
#原厦门	215	150	85	80	130	70

5-18 （续表一）

单位：千吨

港 口	总计	外贸	出港	外贸	进港	外贸
漳 州	-	-	-	-	-	-
汕 头	2	-	2	-	…	-
汕 尾	-	-	-	-	-	-
惠 州	-	-	-	-	-	-
深 圳	1 211	907	329	25	882	882
#蛇 口	…	-	…	-	-	-
赤 湾	1 211	907	329	25	882	882
妈 湾	-	-	-	-	-	-
东角头	-	-	-	-	-	-
盐 田	-	-	-	-	-	-
下 洞	-	-	-	-	-	-
虎 门	281	193	55	…	226	193
#太 平	-	-	-	-	-	-
麻 涌	250	193	54	-	196	193
沙 田	31	…	1	…	31	…
广 州	179	118	81	76	98	42
中 山	18	3	3	3	15	-
珠 海	33	-	27	-	6	-
江 门	6	-	1	-	4	-
阳 江	-	-	-	-	-	-
茂 名	29	-	-	-	29	-
湛 江	2 063	1 916	898	846	1 165	1 070
#原湛江	2 063	1 916	898	846	1 164	1 070
海 安	1	-	-	-	1	-
北部湾港	3 971	3 411	3 279	3 190	692	221
#北 海	687	592	596	592	91	-
钦 州	576	275	288	274	288	1
防 城	2 709	2 544	2 394	2 324	314	220
海 口	1 001	1	198	…	804	1
洋 浦	-	-	-	-	-	-
八 所	1 144	240	1 113	240	31	-
内河合计	17 325	2 808	9 571	2 635	7 755	173
哈尔滨	-	-				

5-18 （续表二）

单位：千吨

港 口	总计	外贸	出港	外贸	进港	外贸
佳木斯	-	-	-	-	-	-
上　海	40	-	7	-	34	-
南　京	3 224	142	1 664	97	1 560	45
镇　江	2 056	993	1 072	993	984	-
苏　州	2 010	1 000	988	984	1 022	16
#常　熟	-	-	-	-	-	-
太　仓	97	64	49	49	48	16
张家港	1 913	936	939	936	974	-
南　通	1 537	574	773	482	763	91
常　州	305	-	153	-	153	-
江　阴	4	-	1	-	3	-
扬　州	1	-	-	-	1	-
泰　州	69	62	50	50	19	12
徐　州	-	-	-	-	-	-
连云港	-	-	-	-	-	-
无　锡	1 860	-	1 591	-	269	-
宿　迁	21	-	8	-	13	-
淮　安	339	-	291	-	48	-
扬州内河	380	-	-	-	380	-
镇江内河	39	-	-	-	39	-
杭　州	175	-	9	-	167	-
嘉兴内河	67	-	39	-	29	-
湖　州	62	-	35	-	27	-
合　肥	48	-	2	-	45	-
亳　州	59	-	46	-	14	-
阜　阳	23	-	21	-	2	-
淮　南	8	-	1	-	8	-
滁　州	15	-	3	-	12	-
马鞍山	1	-	-	-	1	-
巢　湖	39	-	1	-	38	-
芜　湖	1	-	1	-	-	-
铜　陵	283	-	200	-	83	-
池　州	14	-	4	-	10	-
安　庆	187	-	151	-	36	-

5-18 （续表三）

单位：千吨

港口	总计	外贸	出港	外贸	进港	外贸
南　昌	23	–	1	–	22	–
九　江	41	–	2	–	39	–
武　汉	224	–	168	–	56	–
黄　石	58	–	50	–	9	–
荆　州	18	–	18	–	–	–
宜　昌	153	6	149	6	3	–
长　沙	1	1	1	1	…	…
湘　潭	–	–	–	–	–	–
株　洲	–	–	–	–	–	–
岳　阳	226	–	91	–	135	–
番　禺	–	–	–	–	–	–
新　塘	2	–	–	–	2	–
五　和	8	–	8	–	–	–
中　山	13	–	1	–	12	–
佛　山	8	–	–	–	8	–
江　门	45	28	24	19	20	9
虎　门	6	–	6	–	…	–
肇　庆	29	1	23	…	6	…
惠　州	–	–	–	–	–	–
南　宁	62	–	–	–	62	–
柳　州	6	–	6	–	–	–
贵　港	135	1	107	1	28	–
梧　州	47	–	17	–	31	–
来　宾	2	–	2	–	–	–
重　庆	2 386	–	1 343	–	1 043	–
#原重庆	100	–	27	–	73	–
涪　陵	1	–	–	–	1	–
万　州	314	–	203	–	111	–
重庆航管处	1 414	–	1 097	–	318	–
泸　州	382	–	353	–	29	–
宜　宾	461	–	34	–	427	–
乐　山	17	–	17	–	–	–
南　充	23	–	4	–	19	–
广　安	2	–	1	–	1	–
达　州	78	–	36	–	42	–

5-19　规模以上港口盐吞吐量

单位：千吨

港　口	总计	外贸	出港	外贸	进港	外贸
总　计	12 556	3 978	2 738	264	9 818	3 714
沿海合计	7 085	3 239	731	140	6 353	3 099
丹　东	8	-	-	-	8	-
大　连	661	199	5	-	656	199
营　口	352	65	…	…	352	65
锦　州	620	394	-	-	620	394
秦皇岛	-	-	-	-	-	-
黄　骅	70	15	46	15	23	-
唐　山	880	635	5	-	875	635
#京　唐	-	-	-	-	-	-
曹妃甸	880	635	5	-	875	635
天　津	44	1	34	1	11	…
烟　台	131	103	103	103	28	-
#龙　口	78	78	78	78	-	-
威　海	-	-	-	-	-	-
青　岛	40	40	-	-	40	40
日　照	-	-	-	-	-	-
#石　臼	-	-	-	-	-	-
岚　山	-	-	-	-	-	-
上　海	1 032	774	17	…	1 015	774
连云港	746	12	348	12	398	-
嘉　兴	262	-	-	-	262	-
宁波-舟山	1 022	461	18	-	1 004	461
#宁　波	998	461	-	-	998	461
舟　山	24	-	18	-	6	-
台　州	35	-	-	-	35	-
温　州	29	-	-	-	29	-
宁　德	8	-	-	-	8	-
福　州	118	-	-	-	118	-
莆　田	9	6	9	6	-	-
泉　州	183	167	4	-	179	167
厦　门	126	-	6	-	120	-
#原厦门	120	-	-	-	120	-

5-19 （续表一）

单位：千吨

港口	总计	外贸	出港	外贸	进港	外贸
漳州	6	–	6	–	–	–
汕头	–	–	–	–	–	–
汕尾	–	–	–	–	–	–
惠州	–	–	–	–	–	–
深圳	–	–	–	–	–	–
#蛇口	–	–	–	–	–	–
赤湾	–	–	–	–	–	–
妈湾	–	–	–	–	–	–
东角头	–	–	–	–	–	–
盐田	–	–	–	–	–	–
下洞	–	–	–	–	–	–
虎门	…	–	…	–	…	–
#太平	–	–	–	–	–	–
麻涌	–	–	–	–	–	–
沙田	…	–	…	–	…	–
广州	106	44	49	…	58	44
中山	17	…	–	–	17	…
珠海	10	–	…	–	10	–
江门	105	–	–	–	105	–
阳江	1	–	–	–	1	–
茂名	–	–	–	–	–	–
湛江	39	–	34	–	5	–
#原湛江	5	–	–	–	5	–
海安	29	–	29	–	–	–
北部湾港	329	276	–	–	329	276
#北海	–	–	–	–	–	–
钦州	30	–	–	–	30	–
防城	299	276	–	–	299	276
海口	25	…	21	…	4	–
洋浦	44	44	–	–	44	44
八所	33	2	33	2	–	–
内河合计	**5 471**	**739**	**2 006**	**124**	**3 465**	**615**
哈尔滨	–	–	–	–	–	–

5-19（续表二）

单位：千吨

港 口	总计	外贸	出港	外贸	进港	外贸
佳木斯	-	-	-	-	-	-
上 海	5	-	-	-	5	-
南 京	809	-	14	-	796	-
镇 江	42	13	13	13	29	-
苏 州	201	62	-	-	201	62
#常 熟	201	62	-	-	201	62
太 仓	-	-	-	-	-	-
张家港	-	-	-	-	-	-
南 通	136	2	2	2	134	-
常 州	-	-	-	-	-	-
江 阴	-	-	-	-	-	-
扬 州	20	-	-	-	20	-
泰 州	980	662	177	109	804	553
徐 州	-	-	-	-	-	-
连云港	-	-	-	-	-	-
无 锡	16	-	3	-	13	-
宿 迁	-	-	-	-	-	-
淮 安	1 475	-	1 209	-	266	-
扬州内河	134	-	-	-	134	-
镇江内河	2	-	-	-	2	-
杭 州	58	-	-	-	58	-
嘉兴内河	265	-	1	-	264	-
湖 州	27	-	-	-	27	-
合 肥	8	-	8	-	-	-
亳 州	-	-	-	-	-	-
阜 阳	-	-	-	-	-	-
淮 南	18	-	2	-	16	-
滁 州	2	-	-	-	2	-
马鞍山	-	-	-	-	-	-
巢 湖	1	-	-	-	1	-
芜 湖	209	-	1	-	209	-
铜 陵	-	-	-	-	-	-
池 州	-	-	-	-	-	-
安 庆	2	-	-	-	2	-

5-19 （续表三）

单位：千吨

港　　口	总计	外贸	出港	外贸	进港	外贸
南　昌	…	–	–	–	…	–
九　江	13	–	–	–	13	–
武　汉	62	–	57	–	5	–
黄　石	–	–	–	–	–	–
荆　州	–	–	–	–	–	–
宜　昌	–	–	–	–	–	–
长　沙	13	–	–	–	13	–
湘　潭	–	–	–	–	–	–
株　洲	18	–	…	–	18	–
岳　阳	20	–	2	–	18	–
番　禺	–	–	–	–	–	–
新　塘	–	–	–	–	–	–
五　和	–	–	–	–	–	–
中　山	1	–	–	–	1	–
佛　山	7	–	–	–	7	–
江　门	102	–	–	–	102	–
虎　门	33	–	26	–	6	–
肇　庆	8	…	–	–	8	…
惠　州	–	–	–	–	–	–
南　宁	–	–	–	–	–	–
柳　州	–	–	–	–	–	–
贵　港	…	–	–	–	…	–
梧　州	14	–	–	–	14	–
来　宾	–	–	–	–	–	–
重　庆	592	–	330	–	261	–
#原重庆	33	–	7	–	26	–
涪　陵	1	–	–	–	1	–
万　州	4	–	–	–	4	–
重庆航管处	507	–	323	–	184	–
泸　州	2	…	…	…	1	–
宜　宾	–	–	–	–	–	–
乐　山	157	–	157	–	–	–
南　充	11	–	…	–	11	–
广　安	–	–	–	–	–	–
达　州	9	–	5	–	5	–

5-20 规模以上港口粮食吞吐量

单位：千吨

港　　口	总计	外贸	出港	外贸	进港	外贸
总　计	166 417	57 717	55 817	1 419	110 600	56 298
沿海合计	121 758	51 786	42 576	1 288	79 183	50 499
丹　东	2 156	292	1 356	111	800	181
大　连	16 493	4 247	12 322	625	4 171	3 622
营　口	7 370	159	7 246	35	124	124
锦　州	5 186	247	5 116	181	70	66
秦皇岛	1 770	1 282	369	–	1 402	1 282
黄　骅	101	–	101	–	–	–
唐　山	160	124	36	–	124	124
#京　唐	160	124	36	–	124	124
曹妃甸	–	–	–	–	–	–
天　津	4 746	4 305	371	99	4 375	4 206
烟　台	1 876	1 544	53	1	1 823	1 544
#龙　口	935	797	37	1	897	797
威　海	2	–	–	–	2	–
青　岛	5 151	4 945	325	149	4 827	4 796
日　照	8 054	7 626	215	–	7 839	7 626
#石　臼	4 400	4 206	47	–	4 353	4 206
岚　山	3 654	3 420	168	–	3 485	3 420
上　海	1 981	1 382	425	…	1 556	1 382
连云港	4 761	4 621	56	15	4 705	4 607
嘉　兴	455	–	–	–	455	–
宁波-舟山	8 934	2 659	3 627	–	5 307	2 659
#宁　波	2 232	1 454	281	–	1 951	1 454
舟　山	6 703	1 205	3 346	–	3 356	1 205
台　州	29	–	–	–	29	–
温　州	272	–	16	–	256	–
宁　德	8	–	–	–	8	–
福　州	1 712	1 336	–	–	1 712	1 336
莆　田	979	299	3	–	976	299
泉　州	1 088	816	26	–	1 061	816
厦　门	3 568	1 472	43	–	3 525	1 472
#原厦门	3 568	1 472	43	–	3 525	1 472

5-20 （续表一）

单位：千吨

港 口	总计	外贸	出港	外贸	进港	外贸
漳 州	–	–	–	–	–	–
汕 头	1 528	166	34	–	1 494	166
汕 尾						
惠 州	–	–	–	–	–	–
深 圳	15 442	1 294	6 495	–	8 947	1 294
#蛇 口	6 711	–	3 031	–	3 680	–
赤 湾	3 762	1 294	1 562	–	2 200	1 294
妈 湾	4 969	–	1 902	–	3 067	–
东角头	–	–	–	–	–	–
盐 田	–	–	–	–	–	–
下 洞	–	–	–	–	–	–
虎 门	2 258	601	384	…	1 875	601
#太 平	35	35	–	–	35	35
麻 涌	2 114	566	342	–	1 771	566
沙 田	110	…	41	…	69	–
广 州	11 040	5 435	2 722	20	8 318	5 415
中 山	158	5	11	3	147	3
珠 海	241	22	38	–	203	22
江 门	1 395	156	298	–	1 097	156
阳 江	856	838	–	–	856	838
茂 名	1 119	6	3	–	1 116	6
湛 江	1 909	1 065	–	–	1 909	1 065
#原湛江	1 909	1 065	–	–	1 909	1 065
海 安	–	–	–	–	–	–
北部湾港	7 022	4 827	774	48	6 248	4 779
#北 海	143	59	6	–	137	59
钦 州	2 543	1 045	201	…	2 342	1 045
防 城	4 335	3 723	567	47	3 768	3 676
海 口	1 903	15	111	…	1 792	15
洋 浦	33	–	–	–	33	–
八 所	1	1	–	–	1	1
内河合计	44 659	5 930	13 241	131	31 417	5 799
哈尔滨	–	–	–	–	–	–

5-20 （续表二）

单位：千吨

港 口	总计	外贸	出港	外贸	进港	外贸
佳木斯	–	–	–	–	–	–
上 海	681	–	243	–	438	–
南 京	1 767	179	621	–	1 146	179
镇 江	1 027	638	385	–	642	638
苏 州	3 489	2 387	128	–	3 361	2 387
#常 熟	–	–	–	–	–	–
太 仓	108	105	–	–	108	105
张家港	3 381	2 282	128	–	3 253	2 282
南 通	6 980	1 972	2 442	–	4 538	1 972
常 州	–	–	–	–	–	–
江 阴	1 508	115	584	19	924	96
扬 州	6	–	6	–	–	–
泰 州	10 443	466	4 458	71	5 985	395
徐 州	7	–	7	–	–	–
连云港	–	–	–	–	–	–
无 锡	731	–	70	–	661	–
宿 迁	298	–	292	–	6	–
淮 安	1 110	–	883	–	228	–
扬州内河	1 557	–	359	–	1 198	–
镇江内河	5	–	–	–	5	–
杭 州	359	–	17	–	342	–
嘉兴内河	1 664	–	456	–	1 208	–
湖 州	302	–	90	–	211	–
合 肥	670	–	446	–	224	–
亳 州	632	–	625	–	7	–
阜 阳	318	–	317	–	…	–
淮 南	106	–	105	–	1	–
滁 州	213	–	166	–	48	–
马鞍山	60	–	3	–	57	–
巢 湖	163	–	96	–	68	–
芜 湖	32	–	12	–	21	–
铜 陵	7	–	7	–	–	–
池 州	7	–	7	–	–	–
安 庆	24	10	12	…	12	10

5-20 （续表三）

单位：千吨

港 口	总计	外贸	出港	外贸	进港	外贸
南 昌	220	–	5	–	215	–
九 江	7	–	1	–	6	–
武 汉	56	–	4	–	51	–
黄 石	40	–	–	–	40	–
荆 州	149	–	–	–	149	–
宜 昌	…	…	–	–	…	…
长 沙	19	1	–	–	19	1
湘 潭	27	–	–	–	27	–
株 洲	29	–	–	–	29	–
岳 阳	52	–	–	–	52	–
番 禺	1 485	–	58	–	1 427	–
新 塘	–	–	–	–	–	–
五 和	22	–	…	–	22	–
中 山	34	–	2	–	32	–
佛 山	942	93	62	6	881	87
江 门	1 531	26	46	17	1 485	9
虎 门	1 416	–	7	–	1 409	–
肇 庆	1 054	38	30	19	1 024	19
惠 州	123	–	–	–	123	–
南 宁	728	–	28	–	700	–
柳 州	17	–	–	–	17	–
贵 港	1 149	–	21	–	1 128	–
梧 州	109	5	1	–	108	5
来 宾	3	–	3	–	–	–
重 庆	835	–	7	–	828	–
#原重庆	–	–	–	–	–	–
涪 陵	…	–	–	–	…	–
万 州	15	–	1	–	14	–
重庆航管处	716	–	2	–	713	–
泸 州	14	…	1	…	13	…
宜 宾	87	–	–	–	87	–
乐 山	–	–	–	–	–	–
南 充	114	–	28	–	86	–
广 安	16	–	8	–	8	–
达 州	215	–	95	–	120	–

5-21　规模以上港口机械、设备、电器吞吐量

单位：千吨

港　口	总计		出港		进港	
		外贸		外贸		外贸
总　计	**171 355**	**108 674**	**95 801**	**62 703**	**75 554**	**45 970**
沿海合计	**163 327**	**104 459**	**89 793**	**59 397**	**73 534**	**45 061**
丹　东	106	17	16	16	90	1
大　连	3 930	1 531	3 404	1 376	526	155
营　口	4 868	304	1 336	302	3 533	2
锦　州	1	…	1	…	…	–
秦皇岛	3	2	2	2	1	–
黄　骅	1	–	–	–	1	–
唐　山	97	68	16	6	81	62
#京　唐	21	6	6	6	15	–
曹妃甸	76	62	9	–	67	62
天　津	37 253	25 290	21 766	15 984	15 487	9 306
烟　台	453	24	39	21	414	3
#龙　口	2	…	…	…	2	–
威　海	43	2	13	2	30	1
青　岛	3 590	1 027	3 501	973	89	54
日　照	1	1	1	…	1	1
#石　臼	1	1	1	…	1	1
岚　山	–	–	–	–	–	–
上　海	66 617	57 503	35 212	30 526	31 405	26 977
连云港	1 769	1 755	1 526	1 516	243	238
嘉　兴	7	–	–	–	7	–
宁波－舟山	413	60	137	29	275	31
#宁　波	104	18	83	13	21	5
舟　山	309	42	54	16	254	26
台　州	1 360	1 359	1	1	1 359	1 359
温　州	…	–	–	–	…	–
宁　德	1	–	–	–	1	–
福　州	1	…	…	–	1	…
莆　田	37	12	15	–	22	12
泉　州	20	13	–	–	20	13
厦　门	2 297	2 221	1 463	1 437	834	784
#原厦门	2 277	2 221	1 458	1 437	820	784

5-21 （续表一）

单位：千吨

港　口	总计	外贸	出港	外贸	进港	外贸
漳　州	20	–	5	–	15	–
汕　头	2 229	1 201	1 105	606	1 124	595
汕　尾	1	–	–	–	1	–
惠　州	3	1	1	1	2	1
深　圳	64	2	44	…	21	2
#蛇　口	…	–	…	–	…	–
赤　湾	1	1	…	…	1	1
妈　湾	62	1	43	–	19	1
东角头	–	–	–	–	–	–
盐　田	–	–	–	–	–	–
下　洞	–	–	–	–	–	–
虎　门	643	193	448	45	195	148
#太　平	87	87	7	7	80	80
麻　涌	382	14	381	13	1	1
沙　田	174	92	60	25	114	67
广　州	30 920	9 864	15 815	4 971	15 104	4 893
中　山	1 030	958	880	815	150	142
珠　海	573	480	328	288	246	193
江　门	54	42	35	27	19	15
阳　江	5	–	–	–	5	–
茂　名	3	–	1	–	1	–
湛　江	10	7	2	2	8	5
#原湛江	10	7	2	2	8	5
海　安	–	–	–	–	–	–
北部湾港	748	443	681	425	67	17
#北　海	11	–	…	–	11	–
钦　州	33	6	–	–	33	6
防　城	704	437	681	425	23	11
海　口	4 165	75	2 005	25	2 160	51
洋　浦	1	…	1	–	…	…
八　所	11	3	–	–	11	3
内河合计	**8 029**	**4 215**	**6 008**	**3 306**	**2 020**	**909**
哈尔滨	1	–	1	–	–	–

5-21 （续表二）

单位：千吨

港口	总计	外贸	出港	外贸	进港	外贸
佳木斯	-	-	-	-	-	-
上海	7	-	4	-	3	-
南京	1 201	164	1 178	162	23	1
镇江	15	3	13	2	1	1
苏州	495	386	366	315	129	71
#常熟	43	18	16	16	27	2
太仓	275	255	215	200	60	55
张家港	177	113	135	99	42	14
南通	396	167	363	156	33	11
常州	169	152	7	3	163	149
江阴	465	101	274	86	191	15
扬州	345	283	291	279	55	5
泰州	8	6	6	4	2	2
徐州	-	-	-	-	-	-
连云港	-	-	-	-	-	-
无锡	-	-	-	-	-	-
宿迁	-	-	-	-	-	-
淮安	-	-	-	-	-	-
扬州内河	1	-	-	-	1	-
镇江内河	-	-	-	-	-	-
杭州	39	-	34	-	5	-
嘉兴内河	1	-	1	-	…	-
湖州	…	-	…	-	-	-
合肥	101	…	84	…	16	…
亳州	-	-	-	-	-	-
阜阳	-	-	-	-	-	-
淮南	-	-	-	-	-	-
滁州	-	-	-	-	-	-
马鞍山	…	-	…	-	…	-
巢湖	-	-	-	-	-	-
芜湖	2	…	-	-	2	…
铜陵	-	-	-	-	-	-
池州	-	-	-	-	-	-
安庆	9	8	3	3	6	6

5-21 （续表三）

单位：千吨

港 口	总计	外贸	出港	外贸	进港	外贸
南　昌	86	83	69	69	17	14
九　江	39	-	33	-	6	-
武　汉	167	-	121	-	46	-
黄　石	10	6	6	4	4	2
荆　州	1		…		1	-
宜　昌	21	7	13	5	7	2
长　沙	146	139	92	92	54	47
湘　潭	-		-		-	
株　洲	9	-	9	-	-	-
岳　阳	…		…		…	
番　禺	-	-	-	-	-	-
新　塘	53	53	3	3	50	50
五和	11	11	-	-	11	11
中　山	741	366	643	325	98	41
佛　山	1 937	1 636	1 608	1 371	329	264
江　门	484	421	351	307	132	114
虎　门	48	4	23	…	25	3
肇　庆	23	22	19	18	4	4
惠　州	-	-	-	-	-	-
南　宁	1	-	…		…	
柳　州	…	-	-	-	…	
贵　港	36	12	14	…	22	12
梧　州	59	59	54	54	5	5
来　宾	-	-	-	-	-	-
重　庆	425	15	101	13	324	3
#原重庆	37	-	23	-	14	-
涪　陵	94	15	51	13	42	3
万　州	-	-	-	-	-	-
重庆航管处	212	-	26	-	185	-
泸　州	295	109	102	33	192	77
宜　宾	136	-	88	-	48	-
乐　山	49	-	34	-	15	-
南　充	-	-	-	-	-	-
广　安	-	-	-	-	-	-
达　州	-	-	-	-	-	-

5-22 规模以上港口化工原料及制品吞吐量

单位：千吨

港口	总计	外贸	出港	外贸	进港	外贸
总 计	174 213	71 987	67 447	17 275	106 766	54 712
沿海合计	90 748	44 334	35 569	12 261	55 179	32 074
丹 东	6	4	4	4	2	-
大 连	4 397	621	3 030	167	1 366	454
营 口	596	7	479	7	117	-
锦 州	600	274	491	248	110	26
秦皇岛	196	86	13	3	182	82
黄 骅	-	-	-	-	-	-
唐 山	510	95	485	74	26	21
#京 唐	431	95	406	74	26	21
曹妃甸	79	-	79	-	-	-
天 津	15 665	10 377	9 304	6 277	6 360	4 100
烟 台	1 496	1 198	964	778	533	420
#龙 口	1 438	1 178	941	773	497	404
威 海	-	-	-	-	-	-
青 岛	1 870	1 389	1 127	717	743	672
日 照	791	554	379	147	412	406
#石 臼	…	…	…	…	-	-
岚 山	791	554	379	147	412	406
上 海	6 492	2 226	3 141	692	3 351	1 534
连云港	1 328	938	344	258	984	681
嘉 兴	3 440	1 720	393	5	3 046	1 715
宁波-舟山	14 502	8 289	2 825	108	11 677	8 181
#宁 波	12 909	8 217	1 641	108	11 267	8 109
舟 山	1 594	72	1 184	-	410	72
台 州	208	6	5	-	203	6
温 州	520	151	14	-	506	151
宁 德	1	-	-	-	1	-
福 州	422	71	1	-	421	71
莆 田	221	-	-	-	221	-
泉 州	3 437	409	1 672	6	1 765	403
厦 门	4 226	2 420	1 480	924	2 746	1 495
#原厦门	3 991	2 381	1 480	924	2 511	1 457

5-22 （续表一）

单位：千吨

港口	总计		出港		进港	
		外贸		外贸		外贸
漳　州	235	38	–	–	235	38
汕　头	2 062	305	336	59	1 726	247
汕　尾	–	–	–	–	–	–
惠　州	2 235	368	1 412	46	823	322
深　圳	105	73	1	1	105	72
#蛇　口	–	–	–	–	–	–
赤　湾	12	–	–	–	12	–
妈　湾	94	73	1	1	93	72
东角头	–	–	–	–	–	–
盐　田	–	–	–	–	–	–
下　洞	–	–	–	–	–	–
虎　门	4 705	1 893	750	55	3 955	1 838
#太　平	148	114	11	11	138	103
麻　涌	67	7	…	…	67	7
沙　田	4 489	1 772	739	44	3 750	1 728
广　州	4 810	3 376	1 188	754	3 622	2 622
中　山	675	548	179	154	496	394
珠　海	3 870	1 640	1 513	17	2 356	1 623
江　门	381	118	97	8	284	110
阳　江	–	–	–	–	–	–
茂　名	1 186	6	228	6	958	–
湛　江	1 778	1 399	160	–	1 618	1 399
#原湛江	1 777	1 399	160	–	1 617	1 399
海　安	1	–	–	–	1	–
北部湾港	4 491	3 616	1 208	727	3 283	2 890
#北　海	273	218	10	7	263	211
钦　州	464	56	242	37	222	20
防　城	3 754	3 342	957	683	2 798	2 659
海　口	1 949	117	974	20	975	97
洋　浦	215	39	9	–	206	39
八　所	1 364	–	1 364	–	–	–
内河合计	**83 465**	**27 653**	**31 878**	**5 015**	**51 587**	**22 638**
哈尔滨	–	–	–	–	–	–

5-22 （续表二）

单位：千吨

港口	总计	外贸	出港	外贸	进港	外贸
佳木斯	–	–	–	–	–	–
上海	137	–	5	–	132	–
南京	12 432	1 702	6 257	784	6 175	918
镇江	3 838	1 378	1 051	153	2 787	1 225
苏州	20 636	13 214	6 303	1 658	14 333	11 556
#常熟	1 956	886	702	316	1 254	570
太仓	6 032	3 887	1 888	357	4 144	3 530
张家港	12 648	8 441	3 713	985	8 936	7 457
南通	3 231	1 722	1 076	187	2 155	1 535
常州	1 469	759	169	12	1 300	748
江阴	10 301	5 108	2 385	490	7 917	4 617
扬州	348	104	141	22	207	81
泰州	4 694	1 667	2 237	827	2 456	840
徐州	1	–	–	–	1	–
连云港	109	–	73	–	37	–
无锡	1 054	–	1	–	1 053	–
宿迁	635	–	249	–	386	–
淮安	2 460	–	2 458	–	2	–
扬州内河	65	–	1	–	65	–
镇江内河	133	–	37	–	96	–
杭州	1 115	–	77	–	1 039	–
嘉兴内河	2 030	–	433	–	1 596	–
湖州	711	–	7	–	704	–
合肥	301	–	218	–	83	–
亳州	26	–	26	–	…	–
阜阳	51	–	51	–	–	–
淮南	25	–	25	–	–	–
滁州	39	–	1	–	38	–
马鞍山	82	1	54	1	28	–
巢湖	55	–	…	–	54	–
芜湖	364	–	297	–	66	–
铜陵	1 481	–	1 169	–	312	–
池州	96	–	89	–	7	–
安庆	391	12	84	8	307	4

5-22 （续表三）

单位：千吨

港口	总计	外贸	出港	外贸	进港	外贸
南　　昌	140	6	40	5	100	1
九　　江	116	-	23	-	93	-
武　　汉	621	-	383	-	238	-
黄　　石	187	3	170	3	16	…
荆　　州	194	-	1	-	193	-
宜　　昌	601	55	340	45	261	10
长　　沙	244	76	62	58	181	18
湘　　潭	-	-	-	-	-	-
株　　洲	39	-	24	-	14	-
岳　　阳	201	-	63	-	138	-
番　　禺	-	-	-	-	-	-
新　　塘	1 470	1	194	-	1 276	1
五　　和	-	-	-	-	-	-
中　　山	404	88	68	3	337	84
佛　　山	1 161	1 110	536	523	625	586
江　　门	1 312	287	204	93	1 107	194
虎　　门	300	37	85	…	215	37
肇　　庆	171	146	33	21	138	125
惠　　州	-	-	-	-	-	-
南　　宁	109	-	107	-	2	-
柳　　州	…	-	…	-	-	-
贵　　港	343	1	277	1	66	…
梧　　州	316	32	273	32	43	-
来　　宾	238	-	238	-	-	-
重　　庆	5 144	87	2 295	40	2 849	46
#原重庆	230	-	132	-	98	-
涪　　陵	265	87	180	40	85	46
万　　州	1 258	-	1 258	-	-	-
重庆航管处	3 047	-	486	-	2 561	-
泸　　州	327	59	296	49	31	10
宜　　宾	1 293	-	973	-	320	-
乐　　山	223	-	213	-	10	-
南　　充	-	-	-	-	-	-
广　　安	-	-	-	-	-	-
达　　州	-	-	-	-	-	-

5-23 规模以上港口有色金属吞吐量

单位：千吨

港口	总计	外贸	出港	外贸	进港	外贸
总　计	8 919	7 763	2 814	2 171	6 104	5 592
沿海合计	7 212	6 576	1 934	1 649	5 278	4 927
丹　东	26	26	…	…	25	25
大　连	…	–	…	–	–	–
营　口	–	–	–	–	–	–
锦　州	9	9	–	–	9	9
秦皇岛	–	–	–	–	–	–
黄　骅	–	–	–	–	–	–
唐　山	–	–	–	–	–	–
#京　唐	–	–	–	–	–	–
曹妃甸	–	–	–	–	–	–
天　津	4 665	4 441	1 321	1 228	3 344	3 213
烟　台	9	4	5	–	4	4
#龙　口	9	4	5	–	4	4
威　海	–	–	–	–	–	–
青　岛	168	168	74	74	95	95
日　照	106	106	–	–	106	106
#石　臼	106	106	–	–	106	106
岚　山	–	–	–	–	–	–
上　海	295	178	53	53	242	125
连云港	1 195	1 167	127	109	1 068	1 058
嘉　兴	–	–	–	–	–	–
宁波-舟山	1	–	–	–	1	–
#宁　波	1	–	–	–	1	–
舟　山	–	–	–	–	–	–
台　州	–	–	–	–	–	–
温　州	–	–	–	–	–	–
宁　德	–	–	–	–	–	–
福　州	7	–	–	–	7	–
莆　田	–	–	–	–	–	–
泉　州	–	–	–	–	–	–
厦　门	8	8	7	7	1	1
#原厦门	8	8	7	7	1	1

5-23 （续表一）

单位：千吨

港口	总计	外贸	出港	外贸	进港	外贸
漳州	–	–	–	–	–	–
汕头	9	…	4	…	5	–
汕尾	–	–	–	–	–	–
惠州	–	–	–	–	–	–
深圳	5	5	–	–	5	5
#蛇口	5	5	–	–	5	5
赤湾	–	–	–	–	–	–
妈湾	–	–	–	–	–	–
东角头	–	–	–	–	–	–
盐田	–	–	–	–	–	–
下洞	–	–	–	–	–	–
虎门	72	29	24	4	48	25
#太平	8	8	2	2	6	6
麻涌	2	2	1	1	1	1
沙田	61	18	21	1	40	17
广州	353	288	91	57	261	232
中山	27	25	16	15	11	11
珠海	–	–	–	–	–	–
江门	8	4	4	3	5	1
阳江	–	–	–	–	–	–
茂名	–	–	–	–	–	–
湛江	86	86	78	78	8	8
#原湛江	86	86	78	78	8	8
海安	–	–	–	–	–	–
北部湾港	126	31	111	21	14	10
#北海	–	–	–	–	–	–
钦州	39	5	34	…	5	4
防城	86	26	77	21	9	5
海口	39	1	20	…	19	1
洋浦	–	–	–	–	–	–
八所	–	–	–	–	–	–
内河合计	**1 707**	**1 187**	**880**	**522**	**827**	**665**
哈尔滨	–	–	–	–	–	–

5-23 (续表二)

单位:千吨

港口	总计	外贸	出港	外贸	进港	外贸
佳木斯	–	–	–	–	–	–
上海	–	–	–	–	–	–
南京	–	–	–	–	–	–
镇江	–	–	–	–	–	–
苏州	3	–	–	–	3	–
#常熟	3	–	–	–	3	–
太仓	–	–	–	–	–	–
张家港	–	–	–	–	–	–
南通	–	–	–	–	–	–
常州	…	–	–	–	…	–
江阴	31	…	4	…	26	…
扬州	…	–	–	–	…	–
泰州	76	45	9	4	67	41
徐州	–	–	–	–	–	–
连云港	–	–	–	–	–	–
无锡	–	–	–	–	–	–
宿迁	–	–	–	–	–	–
淮安	–	–	–	–	–	–
扬州内河	–	–	–	–	–	–
镇江内河	7	–	–	–	7	–
杭州	1	–	–	–	1	–
嘉兴内河	3	–	2	–	1	–
湖州	4	–	4	–	–	–
合肥	–	–	–	–	–	–
亳州	–	–	–	–	–	–
阜阳	–	–	–	–	–	–
淮南	–	–	–	–	–	–
滁州	–	–	–	–	–	–
马鞍山	–	–	–	–	–	–
巢湖	–	–	–	–	–	–
芜湖	…	–	–	–	…	–
铜陵	33	–	33	–	–	–
池州	24	–	23	–	1	–
安庆	–	–	–	–	–	–

5-23 （续表三）

单位：千吨

港口	总计	外贸	出港	外贸	进港	外贸
南　昌	-	-	-	-	-	-
九　江	11	-	-	-	11	-
武　汉	1	-	…	-	1	-
黄　石	134	-	134	-	-	-
荆　州	-	-	-	-	-	-
宜　昌	75	-	69	-	6	-
长　沙	80	22	5	5	75	17
湘　潭	-	-	-	-	-	-
株　洲	29	-	24	-	5	-
岳　阳	-	-	-	-	-	-
番　禺	-	-	-	-	-	-
新　塘	-	-	-	-	-	-
五　和	-	-	-	-	-	-
中　山	3	3	…	…	3	3
佛　山	903	898	507	502	396	396
江　门	12	11	4	4	8	8
虎　门	12	12	3	3	9	9
肇　庆	195	193	3	2	192	191
惠　州	-	-	-	-	-	-
南　宁	16	-	8	-	7	-
柳　州	-	-	-	-	-	-
贵　港	1	-	1	-	…	-
梧　州	-	-	-	-	-	-
来　宾	8	-	8	-	-	-
重　庆	44	2	39	2	5	-
#原重庆	26	-	26	-	-	-
涪　陵	7	2	7	2	…	-
万　州	-	-	-	-	-	-
重庆航管处	11	-	6	-	5	-
泸　州	-	-	-	-	-	-
宜　宾	-	-	-	-	-	-
乐　山	-	-	-	-	-	-
南　充	-	-	-	-	-	-
广　安	-	-	-	-	-	-
达　州	-	-	-	-	-	-

5-24　规模以上港口轻工、医药产品吞吐量

单位：千吨

港口	总计	外贸	出港	外贸	进港	外贸
总　计	90 996	47 670	46 784	25 041	44 212	22 629
沿海合计	75 093	41 559	38 914	22 701	36 180	18 858
丹　东	1	1	1	1	–	–
大　连	186	173	3	1	183	173
营　口	372	213	–	–	372	213
锦　州	34	34	8	8	26	26
秦皇岛	–					
黄　骅		–		–		–
唐　山	–	–	–	–	–	–
#京　唐						
曹妃甸	–	–	–	–	–	–
天　津	37 064	21 939	20 905	14 659	16 159	7 280
烟　台	172	148	3	3	169	145
#龙　口	10	3	3	3	7	–
威　海	12	–	12	–	–	–
青　岛	2 589	2 266	248	51	2 341	2 215
日　照	583	525	38	–	545	525
#石　臼	583	525	38	–	545	525
岚　山	–	–	–	–	–	–
上　海	8 796	7 633	4 251	3 664	4 544	3 968
连云港	287	276	11	–	276	276
嘉　兴	5 037	2 104	1 475	849	3 562	1 255
宁波－舟山	656	52	157	–	499	52
#宁　波	533	52	65	–	468	52
舟　山	123	–	93	–	31	–
台　州	94	–	–	–	94	–
温　州	8	–	–	–	8	–
宁　德	–	–	–	–	–	–
福　州	70	…	10	…	60	…
莆　田	71	–	1	–	70	–
泉　州	106	–	–	–	106	–
厦　门	1 509	1 477	882	863	627	614
#原厦门	1 509	1 477	882	863	627	614

5-24 （续表一）

单位：千吨

港 口	总计	外贸	出港	外贸	进港	外贸
漳　州	–	–	–	–	–	–
汕　头	2 421	345	1 586	308	835	38
汕　尾	–	–	–	–	–	–
惠　州	–	–	–	–	–	–
深　圳	165	76	76	–	89	76
#蛇　口	1	–	–	–	1	–
赤　湾	152	76	76	–	76	76
妈　湾	–	–	–	–	–	–
东角头	–	–	–	–	–	–
盐　田	–	–	–	–	–	–
下　洞	–	–	–	–	–	–
虎　门	1 020	272	440	43	580	229
#太　平	61	61	7	7	54	54
麻　涌	225	106	63	…	161	106
沙　田	734	106	370	36	365	70
广　州	5 285	2 226	3 246	1 278	2 039	948
中　山	1 231	1 048	869	729	362	319
珠　海	158	24	9	–	149	24
江　门	547	237	293	154	254	84
阳　江	–	–	–	–	–	–
茂　名	–	–	–	–	–	–
湛　江	587	269	307	1	280	268
#原湛江	564	269	284	1	280	268
海　安	23	–	23	–	–	–
北部湾港	2 571	128	2 203	44	367	85
#北　海	136	48	60	–	76	48
钦　州	1 889	1	1 688	…	200	1
防　城	546	80	455	44	91	37
海　口	2 338	78	1 040	45	1 298	34
洋　浦	1 123	11	837	–	286	11
八　所	–	–	–	–	–	–
内河合计	15 903	6 112	7 870	2 340	8 032	3 771
哈尔滨	–	–	–	–	–	–

5-24 （续表二）

单位：千吨

港 口	总计	外贸	出港	外贸	进港	外贸
佳木斯	–	–	–	–	–	–
上 海	7	–	–	–	7	–
南 京	66	–	…	–	65	–
镇 江	1 130	530	129	–	1 001	530
苏 州	3 069	1 927	1 066	23	2 003	1 904
＃常 熟	2 797	1 920	821	22	1 976	1 897
太 仓	263	7	237	1	27	7
张家港	9	–	9	–	–	–
南 通	213	101	63	–	150	101
常 州	–	–	–	–	–	–
江 阴	2 154	34	790	15	1 363	19
扬 州	–	–	–	–	–	–
泰 州	281	152	239	139	42	13
徐 州	12	–	–	–	12	–
连云港	–	–	–	–	–	–
无 锡	–	–	–	–	–	–
宿 迁	17	–	–	–	17	–
淮 安	1	–	–	–	1	–
扬州内河	–	–	–	–	–	–
镇江内河	–	–	–	–	–	–
杭 州	286	–	66	–	220	–
嘉兴内河	169	–	84	–	85	–
湖 州	24	–	…	–	24	–
合 肥	206	–	2	–	204	–
亳 州	–	–	–	–	–	–
阜 阳	–	–	–	–	–	–
淮 南	–	–	–	–	–	–
滁 州	–	–	–	–	–	–
马鞍山	11	–	11	–	–	–
巢 湖	–	–	–	–	–	–
芜 湖	4	–	1	–	3	–
铜 陵	–	–	–	–	–	–
池 州	10	–	1	–	9	–
安 庆	59	27	37	25	22	2

5-24 （续表三）

单位：千吨

港口	总计	外贸	出港	外贸	进港	外贸
南　昌	240	84	160	36	80	48
九　江	86	–	5	–	81	–
武　汉	340	–	258	–	82	–
黄　石	57	33	54	31	3	2
荆　州	78	–	60	–	18	–
宜　昌	151	122	135	121	16	1
长　沙	165	120	102	97	63	24
湘　潭	–	–	–	–	–	–
株　洲	–	–	–	–	–	–
岳　阳	440	–	200	–	241	–
番　禺	38	–	–	–	38	–
新　塘	47	11	11	11	35	–
五　和	92	92	92	92	–	–
中　山	1 018	528	812	456	206	72
佛　山	871	645	407	307	464	338
江　门	1 655	1 384	1 079	866	576	518
虎　门	412	19	263	…	149	19
肇　庆	168	44	134	32	34	12
惠　州	101	74	26	–	74	74
南　宁	914	–	912	–	2	–
柳　州	21	–	21	–	–	–
贵　港	423	5	354	4	70	1
梧　州	191	152	100	61	91	91
来　宾	135	–	135	–	–	–
重　庆	477	14	32	14	445	…
#原重庆	237	–	5	–	233	–
涪　陵	107	14	27	14	79	…
万　州	–	–	–	–	–	–
重庆航管处	75	–	–	–	75	–
泸　州	67	13	31	11	36	3
宜　宾	–	–	–	–	–	–
乐　山	…	–	…	–	–	–
南　充	–	–	–	–	–	–
广　安	–	–	–	–	–	–
达　州	–	–	–	–	–	–

5-25 规模以上港口农、林、牧、渔业产品吞吐量

单位：千吨

港口	总计	外贸	出港	外贸	进港	外贸
总　计	33 134	16 083	10 728	2 830	22 406	13 253
沿海合计	22 873	13 177	7 216	2 531	15 658	10 646
丹　东	143	36	33	33	110	3
大　连	732	529	58	29	674	500
营　口	672	340	115	-	557	340
锦　州	31	4	27	4	5	-
秦皇岛	202	137	99	69	103	68
黄　骅	4	2	-	-	4	2
唐　山	-	-	-	-	-	-
#京　唐	-	-	-	-	-	-
曹妃甸	-	-	-	-	-	-
天　津	7 260	4 881	3 476	2 108	3 783	2 773
烟　台	166	136	21	...	144	136
#龙　口	20	5	15	-	5	5
威　海	-	-	-	-	-	-
青　岛	537	537	9	9	528	528
日　照	411	384	27	-	384	384
#石　臼	215	202	13	-	202	202
岚　山	196	182	14	-	182	182
上　海	1 075	313	113	3	962	310
连云港	462	363	55	5	407	357
嘉　兴	93	93	-	-	93	93
宁波-舟山	887	344	284	4	603	340
#宁　波	215	93	58	1	157	92
舟　山	672	251	226	3	446	248
台　州	-	-	-	-	-	-
温　州	3	-	-	-	3	-
宁　德	9	9	2	2	7	7
福　州	155	134	25	9	130	124
莆　田	653	-	305	-	348	-
泉　州	-	-	-	-	-	-
厦　门	288	227	29	1	259	226
#原厦门	282	221	28	...	253	220

5-25 （续表一）

单位：千吨

港口	总计	外贸	出港	外贸	进港	外贸
漳 州	6	6	…	…	6	6
汕 头	192	150	21	20	171	130
汕 尾	105	76	-	-	105	76
惠 州	-	-	-	-	-	-
深 圳	1 390	702	568	…	822	701
#蛇 口	11	5	1	…	10	5
赤 湾	1 379	696	567	-	812	696
妈 湾	-	-	-	-	-	-
东角头						
盐 田						
下 洞	-	-	-	-	-	-
虎 门	73	56	9	-	64	56
#太 平	-	-	-	-	-	-
麻 涌	19	19	-	-	19	19
沙 田	54	37	9	-	44	37
广 州	3 123	2 444	527	44	2 597	2 400
中 山	87	35	29	20	58	15
珠 海	80	-	35	-	45	-
江 门	54	11	15	1	39	9
阳 江	12	-	12	-	-	-
茂 名	-	-	-	-	-	-
湛 江	298	209	76	-	222	209
#原湛江	288	209	66	-	222	209
海 安	10	-	10	-	-	-
北部湾港	1 619	805	542	67	1 078	738
#北 海	177	57	18	-	159	57
钦 州	174	7	42	-	132	7
防 城	1 268	741	482	67	787	674
海 口	2 050	221	704	103	1 347	119
洋 浦	8	-	-	-	8	-
八 所	-	-	-	-	-	-
内河合计	10 261	2 906	3 513	299	6 748	2 607
哈尔滨	-	-	-	-	-	-

5-25 （续表二）

单位：千吨

港口	总计	外贸	出港	外贸	进港	外贸
佳木斯	-	-	-	-	-	-
上海	46	-	13	-	33	-
南京	179	-	149	-	31	-
镇江	840	319	391	-	449	319
苏州	1 046	564	366	1	680	563
#常熟	-	-	-	-	-	-
太仓	5	2	4	1	1	1
张家港	1 041	562	362	-	679	562
南通	388	20	237	10	151	10
常州	-	-	-	-	-	-
江阴	376	18	229	4	147	14
扬州	…	-	-	-	…	-
泰州	2 906	1 457	909	-	1 997	1 457
徐州	-	-	-	-	-	-
连云港	-	-	-	-	-	-
无锡	-	-	-	-	-	-
宿迁	-	-	-	-	-	-
淮安	256	-	72	-	184	-
扬州内河	-	-	-	-	-	-
镇江内河	-	-	-	-	-	-
杭州	1	-	-	-	1	-
嘉兴内河	128	-	32	-	96	-
湖州	80	-	35	-	46	-
合肥	-	-	-	-	-	-
亳州	-	-	-	-	-	-
阜阳	23	-	-	-	23	-
淮南	-	-	-	-	-	-
滁州	1	-	…	-	1	-
马鞍山	-	-	-	-	-	-
巢湖	12	-	2	-	10	-
芜湖	-	-	-	-	-	-
铜陵	-	-	-	-	-	-
池州	1	-	…	-	1	-
安庆	33	16	9	3	24	13

5-25 （续表三）

单位：千吨

港　口	总计	外贸	出港	外贸	进港	外贸
南　昌	1 067	…	8	–	1 059	…
九　江	306	–	31	–	276	–
武　汉	481	–	25	–	456	–
黄　石	1	1	1	1	–	–
荆　州	83	–	–	–	83	–
宜　昌	20	6	5	…	14	6
长　沙	165	44	36	35	129	10
湘　潭	–	–	–	–	–	–
株　洲	2	–	–	–	2	–
岳　阳	239	–	53	–	186	–
番　禺	–	–	–	–	–	–
新　塘	45	–	–	–	45	–
五　和	6	6	–	–	6	6
中　山	95	63	31	1	64	62
佛　山	378	276	199	143	179	133
江　门	83	28	45	14	38	14
虎　门	224	–	219	–	4	–
肇　庆	63	28	58	27	5	1
惠　州	–	–	–	–	–	–
南　宁	66	–	26	–	40	–
柳　州	–	–	–	–	–	–
贵　港	36	…	18	–	19	…
梧　州	118	36	100	36	18	–
来　宾	–	–	–	–	–	–
重　庆	285	14	118	14	167	–
#原重庆	63	–	1	–	62	–
涪　陵	41	14	39	14	2	–
万　州	–	–	–	–	–	–
重庆航管处	109	–	65	–	44	–
泸　州	99	11	61	10	37	1
宜　宾	–	–	–	–	–	–
乐　山	4	–	4	–	–	–
南　充	–	–	–	–	–	–
广　安	1	–	1	–	–	–
达　州	79	–	29	–	51	–

5-26 规模以上港口其他吞吐量

单位：千吨

港口	总计	外贸	出港	外贸	进港	外贸
总 计	2 072 964	878 760	1 095 049	505 613	977 915	373 147
沿海合计	1 842 148	810 060	981 820	467 762	860 328	342 298
丹 东	19 587	940	10 783	681	8 805	259
大 连	189 288	53 775	93 802	30 654	95 486	23 122
营 口	106 807	1 625	55 148	1 194	51 660	431
锦 州	29 159	319	23 235	182	5 925	136
秦皇岛	6 529	1 809	5 058	1 474	1 471	334
黄 骅	73	-	73	-	-	-
唐 山	6 796	172	4 819	28	1 977	144
#京 唐	5 011	166	3 356	28	1 655	138
曹妃甸	1 786	6	1 463	-	322	6
天 津	26 676	16 545	9 763	3 694	16 913	12 850
烟 台	76 134	6 159	40 823	4 602	35 312	1 557
#龙 口	4 714	988	3 355	874	1 360	115
威 海	24 818	14 247	13 497	7 557	11 321	6 690
青 岛	142 442	101 964	79 394	59 988	63 048	41 976
日 照	21 008	1 997	11 976	1 270	9 032	727
#石 臼	20 411	1 759	11 519	1 031	8 892	727
岚 山	598	239	458	239	140	-
上 海	256 503	202 867	136 063	111 986	120 439	90 881
连云港	48 773	15 789	24 807	8 545	23 966	7 244
嘉 兴	1 200	499	591	247	609	252
宁波-舟山	190 673	123 282	111 870	80 187	78 803	43 095
#宁 波	159 179	121 695	96 769	79 402	62 410	42 293
舟 山	31 494	1 587	15 100	785	16 393	802
台 州	13 437	710	5 998	60	7 439	650
温 州	18 419	1 099	7 876	545	10 543	553
宁 德	273	-	133	-	140	-
福 州	21 883	10 990	12 292	7 785	9 591	3 206
莆 田	728	79	351	42	377	37
泉 州	37 504	927	17 217	282	20 287	645
厦 门	68 644	40 062	38 414	23 703	30 230	16 359
#原厦门	68 627	40 054	38 414	23 703	30 214	16 351

5-26 （续表一）

单位：千吨

港 口	总计	外贸	出港	外贸	进港	外贸
漳 州	17	8	–	–	17	8
汕 头	6 313	1 610	1 139	1 098	5 174	513
汕 尾	142	142	23	23	119	119
惠 州	4 799	3 464	1 166	277	3 633	3 187
深 圳	168 462	152 513	99 080	92 927	69 382	59 585
#蛇 口	51 521	37 529	28 192	22 571	23 329	14 958
赤 湾	54 597	54 569	28 780	28 752	25 817	25 817
妈 湾	16	3	2	–	14	3
东角头	–	–	–	–	–	–
盐 田	55 546	55 018	38 852	38 722	16 693	16 296
下 洞	–	–	–	–	–	–
虎 门	1 309	639	429	142	880	497
#太 平	87	76	33	22	54	54
麻 涌	330	277	61	8	269	269
沙 田	893	287	335	112	558	175
广 州	217 739	43 813	105 210	22 103	112 528	21 710
中 山	3 674	1 982	1 513	977	2 161	1 005
珠 海	6 565	3 927	3 523	2 321	3 042	1 605
江 门	3 333	1 096	1 778	672	1 556	424
阳 江	20	1	11	…	8	1
茂 名	2 802	428	1 160	125	1 641	304
湛 江	70 209	2 305	36 768	1 350	33 441	954
#原湛江	6 216	2 305	3 915	1 350	2 302	954
海 安	63 993	–	32 853	–	31 140	–
北部湾港	7 836	1 587	4 256	701	3 580	886
#北 海	2 097	243	1 187	123	910	120
钦 州	3 335	186	1 718	73	1 617	113
防 城	2 404	1 158	1 350	505	1 054	653
海 口	36 915	201	18 909	102	18 006	99
洋 浦	4 621	491	2 820	233	1 801	258
八 所	52	5	52	5	–	–
内河合计	230 816	68 700	113 229	37 851	117 587	30 849
哈尔滨	–	–	–	–	–	–

5-26 （续表二）

单位：千吨

港 口	总计	外贸	出港	外贸	进港	外贸
佳木斯	2	–	1	–	1	–
上 海	6 003	–	2 038	–	3 965	–
南 京	17 970	4 809	9 711	2 892	8 260	1 916
镇 江	5 850	2 595	3 786	1 696	2 064	900
苏 州	72 848	25 735	35 415	13 886	37 433	11 849
#常 熟	3 819	3 063	1 327	896	2 493	2 167
太 仓	41 098	10 768	19 246	5 322	21 853	5 446
张家港	27 931	11 905	14 843	7 668	13 088	4 237
南 通	14 355	2 549	7 189	1 520	7 166	1 029
常 州	1 839	1 044	1 070	818	769	226
江 阴	3 543	356	1 779	213	1 764	143
扬 州	5 100	1 304	2 404	941	2 696	363
泰 州	1 980	124	1 528	25	452	100
徐 州	326	–	278	–	48	–
连云港	–	–	–	–	–	–
无 锡	936	92	163	73	773	19
宿 迁	384	–	61	–	323	–
淮 安	232	–	148	–	85	–
扬州内河	318	–	31	–	287	–
镇江内河	5	–	–	–	5	–
杭 州	2 891	–	1 019	–	1 871	–
嘉兴内河	2 458	–	337	–	2 120	–
湖 州	1 765	44	205	31	1 560	13
合 肥	1 088	…	125	…	964	–
亳 州	48	–	13	–	35	–
阜 阳	174	–	4	–	170	–
淮 南	116	–	62	–	54	–
滁 州	16	–	9	–	7	–
马鞍山	1 065	467	230	–	835	467
巢 湖	394	–	115	–	280	–
芜 湖	2 668	1 492	2 045	947	623	545
铜 陵	3 465	85	2 775	25	690	61
池 州	304	3	165	3	139	–
安 庆	92	11	20	3	72	9

5-26 （续表三）

单位：千吨

港口	总计	外贸	出港	外贸	进港	外贸
南　昌	363	243	220	193	142	50
九　江	3 068	1 333	1 708	917	1 361	417
武　汉	12 532	4 169	6 162	2 560	6 370	1 609
黄　石	119	19	33	14	86	5
荆　州	806	277	577	213	229	65
宜　昌	256	76	139	42	116	34
长　沙	424	150	84	82	340	67
湘　潭	279	-	238	-	41	-
株　洲	-	-	-	-	-	-
岳　阳	2 270	1 675	1 202	978	1 068	696
番　禺	109	-	63	-	46	-
新　塘	811	440	373	3	438	437
五　和	1 198	215	556	82	642	133
中　山	1 646	908	543	343	1 103	565
佛　山	18 172	11 697	8 478	5 741	9 694	5 956
江　门	1 515	1 123	814	590	701	534
虎　门	1 832	25	504	12	1 328	12
肇　庆	3 789	1 216	1 027	414	2 763	802
惠　州	925	170	278	1	647	169
南　宁	587	-	185	-	403	-
柳　州	2	-	2	-	-	-
贵　港	912	98	511	37	402	61
梧　州	3 611	718	2 694	317	917	401
来　宾	582	-	536	-	47	-
重　庆	26 130	3 370	13 222	2 214	12 908	1 155
#原重庆	8 663	2 961	4 770	2 146	3 893	815
涪　陵	69	22	31	10	38	12
万　州	2 721	59	1 106	49	1 615	10
重庆航管处	14 090	32	7 174	8	6 916	24
泸　州	365	67	165	24	200	42
宜　宾	117	-	64	-	53	-
乐　山	107	-	107	-	-	-
南　充	-	-	-	-	-	-
广　安	9	-	3	-	5	-
达　州	44	-	17	-	28	-

5-27 规模以上港口集装箱吞吐量

港 口	总计 (TEU)	出港 (TEU)	40 英尺	20 英尺	进港 (TEU)	40 英尺	20 英尺	重量 (万吨)	货重
总 计	163 207 058	82 903 884	25 774 840	30 054 059	80 303 174	25 045 110	28 992 164	176 592	142 879
沿海合计	145 955 734	74 355 498	23 392 397	26 315 907	71 600 236	22 536 060	25 338 223	157 235	127 025
丹 东	708 655	353 043	60 840	231 363	355 612	50 517	254 578	1 014	851
大 连	6 400 316	3 213 883	914 333	1 380 159	3 186 433	927 839	1 326 016	7 093	5 616
营 口	4 033 007	2 028 491	386 855	1 254 781	2 004 516	380 888	1 242 740	9 291	8 291
锦 州	839 062	472 264	74 482	323 300	366 798	54 871	257 056	1 666	1 398
秦皇岛	430 056	214 026	56 391	101 244	216 030	49 225	117 580	641	555
黄 骅	-	-	-	-	-	-	-	-	-
唐 山	340 882	167 227	12 204	142 819	173 655	14 207	145 241	610	531
#京 唐	265 470	129 941	10 845	108 251	135 529	12 777	109 975	487	428
曹妃甸	75 412	37 286	1 359	34 568	38 126	1 430	35 266	123	103
天 津	11 587 566	5 854 668	1 490 680	2 850 133	5 732 898	1 504 858	2 700 731	11 929	9 519
烟 台	1 708 600	850 117	185 056	479 206	858 484	189 760	478 212	1 311	952
#龙 口	310 003	154 105	44 225	65 655	155 898	44 753	66 392	385	319
威 海	481 558	245 328	80 953	83 422	236 230	78 426	79 378	360	257
青 岛	13 020 109	6 633 466	2 133 059	2 322 852	6 386 643	2 082 925	2 176 216	13 534	10 705
日 照	1 399 519	697 395	179 791	337 786	702 124	181 501	339 104	1 876	1 583
#石 臼	1 399 519	697 395	179 791	337 786	702 124	181 501	339 104	1 876	1 583
岚 山	-	-	-	-	-	-	-	-	-
上 海	31 739 272	16 188 652	5 456 269	5 036 520	15 550 621	5 234 319	4 850 570	31 220	25 013
连云港	4 851 882	2 448 049	844 732	758 297	2 403 833	827 886	747 336	4 606	3 610
嘉 兴	514 981	253 799	76 197	101 405	261 182	79 518	102 146	611	501
宁波-舟山	14 719 167	7 465 500	2 700 813	1 915 293	7 253 667	2 613 152	1 857 429	14 332	11 285
#宁 波	14 512 366	7 360 102	2 658 802	1 894 000	7 152 264	2 573 448	1 835 518	14 130	11 127
舟 山	206 801	105 398	42 011	21 293	101 402	39 704	21 911	202	158
台 州	134 940	67 126	6 393	54 340	67 814	6 336	55 142	171	141
温 州	466 611	238 268	51 740	134 669	228 343	50 588	127 063	632	539
宁 德	-	-	-	-	-	-	-	-	-
福 州	1 660 199	836 237	202 902	412 237	823 962	196 788	412 411	2 160	1 813
莆 田	6 710	3 209	1 456	297	3 501	1 449	603	8	6
泉 州	1 568 565	773 013	99 533	573 947	795 552	107 537	580 451	3 174	2 831
厦 门	6 465 033	3 282 939	1 037 017	1 130 472	3 182 095	1 006 323	1 089 225	6 758	5 452
#原厦门	6 465 033	3 282 939	1 037 017	1 130 472	3 182 095	1 006 323	1 089 225	6 758	5 452

5-27 （续表一）

港口	总计（TEU）	出港（TEU）	40英尺	20英尺	进港（TEU）	40英尺	20英尺	重量（万吨）	货重
漳 州	-	-	-	-	-	-	-	-	-
汕 头	1 100 784	541 888	196 394	148 038	558 896	206 856	144 347	1 060	840
汕 尾	22 623	11 602	4 610	1	11 021	4 384	1	14	10
惠 州	347 594	172 685	62 482	7 709	174 909	63 147	7 987	380	317
深 圳	22 570 754	11 694 574	4 504 239	2 128 238	10 876 180	4 185 598	1 974 063	16 838	12 287
#蛇 口	5 699 686	2 864 349	1 042 957	738 074	2 835 338	1 034 740	678 273	5 150	4 008
赤 湾	5 792 513	2 818 831	1 029 237	698 679	2 973 682	1 087 954	699 190	5 457	4 298
妈 湾	-	-	-	-	-	-	-	-	-
东角头	-	-	-	-	-	-	-	-	-
盐 田	10 264 445	5 644 458	2 304 580	584 452	4 619 987	1 901 352	492 578	5 555	3 469
下 洞	-	-	-	-	-	-	-	-	-
虎 门	266 401	123 262	28 056	66 171	143 139	34 589	73 781	391	338
#太 平	43 373	16 557	4 676	7 191	26 816	8 660	9 478	43	35
麻 涌	7 069	3 066	655	1 756	4 003	669	2 665	7	6
沙 田	215 959	103 639	22 725	57 224	112 320	25 260	61 638	340	297
广 州	14 250 360	7 305 406	1 946 824	3 391 661	6 944 954	1 818 202	3 287 543	20 505	17 639
中 山	825 584	409 817	161 032	74 908	415 767	162 703	77 032	539	374
珠 海	814 875	402 482	156 013	87 898	412 393	160 089	89 555	626	457
江 门	378 295	261 921	50 881	106 062	116 375	27 056	61 485	337	261
阳 江	191	83	32	19	108	49	10	…	…
茂 名	60 406	29 408	6 271	16 866	30 998	6 777	17 444	83	71
湛 江	380 675	188 922	47 318	94 207	191 753	48 226	95 172	537	456
#原湛江	380 675	188 922	47 318	94 207	191 753	48 226	95 172	537	456
海 安	-	-	-	-	-	-	-	-	-
北部湾港	738 191	365 694	68 582	224 833	372 497	72 052	224 460	1 165	1 004
#北 海	70 968	36 477	10 862	14 753	34 491	11 557	11 377	70	55
钦 州	402 202	197 732	37 051	123 630	204 470	40 263	123 919	699	609
防 城	265 021	131 485	20 669	86 450	133 536	20 232	89 164	396	340
海 口	808 026	404 415	77 113	249 822	403 611	75 854	251 599	1 307	1 133
洋 浦	314 288	156 642	30 854	94 932	157 646	31 565	94 516	458	390
八 所	-	-	-	-	-	-	-	-	-
内河合计	17 251 325	8 548 387	2 382 443	3 738 152	8 702 938	2 509 050	3 653 941	19 356	15 854
哈尔滨	-	-	-	-	-	-	-	-	-

5-27 （续表二）

港口	总计（TEU）	出港（TEU）	40英尺	20英尺	进港（TEU）	40英尺	20英尺	重量（万吨）	货重
佳木斯	–	–	–	–	–	–	–	–	–
上 海	–	–	–	–	–	–	–	–	–
南 京	1 842 363	706 571	196 550	310 170	1 135 792	411 868	308 895	1 724	1 352
镇 江	362 554	193 825	19 600	154 625	168 729	20 245	128 239	550	477
苏 州	4 685 347	2 359 904	697 095	962 739	2 325 444	669 047	984 330	5 787	4 840
#常 熟	320 125	159 409	55 273	48 600	160 715	56 676	46 956	366	302
太 仓	3 057 860	1 520 430	455 164	608 063	1 537 431	438 802	657 842	4 020	3 403
张家港	1 307 363	680 065	186 658	306 076	627 298	173 569	279 532	1 401	1 136
南 通	539 812	340 093	86 225	160 672	199 720	45 416	108 629	541	432
常 州	134 148	71 756	17 824	36 108	62 392	15 117	32 158	184	157
江 阴	1 115 837	569 043	149 836	269 371	546 794	141 418	263 958	1 149	925
扬 州	400 225	243 515	60 515	122 485	156 710	40 991	74 728	382	290
泰 州	120 140	59 596	13 972	31 652	60 544	14 153	32 238	141	119
徐 州	19 311	9 705	106	9 493	9 606	72	9 462	33	28
连云港	–	–	–	–	–	–	–	–	–
无 锡	16 687	8 683	2 006	4 671	8 004	1 817	4 370	23	20
宿 迁	5 932	2 748	14	2 720	3 184	22	3 140	8	7
淮 安	53 698	26 959	1 436	23 362	26 740	1 415	23 140	86	75
扬州内河	–	–	–	–	–	–	–	–	–
镇江内河	–	–	–	–	–	–	–	–	–
杭 州	–	–	–	–	–	–	–	–	–
嘉兴内河	38 451	19 130	6 948	5 234	19 321	7 251	4 819	38	31
湖 州	11 793	5 850	2 902	46	5 943	2 950	43	4	2
合 肥	50 003	24 641	6 852	10 937	25 362	6 867	11 628	72	62
亳 州	–	–	–	–	–	–	–	–	–
阜 阳	–	–	–	–	–	–	–	–	–
淮 南	–	–	–	–	–	–	–	–	–
滁 州	–	–	–	–	–	–	–	–	–
马鞍山	80 234	37 432	15 893	5 315	42 802	18 504	5 794	70	55
巢 湖	–	–	–	–	–	–	–	–	–
芜 湖	220 451	108 869	43 052	22 765	111 582	39 842	31 898	151	107
铜 陵	11 022	5 506	836	3 834	5 516	727	4 062	14	11
池 州	8 398	4 171	252	3 667	4 227	262	3 703	10	8
安 庆	18 106	8 907	1 919	5 069	9 199	2 018	5 163	25	22

5-27 （续表三）

港口	总计（TEU）	出港（TEU）	40英尺	20英尺	进港（TEU）	40英尺	20英尺	重量（万吨）	货重
南昌	61 690	30 802	8 413	13 976	30 888	8 891	13 106	69	57
九江	142 218	69 687	19 446	30 795	72 531	19 912	32 707	169	140
武汉	714 769	355 734	85 598	181 491	359 036	86 084	183 603	980	837
黄石	21 029	10 419	1 801	6 817	10 610	1 790	7 030	25	21
荆州	63 156	31 082	2 903	25 276	32 074	3 213	25 648	81	68
宜昌	61 080	29 819	4 715	20 389	31 261	5 103	21 055	89	76
长沙	76 434	35 544	8 543	18 453	40 891	10 885	19 116	106	88
湘潭	—	—	—	—	—	—	—	—	—
株洲	—	—	—	—	—	—	—	—	—
岳阳	155 036	80 742	25 036	30 670	74 294	20 877	32 540	207	176
番禺	7 596	7 596	2 253	3 090	—	—	—	2	—
新塘	45 525	3 126	1 327	463	42 399	20 913	571	48	38
五和	117 617	60 812	19 271	22 254	56 806	15 472	25 848	128	101
中山	460 994	225 732	91 239	40 099	235 262	95 724	40 772	308	216
佛山	2 916 566	1 469 771	442 252	574 892	1 446 795	426 867	583 739	3 024	2 433
江门	496 725	251 098	87 332	67 970	245 627	87 761	68 004	414	315
虎门	313 999	156 872	70 120	16 632	157 127	70 142	16 843	290	228
肇庆	612 038	299 424	42 655	208 135	312 615	47 852	210 992	822	698
惠州	47 567	23 771	2 639	18 493	23 796	1 956	19 884	71	62
南宁	11 262	5 582	104	5 374	5 680	105	5 470	20	18
柳州	—	—	—	—	—	—	—	—	—
贵港	90 009	43 285	9 165	24 955	46 724	9 692	27 340	143	124
梧州	277 852	136 721	19 552	97 617	141 131	21 250	98 631	410	351
来宾	31 034	14 986	756	13 474	16 048	102	15 844	37	30
重庆	684 044	346 039	94 466	157 107	338 005	92 041	153 910	789	647
#原重庆	504 863	260 067	80 501	99 065	244 796	76 746	91 304	594	489
涪陵	30 095	13 400	—	13 400	16 695	—	16 695	48	41
万州	85 607	41 673	1 569	38 535	43 934	2 045	39 844	88	71
重庆航管处	13 342	6 060	574	4 912	7 282	1 410	4 462	20	17
泸州	100 545	49 223	17 517	14 189	51 322	20 456	10 403	122	101
宜宾	8 028	3 620	1 507	606	4 408	1 960	488	10	9
乐山	—	—	—	—	—	—	—	—	—
南充	—	—	—	—	—	—	—	—	—
广安	—	—	—	—	—	—	—	—	—
达州	—	—	—	—	—	—	—	—	—

5-28　规模以上港口集装箱吞吐量（重箱）

港口	总计 （TEU）	出港 （TEU）	40 英尺	20 英尺	进港 （TEU）	40 英尺	20 英尺
总　计	106 474 155	65 243 414	20 518 569	23 203 441	41 230 741	11 713 716	17 604 717
沿海合计	95 945 618	59 498 330	19 010 347	20 490 844	36 447 289	10 449 101	15 367 847
丹　东	453 974	281 904	39 260	203 384	172 070	23 945	124 180
大　连	3 766 500	2 090 290	604 570	878 187	1 676 210	485 836	702 191
营　口	3 416 084	1 840 285	336 454	1 167 377	1 575 799	339 937	895 925
锦　州	559 474	378 378	58 141	262 096	181 096	20 220	140 656
秦皇岛	234 993	195 467	53 447	88 573	39 526	10 900	17 726
黄　骅	–	–	–	–	–	–	–
唐　山	216 761	159 844	11 464	136 916	56 917	6 880	43 157
#京　唐	174 513	123 306	10 191	102 924	51 207	6 301	38 605
曹妃甸	42 248	36 538	1 273	33 992	5 710	579	4 552
天　津	6 420 233	3 760 328	875 234	1 994 643	2 659 905	777 329	1 088 372
烟　台	734 087	451 881	143 467	164 585	282 206	85 591	110 583
#龙　口	146 603	106 649	21 860	62 929	39 954	3 905	32 144
威　海	229 792	157 132	56 148	44 836	72 660	21 205	30 250
青　岛	8 042 707	5 118 967	1 642 233	1 800 697	2 923 740	942 626	1 023 957
日　照	799 487	444 201	115 398	213 405	355 286	87 601	180 066
#石　臼	799 487	444 201	115 398	213 405	355 286	87 601	180 066
岚　山	–	–	–	–	–	–	–
上　海	23 432 395	14 312 921	4 922 200	4 277 102	9 119 474	2 948 697	3 184 155
连云港	1 828 350	941 473	135 789	669 679	886 877	102 450	681 444
嘉　兴	332 644	112 633	37 741	37 151	220 011	65 832	88 347
宁波–舟山	8 822 965	6 439 827	2 447 056	1 423 859	2 383 139	735 984	902 544
#宁　波	8 698 523	6 368 293	2 417 570	1 411 347	2 330 230	715 729	890 195
舟　山	124 442	71 534	29 486	12 512	52 909	20 255	12 349
台　州	65 628	4 782	1 789	1 204	60 846	4 947	50 952
温　州	277 820	106 296	32 062	42 075	171 524	27 529	116 466
宁　德	–	–	–	–	–	–	–
福　州	1 159 864	727 462	186 993	336 320	432 402	97 323	236 372
莆　田	5 175	3 025	1 378	269	2 150	781	588
泉　州	1 344 149	694 617	77 394	539 829	649 532	96 427	456 651
厦　门	4 344 852	2 879 893	907 788	991 399	1 464 959	393 078	673 459
#原厦门	4 344 852	2 879 893	907 788	991 399	1 464 959	393 078	673 459

5-28 （续表一）

港口	总计（TEU）	出港（TEU）	40英尺	20英尺	进港（TEU）	40英尺	20英尺
漳州	—	—	—	—	—	—	—
汕头	705 357	412 159	173 094	65 204	293 197	85 941	121 268
汕尾	11 021	—	—	—	11 021	4 384	1
惠州	176 183	17 053	6 122	4 800	159 130	57 042	4 418
深圳	14 836 974	10 839 536	4 259 959	1 820 406	3 997 438	1 402 705	1 153 178
#蛇口	4 016 018	2 654 838	995 707	628 214	1 361 180	436 887	480 899
赤湾	4 136 088	2 428 364	913 172	556 357	1 707 725	601 096	495 374
妈湾	—	—	—	—	—	—	—
东角头	—	—	—	—	—	—	—
盐田	6 226 850	5 497 603	2 257 455	567 805	729 247	299 058	109 385
下洞	—	—	—	—	—	—	—
虎门	194 472	59 661	12 016	35 492	134 811	31 992	70 721
#太平	29 397	2 835	753	1 329	26 562	8 563	9 418
麻涌	4 113	122	43	36	3 991	664	2 663
沙田	160 962	56 704	11 220	34 127	104 258	22 765	58 640
广州	10 799 736	5 410 830	1 388 005	2 622 645	5 388 906	1 358 326	2 663 311
中山	520 618	388 801	154 668	67 238	131 818	42 943	45 144
珠海	490 594	333 022	132 902	65 733	157 572	52 077	52 275
江门	146 402	68 868	18 525	31 089	77 534	12 909	51 566
阳江	129	41	11	19	88	39	10
茂名	40 775	18 560	3 741	11 078	22 215	5 351	11 513
湛江	251 077	161 546	42 480	76 521	89 531	16 701	56 104
#原湛江	251 077	161 546	42 480	76 521	89 531	16 701	56 104
海安	—	—	—	—	—	—	—
北部湾港	458 399	300 531	57 560	181 719	157 868	27 644	102 404
#北海	39 913	25 723	9 389	6 945	14 190	3 662	6 866
钦州	250 609	159 602	30 020	99 562	91 007	18 894	53 194
防城	167 877	115 206	18 151	75 212	52 671	5 088	42 344
海口	620 370	253 743	47 907	157 643	366 627	62 210	242 124
洋浦	205 580	132 373	27 351	77 671	73 207	13 719	45 769
八所	—	—	—	—	—	—	—
内河合计	10 528 537	5 745 085	1 508 222	2 712 597	4 783 452	1 264 615	2 236 870
哈尔滨	—	—	—	—	—	—	—

5-28 （续表二）

港 口	总计 （TEU）	出港 （TEU）	40 英尺	20 英尺	进港 （TEU）	40 英尺	20 英尺
佳木斯	-	-	-	-	-	-	-
上 海	-	-	-	-	-	-	-
南 京	958 470	626 307	179 737	263 564	332 162	54 556	222 517
镇 江	242 400	165 465	10 514	144 437	76 935	13 833	49 269
苏 州	3 225 578	1 551 464	416 048	718 038	1 674 114	488 209	697 095
#常 熟	188 441	62 288	9 745	42 798	126 153	54 414	17 233
太 仓	2 237 991	1 059 551	303 701	451 087	1 178 440	327 300	523 493
张家港	799 146	429 625	102 602	224 153	369 521	106 495	156 369
南 通	295 095	166 954	41 217	84 302	128 141	23 718	80 669
常 州	81 911	51 180	13 717	23 746	30 731	4 245	22 241
江 阴	433 038	209 678	38 825	132 028	223 360	41 692	139 976
扬 州	209 115	130 871	33 397	64 077	78 244	19 995	38 254
泰 州	79 535	49 168	13 049	23 070	30 367	2 395	25 577
徐 州	11 211	9 186	26	9 134	2 025	69	1 887
连云港	-	-	-	-	-	-	-
无 锡	11 902	8 531	2 001	4 529	3 371	579	2 213
宿 迁	3 333	1 625	8	1 609	1 708	12	1 684
淮 安	28 038	23 140	1 362	19 703	4 898	158	4 559
扬州内河	-	-	-	-	-	-	-
镇江内河	-	-	-	-	-	-	-
杭 州	-	-	-	-	-	-	-
嘉兴内河	21 774	3 738	1 059	1 620	18 036	6 929	4 178
湖 州	5 862	5 790	2 872	46	72	36	-
合 肥	32 033	22 429	6 551	9 327	9 604	207	9 190
亳 州	-	-	-	-	-	-	-
阜 阳	-	-	-	-	-	-	-
淮 南	-	-	-	-	-	-	-
滁 州	-	-	-	-	-	-	-
马鞍山	42 565	5 616	4	5 277	36 949	18 454	41
巢 湖	-	-	-	-	-	-	-
芜 湖	150 117	100 333	40 215	19 903	49 784	16 059	17 666
铜 陵	6 438	2 207	116	1 975	4 231	662	2 907
池 州	4 505	3 016	230	2 556	1 489	147	1 195
安 庆	12 146	7 299	1 422	4 455	4 847	877	3 093

5-28 （续表三）

港口	总计（TEU）	出港（TEU）	40英尺	20英尺	进港（TEU）	40英尺	20英尺
南　昌	45 725	29 559	7 920	13 719	16 166	4 049	8 068
九　江	87 648	56 933	15 144	26 645	30 715	5 642	19 431
武　汉	544 304	315 045	74 382	163 268	229 259	48 065	132 974
黄　石	12 450	8 750	1 729	5 292	3 700	344	3 012
荆　州	39 917	29 923	2 443	25 037	9 994	1 532	6 930
宜　昌	37 945	26 639	3 268	20 103	11 306	1 302	8 702
长　沙	53 756	30 136	7 091	15 949	23 620	4 261	15 098
湘　潭	–	–	–	–	–	–	–
株　洲	–	–	–	–	–	–	–
岳　阳	114 947	63 008	19 649	23 710	51 939	12 572	26 795
番　禺	–	–	–	–	–	–	–
新　塘	44 307	2 096	1 012	72	42 211	20 826	557
五　和	62 987	36 248	14 096	8 056	26 739	3 869	18 987
中　山	261 458	207 729	85 283	34 994	53 729	17 857	17 128
佛　山	1 699 932	1 013 240	268 528	474 640	686 693	226 183	225 430
江　门	286 542	197 467	74 554	46 972	89 075	26 381	36 046
虎　门	186 553	38 735	14 859	9 017	147 818	66 800	14 218
肇　庆	349 235	79 684	5 455	66 708	269 552	42 169	179 295
惠　州	34 716	13 064	1 329	10 406	21 652	989	19 674
南　宁	6 840	5 541	95	5 351	1 299	31	1 237
柳　州	–	–	–	–	–	–	–
贵　港	59 464	32 861	7 072	18 717	26 603	3 794	19 015
梧　州	158 969	120 882	13 219	94 444	38 087	9 519	19 049
来　宾	15 513	14 986	756	13 474	527	24	479
重　庆	481 257	238 234	74 938	88 358	243 023	55 791	131 428
#原重庆	380 426	213 607	72 692	68 223	166 819	42 277	82 265
涪　陵	20 296	13 177	–	13 177	7 119	–	7 119
万　州	45 224	7 082	1 449	4 184	38 142	661	36 820
重庆航管处	9 009	2 236	84	2 068	6 773	1 360	4 053
泸　州	83 420	37 655	11 973	13 709	45 765	18 407	8 944
宜　宾	5 588	2 674	1 057	560	2 914	1 376	162
乐　山	–	–	–	–	–	–	–
南　充	–	–	–	–	–	–	–
广　安	–	–	–	–	–	–	–
达　州	–	–	–	–	–	–	–

主要统计指标解释

码头泊位长度 指报告期末用于停系靠船舶,进行货物装卸和上下旅客地段的实际长度。包括固定的、浮动的各种型式码头的泊位长度。计算单位:米。

泊位个数 指报告期末泊位的实际数量。计算单位:个。

旅客吞吐量 指报告期内经由水路乘船进、出港区范围的旅客数量。不包括免票儿童、船员人数、轮渡和港内短途客运的旅客人数。计算单位:人次。

货物吞吐量 指报告期内经由水路进、出港区范围并经过装卸的货物数量。包括邮件、办理托运手续的行李、包裹以及补给的船舶的燃料、物料和淡水。计算单位:吨。

集装箱吞吐量 指报告期内由水路进、出港区范围并经装卸的集装箱数量。计算单位:箱、TEU、吨。

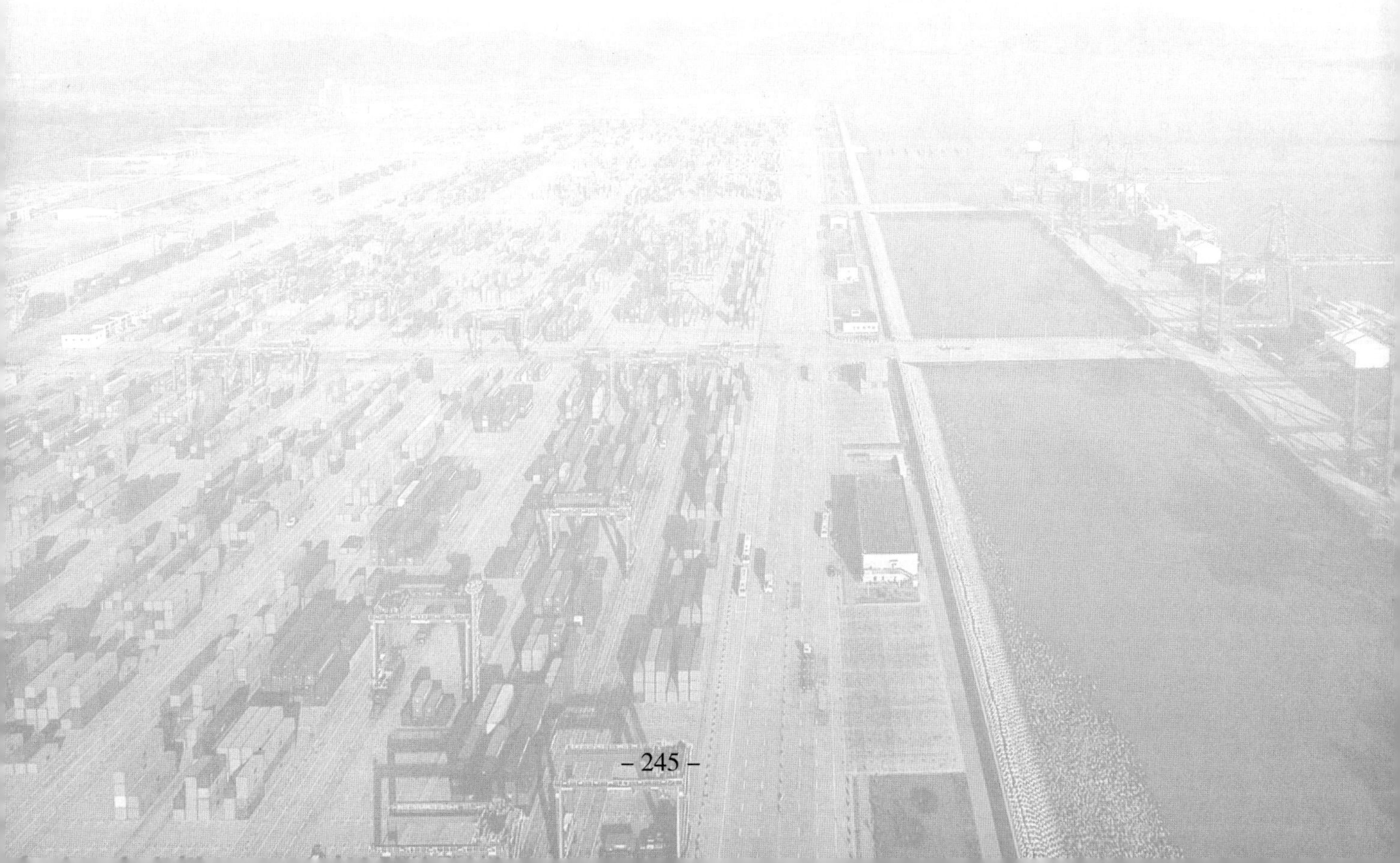

六、交通固定资产投资

简 要 说 明

一、本篇资料反映我国交通固定资产投资完成的基本情况。

二、公路和水运建设投资的统计范围为全社会固定资产投资，由各省（区、市）交通运输厅（局、委）提供，其他投资的统计范围为交通部门投资，交通运输部所属单位、主要港口和有关运输企业的数据由各单位直接报送。

6-1　交通固定资产投资额（按地区和使用方向分）

单位：万元

地区	总计	公路建设	沿海建设	内河建设	其他建设
总　　计	144 642 127	125 963 597	10 069 916	3 978 888	4 629 726
东部地区	55 476 709	41 376 055	9 228 639	1 547 580	3 324 435
中部地区	37 103 157	35 093 138	-	1 353 190	656 829
西部地区	52 062 261	49 494 404	841 277	1 078 118	648 462
北　京	949 500	834 732	-	-	114 768
天　津	2 799 395	1 437 491	1 355 373	-	6 531
河　北	8 591 606	7 023 153	1 479 785	-	88 668
山　西	6 591 177	6 591 177	-	-	-
内蒙古	5 028 853	5 024 490	-	1 300	3 063
辽　宁	4 171 221	2 329 032	1 812 294	550	29 345
吉　林	1 418 525	1 418 265	-	260	-
黑龙江	3 387 223	3 271 385	-	98 067	17 771
上　海	2 910 061	1 139 315	324 271	61 671	1 384 804
江　苏	6 583 850	4 913 415	533 096	1 121 528	15 811
浙　江	8 461 158	5 781 355	1 240 557	167 598	1 271 648
安　徽	2 870 288	2 546 293	-	309 344	14 651
福　建	7 562 498	6 639 743	907 325	800	14 630
江　西	3 494 308	3 419 779	-	72 964	1 565
山　东	5 126 132	4 104 630	805 347	145 648	70 507
河　南	3 749 833	3 719 101	-	25 387	5 345
湖　北	6 325 679	5 073 715	-	650 456	601 508
湖　南	9 266 124	9 053 423	-	196 712	15 989
广　东	7 549 666	6 770 692	550 731	49 785	178 458
广　西	7 040 923	5 744 223	841 277	398 156	57 267
海　南	771 622	402 497	219 860	-	149 265
重　庆	3 740 159	3 287 921	-	370 249	81 989
四　川	10 348 649	9 776 877	-	251 580	320 192
贵　州	5 205 101	5 181 532	-	23 069	500
云　南	6 192 173	6 164 056	-	16 967	11 150
西　藏	852 114	851 564	-	-	550
陕　西	5 431 939	5 417 522	-	5 840	8 577
甘　肃	2 750 670	2 627 337	-	6 302	117 031
青　海	1 355 578	1 350 093	-	4 655	830
宁　夏	754 190	754 190	-	-	-
新　疆	3 361 912	3 314 599	-	-	47 313
#兵团	352 089	352 089	-	-	-

6-2　公路建设投资完成额

单位：万元

地　区	总　计	重点项目	其他公路	农村公路
总　计	**125 963 597**	**64 070 835**	**41 791 455**	**20 101 307**
东部地区	**41 376 055**	**16 269 647**	**17 713 250**	**7 393 158**
中部地区	**35 093 138**	**23 736 509**	**6 758 498**	**4 598 131**
西部地区	**49 494 404**	**24 064 679**	**17 319 707**	**8 110 018**
北　京	834 732	89 520	688 609	56 603
天　津	1 437 491	1 262 766	170 486	4 239
河　北	7 023 153	4 051 739	2 591 813	379 601
山　西	6 591 177	5 597 447	604 072	389 658
内蒙古	5 024 490	1 865 250	1 670 160	1 489 080
辽　宁	2 329 032	1 197 288	823 765	307 979
吉　林	1 418 265	848 606	207 066	362 593
黑龙江	3 271 385	1 906 612	1 017 820	346 953
上　海	1 139 315	418 359	175 892	545 064
江　苏	4 913 415	1 019 719	2 975 685	918 011
浙　江	5 781 355	1 926 161	1 973 050	1 882 144
安　徽	2 546 293	1 263 142	794 313	488 838
福　建	6 639 743	4 463 575	1 561 014	615 154
江　西	3 419 779	2 379 208	602 350	438 221
山　东	4 104 630	1 053 065	1 682 960	1 368 605

6-2 （续表一）

单位：万元

地 区	总 计	重点项目	其他公路	农村公路
河 南	3 719 101	2 125 865	1 041 504	551 732
湖 北	5 073 715	2 967 484	1 043 848	1 062 383
湖 南	9 053 423	6 648 145	1 447 525	957 753
广 东	6 770 692	553 751	4 953 147	1 263 794
广 西	5 744 223	2 510 903	2 789 564	443 756
海 南	402 497	233 704	116 829	51 964
重 庆	3 287 921	1 444 238	817 934	1 025 749
四 川	9 776 877	6 843 868	1 309 756	1 623 253
贵 州	5 181 532	2 578 627	1 936 493	666 412
云 南	6 164 056	1 632 644	3 783 920	747 492
西 藏	851 564	346 072	197 397	308 095
陕 西	5 417 522	3 339 342	1 653 443	424 737
甘 肃	2 627 337	1 419 578	923 339	284 420
青 海	1 350 093	525 038	640 952	184 103
宁 夏	754 190	183 270	400 550	170 370
新 疆	3 314 599	1 375 849	1 196 199	742 551
#兵团	352 089	193 740	6 300	152 049

6-3 公路建设投资

地区	总计	国道	国道主干线	省道	县道	乡道
总计	125 963 597	40 861 398	26 465 062	57 134 290	8 895 440	4 393 702
东部地区	41 376 055	12 136 212	6 082 184	18 746 445	4 618 389	943 194
中部地区	35 093 138	10 064 278	7 782 525	19 219 372	1 684 101	899 980
西部地区	49 494 404	18 660 908	12 600 353	19 168 473	2 592 950	2 550 528
北京	834 732	720 533	574 472	52 205	52 975	1 765
天津	1 437 491	276 159	–	1 131 694	–	–
河北	7 023 153	2 297 109	1 077 655	4 268 273	114 207	62 032
山西	6 591 177	866 466	767 661	5 297 604	214 266	50 465
内蒙古	5 024 490	2 332 587	1 756 575	955 632	512 996	164 449
辽宁	2 329 032	937 021	773 198	978 055	131 788	139 791
吉林	1 418 265	463 040	411 588	575 636	116 211	29 889
黑龙江	3 271 385	1 968 568	1 148 423	708 052	13 593	41 223
上海	1 139 315	211 219	204 562	357 302	524 725	7 661
江苏	4 913 415	752 037	556 653	2 538 165	711 164	157 855
浙江	5 781 355	939 244	435 078	2 584 799	1 533 147	118 085
安徽	2 546 293	406 134	163 161	1 398 239	187 233	100 152
福建	6 639 743	4 147 260	1 848 476	1 668 681	428 166	103 599
江西	3 419 779	1 321 017	1 104 529	1 526 614	110 801	46 039
山东	4 104 630	625 843	263 324	1 331 641	403 999	116 745
河南	3 719 101	736 589	427 995	2 335 057	5 320	410 441
湖北	5 073 715	1 328 329	1 042 141	2 442 479	818 893	207 938
湖南	9 053 423	2 974 135	2 717 027	4 935 691	217 784	13 833
广东	6 770 692	1 052 925	348 766	3 690 353	689 911	235 661
广西	5 744 223	1 491 241	1 092 841	2 048 027	142 278	279 980
海南	402 497	176 862	–	145 277	28 307	–
重庆	3 287 921	982 034	126 456	1 104 289	60 799	248 224
四川	9 776 877	2 980 864	2 588 179	4 963 155	414 093	643 613
贵州	5 181 532	1 391 693	1 314 139	3 068 000	43 303	154 185
云南	6 164 056	1 581 507	904 361	3 620 357	556 420	189 826
西藏	851 564	261 248	–	211 567	102 995	205 000
陕西	5 417 522	3 350 096	3 035 943	1 536 287	76 650	132 662
甘肃	2 627 337	1 423 876	1 153 816	789 133	52 862	207 183
青海	1 350 093	793 998	319 761	366 941	4 800	29 766
宁夏	754 190	180 490	62 000	75 960	32 620	127 360
新疆	3 314 599	1 891 274	246 282	429 125	593 134	168 280
#兵团	352 089	–	–	200	278 315	6 404

六、交通固定资产投资

完成额（按设施分）

单位：万元

村 道	专用公路	农村公路渡口改造、渡改桥	独立桥梁	独立隧道	客运站	货运站	停车场
5 836 685	3 062 186	200 057	2 451 620	137 387	1 687 184	1 291 451	12 197
1 415 831	890 196	32 870	1 062 617	79 450	786 557	654 497	9 797
1 522 500	17 274	98 407	936 504	1 044	396 597	250 681	2 400
2 898 354	2 154 716	68 780	452 499	56 893	504 030	386 273	–
–	30	–	6 813	–	411	–	–
3 765	2 880	–	8 941	–	14 052	–	–
165 390	28 728	200	38 434	–	42 780	6 000	–
104 268	1 552	513	35 152	1 044	14 989	4 858	–
777 542	112 769	636	50 404	–	34 824	82 651	–
25 408	29 423	–	45 723	–	39 439	–	2 384
206 065	–	80	14 044	–	13 300	–	–
285 752	3 252	–	132 795	–	58 270	59 880	–
8 376	–	–	30 032	–	–	–	–
3 841	296 259	–	110 557	25 160	240 254	78 123	–
134 417	19 079	4 054	172 327	6 445	152 366	117 392	–
100 796	–	30 012	247 282	–	47 666	28 779	–
47 214	55 918	15 716	95 732	–	53 852	23 605	–
171 427	3 143	9 407	211 838	–	17 093	–	2 400
770 625	75 719	4 510	100 545	47 845	194 749	427 756	4 653
42 677	2 783	–	123 185	–	63 049	–	–
10 439	–	10 354	39 528	–	97 039	118 716	–
601 076	6 544	48 041	132 680	–	85 191	38 448	–
229 585	378 690	8 320	432 235	–	48 631	1 621	2 760
–	1 689 877	5 152	45 498	–	42 170	–	–
27 210	3 470	70	21 278	–	23	–	–
681 605	–	15 148	112 111	–	72 153	11 558	–
520 795	2 010	16 243	61 519	49 020	125 565	–	–
420 421	19 145	10 823	43 542	–	30 370	50	–
3 432	139 530	3 771	18 773	–	49 582	858	–
–	60 345	–	9 318	–	1 091	–	–
183 839	39 868	9 645	56 772	–	26 829	4 874	–
–	–	–	15 855	7 873	101 973	28 582	–
140 834	–	772	11 000	–	1 982	–	–
10 270	59 500	–	2 970	–	7 320	257 700	–
159 616	31 672	6 590	24 737	–	10 171	–	–
50 968	–	6 502	3 600	–	6 100	–	–

主要统计指标解释

交通固定资产投资额 是以货币形式表现的在一定时期内建造和购置固定资产活动的工作量以及与此有关的费用的总称。它是反映交通固定资产投资规模、结构、使用方向和发展速度的综合性指标，又是观察工程进展和考核投资效果的重要依据。交通固定资产投资一般按以下分组标志进行分类。

按照建设性质，分为新建、扩建、改建、迁建和恢复。

按照构成，分为建筑、安装工程，设备、器具购置，其他。

重点项目 仅指交通运输部年度计划中的重点公路项目。

农村公路 包括县、乡、村公路建设项目以及农村客运站点、渡改桥项目。

其他公路 是指公路建设中非重点项目和非农村项目，包括"路网改造"、"枢纽场站"等。

七、交通运输科技

简 要 说 明

一、本篇资料反映交通系统科研机构、人员、科技成果基本情况。

二、填报范围：交通运输部直属科研机构；交通系统企业所属科研机构；交通系统事业单位所属科研机构；省、自治区、直辖市等地方政府部门所属交通科研机构。

7-1 交通系统科研机构及人员基本情况

科 研 机 构	科研机构数		职工总数		其中：科技人员总数		职工总数比 2010年增加
	个	%	人	%	人	%	%
合 计	68	100.0	13 184	100.0	9 145	100.0	10.5%
交通运输部直属科研机构	5	7.4	1 914	14.5	1 483	16.2	9.4%
企业、事业属科研机构	24	35.3	4 358	33.1	3 330	36.4	10.3%
省、自治区、直辖市属科研机构	33	48.5	6 689	50.7	4 205	46.0	11.9%
市属科研机构	6	8.8	223	1.7	127	1.4	-13.2%

7-2 交通系统科研机构人员专业技术职务及文化程度

单位：人

科 研 机 构	专业技术职务（或技术职称）			文 化 程 度		
	高级	中级	其他	大学以上	大专	其他
合 计	3 051	2 950	1 994	7 092	1 137	916
交通运输部直属科研机构	734	490	143	1 155	100	228
企业、事业属科研机构	1 188	1 048	752	2 630	331	369
省、自治区、直辖市属科研机构	1 086	1 355	1 084	3 213	684	308
市属科研机构	43	57	15	94	22	11

7-3 交通系统科研机构开展课题情况

科 研 机 构	课题数总计（个）	经费内部支出（千元）	课题人员折合全时工作量总计（人年）
合 计	3 292	1 227 562	4 803.60
交通运输部直属科研机构	853	393 151	1 035.70
企业、事业属科研机构	1 871	660 016	2 182.20
省、自治区、直辖市属科研机构	516	159 038	1 501.40
市属科研机构	52	15 357	84.30

7-4 交通系统科研机构研究课题情况及科技成果

指　　标	计算单位	2011年	交通运输部直属科研机构	企、事业单位属交通科研机构	省、自治区、直辖市属交通科研机构	市属交通科研机构
课题类型						
基础研究						
项　数	项	95	–	83	12	–
全时工作量	人年	98.3	–	68.5	29.8	–
应用研究						
项　数	项	505	19	404	82	–
全时工作量	人年	538.0	17.8	318.5	201.7	–
试验发展						
项　数	项	856	173	480	203	–
全时工作量	人年	1 686.3	230.1	825.3	630.9	–
研究与试验发展成果应用						
项　数	项	800	139	521	140	–
全时工作量	人年	1 202.8	224.6	567.9	410.3	–
科技服务						
项　数	项	1 036	522	383	79	52
全时工作量	人年	1 278.2	563.2	402.0	228.7	84.3
科技成果						
发表科技论文	篇	4 578	791	1 251	2 495	41
其中：国外发表	篇	475	289	148	38	–
出版科技著作	篇	70	33	28	9	–
专利申请受理数	件	290	46	140	104	–
专利授权数	件	270	101	96	73	–
其中：发明专利	件	96	23	40	33	–
国外授权	件	–	–	–	–	–
拥有发明专利总数	件	291	60	149	82	–

八、救助打捞

简 要 说 明

一、本篇资料反映交通运输救助打捞系统执行救助和抢险打捞任务，完成生产，以及救助打捞系统装备的基本情况。

二、填报范围：交通运输部各救助局、各打捞局、各救助飞行队。

8-1　救助任务执行情况

项　　目	计算单位	总　　计
一、船舶值班待命艘天	艘天	24 627
二、应急救助任务	次	1 461
三、救捞力量出动	次	1 873
救捞船舶	艘次	590
救助艇	艘次	241
救助飞机	架次	455
应急救助队	队次	583
四、飞机救助飞行时间	小时	1 082
五、获救遇险人员	人	3 764
中国籍	人	3 054
外国籍	人	710
六、获救遇险船舶	艘	288
中国籍	艘	211
外国籍	艘	77
七、获救财产价值	万元	1 332 208
八、抢险打捞任务	次	37
其中：打捞沉船	艘	2
中国籍	艘	2
外国籍	艘	-
打捞沉物	件/吨	9 502
打捞遇难人员	人	276
其他抢险打捞任务	次	4
九、应急清污任务	次	2
救捞船舶	艘次	7
救助艇	艘次	-
救助飞机	架次	-
应急救助队	队次	-

8-2 救捞系统船舶情况

项　　目		计算单位	总　　计
救捞船舶合计	艘数	艘	207
	总吨位	吨	544 727
	功率	千瓦	696 055
	起重能力	吨	16 108
	载重能力	吨	192 242
一、海洋救助船	艘数	艘	45
	总吨位	吨	95 019
	功率	千瓦	241 720
二、近海快速救助船	艘数	艘	6
	总吨位	吨	2 790
	功率	千瓦	29 100
三、沿海救生艇	艘数	艘	21
	总吨位	吨	681
	功率	千瓦	15 911
四、救捞拖轮	艘数	艘	76
	总吨位	吨	131 582
	功率	千瓦	403 101
五、救捞工程船	艘数	艘	21
	总吨位	吨	50 849
	功率	千瓦	6 223
六、起重船	艘数	艘	12
	总吨位	吨	122 820
	起重量	吨	16 108
七、货船	艘数	艘	26
	总吨位	吨	140 986
	载重量	吨	192 242

8-3 救助飞机情况

项　目	计算单位	总　计
一、飞机飞行次数	架次	5 095
救助（任务）飞行次数	架次	511
训练飞行次数	架次	4 356
二、飞机飞行时间	小时	4 338：04：00
其中：海上飞行时间	小时	2 849：02：00
夜间飞行时间	小时	179：15：00
救助（任务）飞行时间	小时	1 249：57：00
训练飞行时间	小时	2 743：27：00

8-4 捞、拖、工生产完成情况

项　目	计算单位	总　计	国　外
一、打捞业务	次	64	9
其中：有效打捞	次	56	9
内：（一）打捞沉船	艘	6	－
（二）打捞沉船	艘	39	13
（三）打捞货物	吨	4 821	－
二、拖航运输	次	58	8
三、海洋工程船舶服务	艘天	9 354	365
拖轮	艘天	8 247	－
工程船	艘天	815	320
其他	艘天	292	45
四、大件吊装	次	41	－
五、其他综合业务	次	－	－

主要统计指标解释

救捞力量 指交通运输部各救助局、打捞局、救助飞行队的救捞船舶、救助艇、救助飞机、应急救助队等。

防污 指执行清除海洋污染任务。

海洋救助船 指交通运输部各救助局拥有航速在30节以下的专业海洋救助船。

近海快速救助船 指各救助局拥有航速在30节以上的专业近海救助船。

沿海救生艇 指各救助局拥有的船长小于16米的专业小型沿海救生艇。

救捞拖轮 指各打捞局拥有的拖轮,包括救助拖轮、三用拖轮、平台供应船、港作拖轮等。

救捞工程船 指各打捞局拥有起重能力在300吨以下的各类用于海洋工程、抢险打捞等工作的船舶(含起重驳船)。

起重船 指指各打捞局拥有起重能力在300吨以上的起重船舶。

货船 指各打捞局拥有用于货物运输的船舶,包括货船、集装箱船、滚装船、甲板驳、半潜(驳)船、油船等。

小型直升机 指各救助飞行队自有、租用的最大起飞重量在4吨及以下的直升飞机。

中型直升机 指各救助飞行队自有、租用的最大起飞重量在4吨(不含)至9吨(含)的直升飞机。

大型直升机 指各救助飞行队自有、租用的最大起飞重量在9吨(不含)以上的直升飞机。

固定翼飞机 指各救助飞行队自有、租用的CESSNA208机型或相当于该机型的飞机。

九、邮政业务

简 要 说 明

本篇资料反映邮政行业各省业务总量及业务收入、普遍服务业务量、规模以上快递服务企业业务量、业务收入基本情况。

9-1 分省邮政行业业务总量及业务收入

单位：万元

地区	邮政行业业务总量	邮政行业业务收入
全　国	16 077 131.2	15 614 590.9
北　京	1 301 607.4	1 178 313.8
天　津	230 688.7	242 595.6
河　北	482 762.1	470 640.7
山　西	262 885.0	270 545.2
内蒙古	135 554.1	165 699.3
辽　宁	382 248.2	401 519.2
吉　林	183 550.5	216 550.1
黑龙江	301 218.2	348 174.7
上　海	1 481 116.8	1 635 123.3
江　苏	1 540 954.0	1 344 175.4
浙　江	1 508 906.0	1 287 257.1
安　徽	368 480.5	381 407.9
福　建	593 068.8	577 429.6
江　西	281 554.6	280 328.1
山　东	813 733.8	792 837.3
河　南	627 995.5	742 326.5
湖　北	428 761.2	447 660.4
湖　南	394 704.5	403 217.2
广　东	2 708 446.0	2 321 869.8
广　西	218 774.0	244 553.7
海　南	71 498.1	77 196.2
重　庆	259 131.1	247 297.2
四　川	565 473.0	541 463.0
贵　州	149 738.7	159 923.6
云　南	163 201.5	187 728.9
西　藏	16 532.8	22 274.2
陕　西	288 856.1	290 224.6
甘　肃	111 454.4	99 075.1
青　海	23 980.3	27 076.7
宁　夏	35 740.7	41 631.5
新　疆	144 514.6	168 475.3

9-2 分省普遍服务业务量

地 区	函件（万件）	包裹（万件）	报纸（万份）	杂志（万份）	汇兑（万笔）
全 国	737 840.5	6 883.0	1 817 050.7	107 701.6	26 474.3
北 京	70 828.1	614.6	77 549.1	5 336.0	1 027.7
天 津	11 250.4	115.6	22 196.5	1 318.9	300.8
河 北	23 815.5	400.6	78 696.0	4 621.5	589.3
山 西	6 667.1	123.4	51 943.4	2 701.2	795.7
内蒙古	3 031.8	107.1	28 155.3	1 815.5	678.3
辽 宁	8 776.0	235.7	49 430.9	3 150.4	1 039.6
吉 林	6 579.4	128.5	26 060.8	1 221.1	479.1
黑龙江	7 772.0	253.4	46 371.1	2 587.4	487.5
上 海	130 368.1	529.1	122 179.0	4 830.6	888.8
江 苏	93 924.9	422.2	168 285.1	8 162.3	1 963.4
浙 江	84 740.0	478.4	146 689.8	7 352.9	2 107.2
安 徽	17 401.2	148.9	56 222.2	5 137.1	341.3
福 建	24 543.1	169.0	67 164.0	4 007.5	1 049.9
江 西	13 168.6	126.1	53 567.0	2 605.4	429.2
山 东	46 029.2	354.6	125 332.5	5 496.5	1 106.9
河 南	32 328.2	264.5	117 801.5	5 756.4	1 422.8
湖 北	10 541.2	197.4	56 060.9	6 930.4	655.5
湖 南	8 758.3	181.3	60 748.3	4 694.4	765.0
广 东	80 943.0	681.2	94 307.5	7 009.8	5 190.2
广 西	6 388.3	125.0	30 578.7	3 714.9	308.1
海 南	1 489.9	42.6	14 271.4	679.8	235.9
重 庆	6 147.5	105.7	29 618.1	2 254.9	403.0
四 川	18 801.2	262.5	84 769.2	3 766.2	1 045.9
贵 州	5 040.6	58.4	32 096.9	2 958.7	581.2
云 南	4 134.4	133.9	43 577.6	2 640.8	461.1
西 藏	237.3	40.4	8 286.8	316.3	140.7
陕 西	5 876.7	199.5	43 641.7	2 429.9	595.3
甘 肃	3 678.3	91.9	31 435.5	1 143.8	353.1
青 海	442.1	36.7	7 110.2	330.7	150.3
宁 夏	938.7	30.6	6 577.9	419.9	141.6
新 疆	3 199.6	224.2	36 325.7	2 310.4	740.0

9-3　分省规模以上快递服务企业业务量

单位：万件

地　区	快递业务量	同城	异地	国际及港澳台
全　国	367 311.1	81 818.3	272 742.1	12 750.7
北　京	33 663.4	9 801.0	23 151.7	710.7
天　津	5 130.6	1 072.8	3 881.2	176.6
河　北	8 660.4	909.0	7 641.2	110.2
山　西	2 098.5	379.2	1 704.7	14.6
内蒙古	1 995.0	140.2	1 844.2	10.5
辽　宁	6 211.5	951.0	5 064.3	196.3
吉　林	2 647.3	390.8	2 197.3	59.2
黑龙江	3 066.0	358.6	2 672.0	35.4
上　海	40 914.9	13 637.9	24 849.2	2 427.8
江　苏	38 509.0	7 052.0	30 196.0	1 261.0
浙　江	49 660.8	9 389.4	38 918.5	1 352.9
安　徽	6 628.3	788.8	5 781.9	57.7
福　建	15 764.9	2 420.1	12 881.9	462.9
江　西	3 716.1	443.6	3 252.4	20.1
山　东	18 439.0	3 694.4	14 252.3	492.3
河　南	8 377.9	1 332.6	6 992.4	52.9
湖　北	8 282.1	1 832.4	6 388.3	61.3
湖　南	6 342.7	798.2	5 483.6	60.9
广　东	75 689.7	21 303.7	49 633.9	4 752.1
广　西	3 495.7	498.0	2 956.8	40.9
海　南	953.5	214.8	731.2	7.5
重　庆	4 068.3	1 193.6	2 826.4	48.3
四　川	10 216.3	1 497.1	8 457.0	262.3
贵　州	1 533.9	172.7	1 356.3	4.9
云　南	3 041.4	578.3	2 446.4	16.7
西　藏	284.3	15.2	268.3	0.9
陕　西	3 941.6	490.1	3 409.7	41.8
甘　肃	1 135.2	166.7	963.8	4.7
青　海	244.5	36.9	206.7	0.9
宁　夏	679.0	47.4	630.0	1.6
新　疆	1 919.6	212.1	1 702.6	5.0

9-4 分省规模以上快递服务企业业务收入

单位：万元

地区	快递业务收入	同城	异地	国际及港澳台	其他收入
全 国	7 579 878.2	658 628.9	4 458 733.0	1 847 308.2	615 205.7
北 京	625 532.3	68 709.4	398 107.8	114 186.8	44 528.3
天 津	127 066.3	11 411.1	76 408.0	35 981.9	3 265.3
河 北	162 355.1	8 733.6	122 623.1	25 357.2	5 641.2
山 西	46 383.2	3 052.3	33 728.7	4 183.3	5 418.9
内蒙古	45 339.8	1 639.5	39 281.0	2 203.7	2 215.5
辽 宁	151 316.8	9 651.9	102 275.2	34 328.8	5 061.1
吉 林	63 106.0	4 651.3	45 640.0	8 451.9	4 362.8
黑龙江	71 495.1	2 276.8	59 339.6	4 452.8	5 425.9
上 海	1 218 226.3	98 858.3	392 466.2	358 336.0	368 566.0
江 苏	708 697.6	52 242.2	446 454.0	192 610.8	17 390.7
浙 江	844 874.2	69 751.6	524 340.8	223 042.1	27 737.3
安 徽	112 013.8	6 909.0	86 579.9	11 906.2	6 618.7
福 建	316 623.4	20 820.9	212 429.1	75 577.7	7 795.7
江 西	66 607.0	4 979.2	55 925.2	3 687.6	2 015.0
山 东	335 733.0	35 512.1	212 424.5	77 746.6	10 049.8
河 南	140 529.4	9 774.0	109 860.6	11 617.3	9 277.6
湖 北	137 666.8	10 625.1	104 799.7	13 183.4	9 058.7
湖 南	114 983.0	8 150.7	88 071.2	13 988.2	4 772.9
广 东	1 632 100.4	182 842.9	834 650.6	580 193.3	34 413.7
广 西	72 613.5	4 586.3	56 195.2	7 944.6	3 887.3
海 南	20 164.6	2 094.1	16 378.6	1 035.4	656.5
重 庆	76 828.8	9 303.8	52 455.3	12 879.6	2 190.2
四 川	177 908.0	12 322.5	139 983.4	15 545.6	10 056.5
贵 州	36 576.8	1 500.7	29 345.1	934.6	4 796.3
云 南	70 425.4	7 833.1	55 362.9	4 197.4	3 032.0
西 藏	11 750.0	190.5	9 511.1	228.6	1 819.8
陕 西	83 740.6	4 664.5	63 446.1	10 896.9	4 733.1
甘 肃	27 730.1	1 129.0	22 095.7	780.9	3 724.6
青 海	8 713.1	295.3	6 478.5	155.3	1 784.0
宁 夏	15 071.8	534.0	13 321.8	397.7	818.3
新 疆	57 706.2	3 583.5	48 754.2	1 276.2	4 092.4

主要统计指标解释

邮政行业业务总量 以货币形式表示的邮政行业为社会提供的邮政服务和快递业务的总数量。

函件 邮政企业为用户传递以书面信息为主的邮件，包括信件、印刷品和邮送广告等。

包裹 符合包裹准寄范围，通过邮政渠道寄递的物品。

汇兑 邮政企业接受汇款人委托，将收汇的款项全额兑付给指定收款人的业务。汇票包括普通汇票、快件汇票、电子汇票（含加急和特急电子汇票）、礼仪汇款和入账汇款等。

快递业务量 企业收寄的各类快递业务总数量，由受理用户委托的企业负责统计。

快递业务量＝国内同城快递业务量＋国内异地快递业务量＋国际及港澳台快递业务量。

国内同城快递业务量 同城范围内以快递方式收寄的各种快递业务（含信件、包裹等）数量。

国内异地快递业务量 国内不同城市间以快递方式收寄的各种快递业务（含信件、包裹等）的数量。

国际及港澳台快递业务量 以快递方式收寄，寄往其他国家及港澳台地区的各种快递业务（含信件、包裹等）数量。

邮政行业业务收入 邮政行业企业从事各种邮政服务和快递业务取得的收入总和。

快递业务收入 企业从事快递业务取得的收入。

快递业务收入＝国内同城快递业务收入＋国内异地快递业务收入＋国际及港澳台快递业务收入＋其他快递业务收入。

国内同城快递业务收入 同城范围内以快递方式收寄的各种快递业务（含信件、包裹等）资费收入。

国内异地快递业务收入 国内不同城市间以快递方式收寄的各种快递业务（含信件、包裹等）资费收入。

国际及港澳台快递业务收入 以快递方式收寄，寄往其他国家及港澳台地区的各种快递业务（含信件、包裹等）资费收入。

其他快递业务收入 企业除快递资费收入以外的其他快递业务收入，包括保价费、超远投递费、逾期保管费、出售品收入、出租收入和商品购销收入等。

附录 交通运输历年主要指标数据

简 要 说 明

本篇资料列示了1978年以来的交通运输主要指标的历史数据。

主要包括：公路总里程、公路密度及通达情况、内河航道里程、公路水路客货运输量、沿海内河规模以上港口及吞吐量、交通固定资产投资。

附录 1-1　全国公路总里程（按行政等级分）

单位：公里

年份	总计	国道	省道	县道	乡道	专用公路	村道
1978	890 236	237 646		586 130		66 460	—
1979	875 794	249 167		311 150	276 183	39 294	—
1980	888 250	249 863		315 097	281 000	42 290	—
1981	897 462	250 966		319 140	285 333	42 023	—
1982	906 963	252 048		321 913	290 622	42 380	—
1983	915 079	254 227		322 556	295 485	42 811	—
1984	926 746	255 173		325 987	302 485	43 101	—
1985	942 395	254 386		331 199	313 620	43 190	—
1986	962 769	255 287		341 347	322 552	43 583	—
1987	982 243	106 078	161 537	329 442	343 348	41 838	—
1988	999 553	106 290	162 662	334 238	353 216	43 147	—
1989	1 014 342	106 799	163 562	338 368	362 444	43 169	—
1990	1 028 348	107 511	166 082	340 801	370 153	43 801	—
1991	1 041 136	107 238	169 352	340 915	379 549	44 082	—
1992	1 056 707	107 542	173 353	344 227	386 858	44 727	—
1993	1 083 476	108 235	174 979	352 308	402 199	45 755	—
1994	1 117 821	108 664	173 601	364 654	425 380	45 522	—
1995	1 157 009	110 539	175 126	366 358	454 379	50 607	—
1996	1 185 789	110 375	178 129	378 212	469 693	49 380	—
1997	1 226 405	112 002	182 559	379 816	500 266	51 762	—
1998	1 278 474	114 786	189 961	383 747	536 813	53 167	—
1999	1 351 691	117 135	192 517	398 045	589 886	54 108	—
2000	1 679 848	118 983	212 450	461 872	800 681	85 861	—
2001	1 698 012	121 587	213 044	463 665	813 699	86 017	—
2002	1 765 222	125 003	216 249	471 239	865 635	87 096	—
2003	1 809 828	127 899	223 425	472 935	898 300	87 269	—
2004	1 870 661	129 815	227 871	479 372	945 180	88 424	—
2005	1 930 543	132 674	233 783	494 276	981 430	88 380	—
2006	3 456 999	133 355	239 580	506 483	987 608	57 986	1 531 987
2007	3 583 715	137 067	255 210	514 432	998 422	57 068	1 621 516
2008	3 730 164	155 294	263 227	512 314	1 011 133	67 213	1 720 981
2009	3 860 823	158 520	266 049	519 492	1 019 550	67 174	1 830 037
2010	4 008 229	164 048	269 834	554 047	1 054 826	6 773	1 897 738
2011	4 106 387	169 389	304 049	533 576	1 065 996	68 965	1 964 411

注：自 2006 年起，村道纳入公路里程统计。

附录 1-2　全国公路总里程（按技术等级分）

单位：公里

年份	总计	等级公路						等外公路
		合计	高速	一级	二级	三级	四级	
1978	890 236	–	–	–	–	–	–	–
1979	875 794	506 444	–	188	11 579	106 167	388 510	369 350
1980	888 250	521 134	–	196	12 587	108 291	400 060	367 116
1981	897 462	536 670	–	203	14 434	111 602	410 431	360 792
1982	906 963	550 294	–	231	15 665	115 249	419 149	356 669
1983	915 079	562 815	–	255	17 167	119 203	426 190	352 264
1984	926 746	580 381	–	328	18 693	124 031	437 329	346 365
1985	942 395	606 443	–	422	21 194	128 541	456 286	335 952
1986	962 769	637 710	–	748	23 762	136 790	476 410	325 059
1987	982 243	668 390	–	1 341	27 999	147 838	491 212	313 853
1988	999 553	697 271	147	1 673	32 949	159 376	503 126	302 282
1989	1 014 342	715 923	271	2 101	38 101	164 345	511 105	298 419
1990	1 028 348	741 104	522	2 617	43 376	169 756	524 833	287 244
1991	1 041 136	764 668	574	2 897	47 729	178 024	535 444	276 468
1992	1 056 707	786 935	652	3 575	54 776	184 990	542 942	269 772
1993	1 083 476	822 133	1 145	4 633	63 316	193 567	559 472	261 343
1994	1 117 821	861 400	1 603	6 334	72 389	200 738	580 336	256 421
1995	1 157 009	910 754	2 141	9 580	84 910	207 282	606 841	246 255
1996	1 185 789	946 418	3 422	11 779	96 990	216 619	617 608	239 371
1997	1 226 405	997 496	4 771	14 637	111 564	230 787	635 737	228 909
1998	1 278 474	1 069 243	8 733	15 277	125 245	257 947	662 041	209 231
1999	1 351 691	1 156 736	11 605	17 716	139 957	269 078	718 380	194 955
2000	1 679 848	1 315 931	16 285	25 219	177 787	305 435	791 206	363 916
2001	1 698 012	1 336 044	19 437	25 214	182 102	308 626	800 665	361 968
2002	1 765 222	1 382 926	25 130	27 468	197 143	315 141	818 044	382 296
2003	1 809 828	1 438 738	29 745	29 903	211 929	324 788	842 373	371 090
2004	1 870 661	1 515 826	34 288	33 522	231 715	335 347	880 954	354 835
2005	1 930 543	1 591 791	41 005	38 381	246 442	344 671	921 293	338 752
2006	3 456 999	2 282 872	45 339	45 289	262 678	354 734	1 574 833	1 174 128
2007	3 583 715	2 535 383	53 913	50 093	276 413	363 922	1 791 042	1 048 332
2008	3 730 164	2 778 521	60 302	54 216	285 226	374 215	2 004 563	951 642
2009	3 860 823	3 056 265	65 055	59 462	300 686	379 023	2 252 038	804 558
2010	4 008 229	3 304 709	74 113	64 430	308 743	387 967	2 469 456	703 520
2011	4 106 387	3 453 590	84 946	68 119	320 536	393 613	2 586 377	652 796

附录1-3 全国公路密度及通达情况

年份	公路密度		不通公路乡（镇）		不通公路村（队）	
	以国土面积计算（公里/百平方公里）	以人口总数计算（公里/万人）	数量（个）	比重（%）	数量（个）	比重（%）
1978	9.27	9.25	5 018	9.50	213 138	34.17
1979	9.12	8.98	5 730	10.74	227 721	32.60
1980	9.25	9.00	5 138	9.37	-	-
1981	9.35	8.97	5 474	9.96	-	-
1982	9.45	8.92	5 155	9.35	-	-
1983	9.53	8.88	4 710	8.54	-	-
1984	9.65	8.88	5 485	9.16	265 078	36.72
1985	9.82	8.90	4 945	8.27	228 286	31.72
1986	10.03	8.96	4 039	6.79	218 410	30.17
1987	10.23	8.99	3 214	5.64	234 206	32.43
1988	10.41	9.00	6 500	9.70	197 518	28.92
1989	10.57	9.00	3 180	5.56	181 825	25.01
1990	10.71	8.99	2 299	4.02	190 462	25.96
1991	10.85	8.99	2 116	3.72	181 489	24.57
1992	11.01	9.02	1 632	3.27	169 175	22.93
1993	11.29	9.14	1 548	3.10	159 111	21.70
1994	11.64	9.33	1 455	3.00	150 253	20.50
1995	12.05	9.55	1 395	2.90	130 196	20.00
1996	12.35	9.69	1 335	2.70	120 048	19.00
1997	12.78	9.92	709	1.50	105 802	14.20
1998	13.32	10.24	591	1.30	92 017	12.30
1999	14.08	10.83	808	1.80	80 750	11.00
2000	17.50	13.00	341	0.80	67 786	9.20
2001	17.70	13.10	287	0.70	59 954	8.20
2002	18.40	13.60	184	0.50	54 425	7.70
2003	18.85	13.97	173	0.40	56 693	8.10
2004	19.49	14.44	167	0.40	49 339	7.10
2005	20.11	14.90	75	0.20	38 426	5.70
2006	36.01	26.44	672	1.70	89 975	13.60
2007	37.33	27.41	404	1.04	77 334	11.76
2008	38.86	28.53	292	0.80	46 178	7.10
2009	40.22	29.22	155	0.40	27 186	4.20
2010	41.75	30.03	13	0.03	5 075	0.79
2011	42.77	30.62	11	0.03	3 986	0.62

附录1-4 全国内河航道里程及构筑物数量

年份	内河航道里程（公里）	等级航道	通航河流上永久性构筑物（座） 水利闸坝	船闸	升船机
1978	135 952	57 408	4 163	706	35
1979	107 801	57 472	2 796	756	40
1980	108 508	53 899	2 674	760	41
1981	108 665	54 922	2 672	758	41
1982	108 634	55 595	2 699	768	40
1983	108 904	56 177	2 690	769	41
1984	109 273	56 732	3 310	770	44
1985	109 075	57 456	3 323	758	44
1986	109 404	57 491	2 590	744	44
1987	109 829	58 165	3 134	784	44
1988	109 364	57 971	3 136	782	55
1989	109 040	58 131	3 187	825	46
1990	109 192	59 575	3 208	824	45
1991	109 703	60 336	3 193	830	45
1992	109 743	61 430	3 184	798	43
1993	110 174	63 395	3 063	790	44
1994	110 238	63 894	3 177	817	51
1995	110 562	64 323	3 157	816	48
1996	110 844	64 915	3 154	823	50
1997	109 827	64 328	3 045	823	48
1998	110 263	66 682	3 278	872	56
1999	116 504	60 156	1 193	918	59
2000	119 325	61 367	1 192	921	59
2001	121 535	63 692	1 713	906	60
2002	121 557	63 597	1 711	907	60
2003	123 964	60 865	1 813	821	43
2004	123 337	60 842	1 810	821	43
2005	123 263	61 013	1 801	826	42
2006	123 388	61 035	1 803	833	42
2007	123 495	61 197	1 804	835	42
2008	122 763	61 093	1 799	836	42
2009	123 683	61 546	1 809	847	42
2010	124 242	62 290	1 825	860	43
2011	124 612	62 648	1 827	865	44

注：等级航道里程数，1973年至1998年为水深1米以上航道里程数；自2004年始，内河航道里程为内河航道通航里程数。

附录1-5 公路客、货运输量

年 份	客运量（万人）	旅客周转量（亿人公里）	货运量（万吨）	货物周转量（亿吨公里）
1978	149 229	521.30	151 602	350.27
1979	178 618	603.29	147 935	350.99
1980	222 799	729.50	142 195	342.87
1981	261 559	839.00	134 499	357.76
1982	300 610	963.86	138 634	411.54
1983	336 965	1 105.61	144 051	462.68
1984	390 336	1 336.94	151 835	527.38
1985	476 486	1 724.88	538 062	1 903.00
1986	544 259	1 981.74	620 113	2 117.99
1987	593 682	2 190.43	711 424	2 660.39
1988	650 473	2 528.24	732 315	3 220.39
1989	644 508	2 662.11	733 781	3 374.80
1990	648 085	2 620.32	724 040	3 358.10
1991	682 681	2 871.74	733 907	3 428.00
1992	731 774	3 192.64	780 941	3 755.39
1993	860 719	3 700.70	840 256	4 070.50
1994	953 940	4 220.30	894 914	4 486.30
1995	1 040 810	4 603.10	939 787	4 694.90
1996	1 122 110	4 908.79	983 860	5 011.20
1997	1 204 583	5 541.40	976 536	5 271.50
1998	1 257 332	5 942.81	976 004	5 483.38
1999	1 269 004	6 199.24	990 444	5 724.31
2000	1 347 392	6 657.42	1 038 813	6 129.39
2001	1 402 798	7 207.08	1 056 312	6 330.44
2002	1 475 257	7 805.77	1 116 324	6 782.46
2003	1 464 335	7 695.60	1 159 957	7 099.48
2004	1 624 526	8 748.38	1 244 990	7 840.86
2005	1 697 381	9 292.08	1 341 778	8 693.19
2006	1 860 487	10 130.85	1 466 347	9 754.25
2007	2 050 680	11 506.77	1 639 432	11 354.69
2008	2 682 114	12 476.11	1 916 759	32 868.19
2009	2 779 081	13 511.44	2 127 834	37 188.82
2010	3 052 738	15 020.81	2 448 052	43 389.67
2011	3 286 220	16 760.25	2 820 100	51 374.74

注：2008年进行了全国公路水路运输量专项调查。

附录1-6 水路客、货运输量

年 份	客运量（万人）	旅客周转量（亿人公里）	货运量（万吨）	货物周转量（亿吨公里）
1978	23 042	100.63	47 357	3 801.76
1979	24 360	114.01	47 080	4 586.72
1980	26 439	129.12	46 833	5 076.49
1981	27 584	137.81	45 532	5 176.33
1982	27 987	144.54	48 632	5 505.25
1983	27 214	153.93	49 489	5 820.03
1984	25 974	153.53	51 527	6 569.44
1985	30 863	178.65	63 322	7 729.30
1986	34 377	182.06	82 962	8 647.87
1987	38 951	195.92	80 979	9 465.06
1988	35 032	203.92	89 281	10 070.38
1989	31 778	188.27	87 493	11 186.80
1990	27 225	164.91	80 094	11 591.90
1991	26 109	177.20	83 370	12 955.40
1992	26 502	198.35	92 490	13 256.20
1993	27 074	196.45	97 938	13 860.80
1994	26 165	183.50	107 091	15 686.60
1995	23 924	171.80	113 194	17 552.20
1996	22 895	160.57	127 430	17 862.50
1997	22 573	155.70	113 406	19 235.00
1998	20 545	120.27	109 555	19 405.80
1999	19 151	107.28	114 608	21 262.82
2000	19 386	100.54	122 391	23 734.18
2001	18 645	89.88	132 675	25 988.89
2002	18 693	81.78	141 832	27 510.64
2003	17 142	63.10	158 070	28 715.76
2004	19 040	66.25	187 394	41 428.69
2005	20 227	67.77	219 648	49 672.28
2006	22 047	73.58	248 703	55 485.75
2007	22 835	77.78	281 199	64 284.85
2008	20 334	59.18	294 510	50 262.74
2009	22 314	69.38	318 996	57 556.67
2010	22 392	72.27	378 949	68 427.53
2011	24 556	74.53	425 968	75 423.84

注：2008年进行了全国公路水路运输量专项调查。

附录 2-1 沿海规模以上港口泊位及吞吐量

年 份	生产用泊位数（个）	万吨级	旅客吞吐量（千人）	离港	货物吞吐量（千吨）	外贸	集装箱吞吐量（TEU）
1978	311	133	5 035	5 035	198 340	59 110	—
1979	313	133	6 850	6 850	212 570	70 730	2 521
1980	330	139	7 480	7 480	217 310	75 220	62 809
1981	325	141	15 970	8 010	219 310	74 970	103 196
1982	328	143	16 290	8 140	237 640	81 490	142 614
1983	336	148	17 560	8 790	249 520	88 530	191 868
1984	330	148	17 990	8 950	275 490	104 190	275 768
1985	373	173	22 220	11 060	311 540	131 450	474 169
1986	686	197	38 660	19 170	379 367	140 487	591 046
1987	759	212	40 409	20 038	406 039	146 970	588 046
1988	893	226	57 498	28 494	455 874	161 288	900 961
1989	905	253	52 890	26 195	490 246	161 688	1 090 249
1990	967	284	46 776	23 288	483 209	166 515	1 312 182
1991	968	296	51 231	24 726	532 203	195 714	1 896 000
1992	1 007	342	62 596	31 134	605 433	221 228	2 401 692
1993	1 057	342	69 047	34 204	678 348	242 869	3 353 252
1994	1 056	359	60 427	27 957	743 700	270 565	4 008 173
1995	1 263	394	65 016	31 324	801 656	309 858	5 515 145
1996	1 282	406	58 706	29 909	851 524	321 425	7 157 709
1997	1 330	449	57 548	29 026	908 217	366 793	9 135 402
1998	1 321	468	60 885	30 746	922 373	341 366	11 413 127
1999	1 392	490	64 014	31 798	1 051 617	388 365	15 595 479
2000	1 455	526	57 929	29 312	1 256 028	523 434	20 610 766
2001	1 443	527	60 532	30 423	1 426 340	599 783	24 700 071
2002	1 473	547	61 363	30 807	1 666 276	710 874	33 821 175
2003	2 238	650	58 593	29 231	2 011 256	877 139	44 548 747
2004	2 438	687	71 398	35 742	2 460 741	1 047 061	56 566 653
2005	3 110	769	72 897	36 524	2 927 774	1 241 655	69 888 051
2006	3 291	883	74 789	37 630	3 421 912	1 458 269	85 633 771
2007	3 453	967	69 415	34 942	3 881 999	1 656 307	104 496 339
2008	4 001	1 076	68 337	34 190	4 295 986	1 782 712	116 094 731
2009	4 516	1 214	76 000	38 186	4 754 806	1 979 215	109 908 156
2010	4 661	1 293	66 886	33 814	5 483 579	2 269 381	131 122 248
2011	4 733	1 366	73 255	37 128	6 162 924	2 523 176	145 955 734

注：①旅客吞吐量一栏 1980 年及以前年份为离港旅客人数。
②2008 年规模以上港口口径调整。

附录 2-2 内河规模以上港口泊位及吞吐量

年 份	生产用泊位数（个）	万吨级	旅客吞吐量经（千人）	离港	货物吞吐量（千吨）	外贸	集装箱吞吐量（TEU）
1978	424	-	-	-	81 720	-	-
1979	432	-	-	-	85 730	-	-
1980	462	-	-	-	89 550	-	-
1981	449	4	-	-	87 860	834	-
1982	456	4	-	-	96 000	1 286	-
1983	482	6	-	-	106 580	1 802	6 336
1984	464	7	-	-	109 550	2 781	14 319
1985	471	16	-	-	114 410	5 913	28 954
1986	1 436	20	44 380	22 130	165 920	6 483	39 534
1987	2 209	20	41 943	21 518	236 203	8 616	42 534
1988	1 880	25	73 642	36 210	238 466	8 498	63 943
1989	2 984	23	59 659	29 773	249 041	8 792	86 605
1990	3 690	28	48 308	23 631	232 888	9 363	115 044
1991	3 439	28	49 899	24 552	246 196	10 893	153 000
1992	3 311	30	58 367	28 291	273 064	13 695	193 754
1993	3 411	39	51 723	26 439	277 437	18 104	280 373
1994	4 551	42	43 415	23 447	295 172	15 596	359 726
1995	4 924	44	38 874	20 124	313 986	19 336	574 828
1996	5 142	44	63 210	33 649	422 711	22 484	555 807
1997	7 403	47	40 235	20 373	401 406	28 702	701 700
1998	8 493	47	45 765	22 804	388 165	28 993	1 023 558
1999	7 826	52	34 280	16 346	398 570	37 547	1 884 731
2000	6 184	55	27 600	13 538	444 516	43 968	2 021 689
2001	6 982	57	26 470	12 669	490 019	50 861	1 986 468
2002	6 593	62	23 364	11 800	567 008	59 530	2 361 163
2003	5 759	121	17 926	9 191	662 243	72 650	2 810 798
2004	6 792	150	16 369	8 557	864 139	84 577	3 625 749
2005	6 833	186	13 224	6 602	1 014 183	100 630	4 542 438
2006	6 880	225	11 056	5 568	1 175 102	120 597	6 356 928
2007	7 951	250	10 169	5 470	1 382 084	140 086	8 086 212
2008	8 772	259	8 794	4 625	1 594 806	142 882	9 641 322
2009	13 935	293	25 479	12 979	2 216 785	182 965	12 170 563
2010	14 065	318	21 539	11 014	2 618 223	210 246	14 586 422
2011	14 170	340	18 804	9 537	2 955 216	239 667	17 251 325

注：①旅客吞吐量一栏 1980 年及以前年份为离港旅客人数。
② 2008 年规模以上港口口径调整。

附录 3-1　交通固定资产投资（按使用方向分）

单位：亿元

年　份	合　计	公路建设	内河建设	沿海建设	其他建设
1978	24.85	5.76	0.69	4.31	14.09
1979	25.50	6.04	0.72	4.39	14.34
1980	24.39	5.19	0.70	6.11	12.38
1981	19.82	2.94	0.84	5.80	10.25
1982	25.74	3.67	0.76	9.41	11.91
1983	29.98	4.05	1.37	12.37	12.19
1984	52.42	16.36	1.95	16.17	17.94
1985	69.64	22.77	1.58	18.26	27.03
1986	106.46	42.45	3.68	22.81	37.51
1987	122.71	55.26	3.38	27.42	36.66
1988	138.57	74.05	5.07	23.12	36.33
1989	156.05	83.81	5.32	27.32	39.60
1990	180.53	89.19	7.13	32.05	52.17
1991	215.64	121.41	6.68	33.77	53.77
1992	360.24	236.34	9.39	43.83	70.68
1993	604.64	439.69	14.47	57.55	92.92
1994	791.43	584.66	22.51	63.06	121.20
1995	1 124.78	871.20	23.85	69.41	160.32
1996	1 287.25	1 044.41	29.35	80.33	133.16
1997	1 530.43	1 256.09	40.54	90.59	143.21
1998	2 460.41	2 168.23	53.93	89.80	148.45
1999	2 460.52	2 189.49	53.34	89.44	128.26
2000	2 571.73	2 315.82	54.46	81.62	119.83
2001	2 967.94	2 670.37	50.50	125.19	121.88
2002	3 491.47	3 211.73	39.95	138.43	101.36
2003	4 136.16	3 714.91	53.79	240.56	126.90
2004	5 314.07	4 702.28	71.39	336.42	203.98
2005	6 445.04	5 484.97	112.53	576.24	271.30
2006	7 383.82	6 231.05	161.22	707.97	283.58
2007	7 776.82	6 489.91	166.37	720.11	400.44
2008	8 335.42	6 880.64	193.85	793.49	467.44
2009	11 142.80	9 668.75	301.57	758.32	414.16
2010	13 212.78	11 482.28	334.53	836.87	559.10
2011	14 464.21	12 596.36	397.89	1 006.99	462.97